ナビゲート民法

契約社会を賢く生きるための14章

masunari maki　sasakawa akimichi
増成　牧＋笹川明道　編

An Introduction to Civil Law
14-step Guide to Living wisely in Contractual Society

田中康博
廣峰正子
小松昭人
足立公志朗
増成　牧
笹川明道

北大路書房

はしがき

　本書は，民法の入門書です。

　元はと言えば，本書の執筆者が勤務する神戸学院大学の法学部において1年前期に開講される導入科目である「民法と社会」のテキストを作成することから始まったものです。

　民法は，私たちの暮らしに密接に関係する法律です。とはいえ，なにしろ条文数（1条から1050条まであります）の多い法律でして，一気にすべてを学ぶことができません。そこで，一般に法学部では専門科目として，この民法を「民法総則」，「物権法」，「担保物権法」，「債権総論」，「債権各論」，「親族・相続法」というふうに分けて，合計して20～24単位ぐらいを費やして学ぶことになっています。時間をかけてじっくり学んでいくことになってはいますが，いつの時代にも少なくない学生が，使われている用語が難しいとか，内容が抽象的でイメージしづらいといった困難をもちがちです。また，民法は膨大な数の条文から構成されていますが，条文相互が密接に関係しており，いわば無数のパーツで構成された一つの作品のようなものです。専門の授業では，民法のパーツごとに，判例はこうだ，学説はどうだというように詳細に勉強していくのですが，あまりに多くの情報量に圧倒され，パーツの詳細ばかりに目がいって，そもそも民法とはどのような法律だったかを見失いがちになっている学生が多いように感じます。

　そこで，本格的に民法を学ぶ前の段階で，民法とはどのような法律なのかを意識しながら民法の全体像を学び，民法の基本的なことがらを日々の生活と関係づけて具体的にイメージできるような形で学ぶことを意図した科目が「民法と社会」であり，本書は，そのような学びのためのテキストとして作成したものです。広範囲にわたる民法の中から基本的なことがらに内容を限定し具体例を示して解説するとともに，民法とはどのような法律であるかについて意識を促す叙述スタイルで，読みやすく分かりやすいテキストに仕上がったと思います。

　本書は，もともと法学部でこれから民法を学ぼうとする学生の方々を読者として念頭において作成したものではありますが，出来上がった本書をみてみま

すと，法学部以外の学生の方々や法学部出身ではないけれども役所や企業に勤めている方々で民法を学ぶ必要が生じた方々，さらには，一般市民の方々にも，役立つ民法入門書となっています。

　なお，本書は，2017年の民法改正（債権法の改正です），2018年の民法改正（相続法の改正と，成年年齢の改正です）を反映した内容にしています。本書の発行時点では，そのほとんどが未施行です。相続法改正の一部（自筆証書遺言の方式の緩和）が2019年1月13日から施行されたにすぎません。改正された相続法は，基本的に，2019年7月1日からの施行ですし（ただし，配偶者居住権は2020年4月1日からです），改正債権法は2020年4月1日からの施行です。また，成年年齢の改正法は，もっと先の2022年4月1日からの施行です。とはいえ，2019年4月に入学する学生が本書で学んで卒業するころには，改正法が施行されていることから，大学の授業では，改正法を中心に学ぶことにしています。

　本書の作成にあたり，神戸学院大学法学部の学生から声を集めました。2018年度前期の「民法と社会」の授業では，本書の原稿をプリントして配布し，受講者に感想を聞いたり，教える側からも使い勝手を探ってみたりして，本書の改善につなげました。また，2018年度の増成ゼミの2年生であった坂美咲さん，辻彩莉さん，藤原真琳さんには，個人的にお願いして，1年前に「民法と社会」を受講したころを思い出しながら原稿を読んでもらい，分かりにくかったところ，改善すべきところを率直に指摘していただきました。さらに，2018年度の足立ゼミ4年ゼミでは，何回かのゼミの時間を民法の復習がてら本書の原稿の検討にあてていただき，そのお陰で数えきれない表現上の訂正箇所をはじめ改正点を教えていただきました。このようにして集まった多数の学生からの声で，本書はより分かりやすいものへと改善できたと思います。

　本書の出版にあたり，出版工房ひうち《燧》の秋山泰さんには，ベテラン編集者として，本書の構想の段階から，全面的なご支援とご指導をいただきました。全体構成，レイアウト，トピックのテーマから，表現，発行時期，書名に至るまで，なにからなにまでアドバイスを頂戴しました。本書を作るきっかけを与えて下さったのは秋山さんであり，秋山さんからのお声かけとサポートがなかったら，本書は存在していなかっただろうと想像します。

　本書の作成にあたりお世話になった方々に，この場をお借りして，お礼申し上げます。

最後に，神戸学院大学の民法スタッフとしては，これまでに『ショートカット民法』（法律文化社，1999年），『ようこそ民法一周の旅』（法律文化社，2004年）というテキストを発行してきました。いずれのテキストも多くの学生たちから好評をもって受け入れられてきました。本書も，これら二つのテキストと同様，多くの学生たちから受け入れられますことを祈るとともに，本書を読んでさらに本格的に民法を学びたいと思ってもらえたなら，それに勝る喜びはありません。

　阪神・淡路大震災から24年目の2019年1月17日に

　　　　　　　　　　　　　　　　　　　　　　　　　　　増成　　牧
　　　　　　　　　　　　　　　　　　　　　　　　　　　笹川　明道

▶ナビゲート民法　　目次

はしがき

01章　民法とは　▶▶見取り図からつかもう ———————— 001
- ❶ 民法とはどのような法律か ……………………………………… 001
  - ▶1　日常生活に身近な法　　▶2　契約の法
- ❷ 民法は社会をどのように分析するか …………………………… 004
  - ▶1　民法の構成要素　　▶2　民法の権利構成
- ❸ 民法が大事にするものはなにか ………………………………… 005
  - ▶1　私法の一般法としての民法　　▶2　意思を尊重する法
  - ▶3　意思の実現支援の仕組みとしての法
- ❹ 本書の構成 ………………………………………………………… 007

02章　契約とは ———————————————————— 010
- ❶ 契約は法律行為の1つである ……………………………………… 010
- ❷ さまざまな契約 …………………………………………………… 011
  - ▶1　民法典上の契約類型（13の典型契約）　　▶2　諾成契約と要物契約
  - ▶3　双務契約と片務契約　　▶4　有償契約と無償契約
- ❸ 契約自由の原則 …………………………………………………… 013
  - ▶1　「契約自由の原則」とは　　▶2　任意規定と強行規定
  - ▶3　定型約款　　▶4　「契約自由の原則」に対する制限

03章　契約の成立 ——————————————————— 018
- ❶ 意思表示の合致 …………………………………………………… 018
  - ▶1　「申込み」と「承諾」　　▶2　契約の成立時期
  - ▶3　承諾がなされる前であれば申込みは自由に撤回できるか
  - ▶4　契約の成立に書面は必要か
- ❷ 意思表示に問題がある場合 ……………………………………… 020
  - ▶1　序説　　▶2　心裡留保　　▶3　通謀虚偽表示　　▶4　詐欺・強迫
  - ▶5　錯誤　　▶6　第三者保護規定　　▶7　消費者契約法
- ❸ 契約が有効となるための要件 …………………………………… 025
  - ▶1　内容の確定性　　▶2　内容の適法性（強行規定に違反しないこと）
  - ▶3　内容の社会的妥当性（公序良俗に反しないこと）

04章　契約の履行【1】　▶▶任意に履行される場合 ── 029

- ❶ 中間整理ナビ ……………………………………………………………… 029
- ❶ 契約の履行 ………………………………………………………………… 029
- ❷ 売買契約とはどのような契約か ………………………………………… 030
  - ▶1 売買契約とは　▶2 売買契約の成立
  - ▶3 売買契約について当事者はどこまで「約」さなければならないのか
- ❸ 契約の拘束力 ……………………………………………………………… 032
- ❹ 手付 ………………………………………………………………………… 033
- ❺ 契約の成立から履行まで ………………………………………………… 034
  - ▶1 同時履行の抗弁権　▶2 危険負担
- ❻ 売買契約に基づき当事者が負うこととなる義務（債務） …………… 037
  - ▶1 所有権の移転と対抗要件具備　▶2 目的物の引渡し
  - ▶3 他人の権利の売買　▶4 代金の支払　▶5 債権の消滅
- ❼ 他の契約について ………………………………………………………… 041

05章　契約の履行【2】　▶▶債務不履行とその救済 ── 044

- ❶ 債務不履行とその救済方法 ……………………………………………… 044
- ❷ 履行の強制 ………………………………………………………………… 046
  - ▶1 どのような履行の強制方法があるか　▶2 どのような債権（債務）につきどのような強制方法を用いることができるか
- ❸ 損害賠償 …………………………………………………………………… 048
  - ▶1 どのような場合に損害賠償を請求できるか　▶2 損害賠償の範囲
- ❹ 解除 ………………………………………………………………………… 051
  - ▶1 催告による解除　▶2 催告によらない解除
- ❺ 債権の消滅時効 …………………………………………………………… 054

06章　人 ── 057

- ❶ 法律では，「人」にもいろいろある ……………………………………… 057
- ❷ 権利能力 …………………………………………………………………… 057
  - ▶1 権利能力平等の原則　▶2 権利能力の始期と胎児の例外
  - ▶3 権利能力の終期　▶4 失踪宣告（民法30条）
- ❸ 意思能力 …………………………………………………………………… 061
  - ▶1 私的自治の原則と意思能力　▶2 意思能力の意義
- ❹ 行為能力 …………………………………………………………………… 062
  - ▶1 行為能力の意義　▶2 制限行為能力者制度

- ❺ 法人 069
  - ▶1 法人の意義　▶2 法人の基礎　▶3 公益法人と営利法人
  - ▶4 社団法人と財団法人

07章　代理 ——————————————————————————— 074

- ❶ 代理とは 074
  - ▶1 代理とはどのようなものか　▶2 なぜ代理という仕組みが必要か
  - ▶3 代理にはどのような種類があるか　▶4 代理が有効に機能するために必要なことは
- ❷ 代理に問題がある場合 078
  - ▶1 顕名のない代理　▶2 代理権のない代理──無権代理
  - ▶3 代理権濫用
- ❸ 表見代理 081
  - ▶1 代理権授与表示の表見代理（民法109条）　▶2 権限外の行為の表見代理（民法110条）　▶3 代理権消滅後の表見代理（民法112条）
- ❹ 無権代理人の責任 084

08章　物権 ——————————————————————————— 085

- ❶ 物権とは 085
  - ▶1 物権の（ひとまずの）定義　▶2 物権の性質　▶3 物権の対象
- ❷ 民法上の各種の物権とその分類 090
  - ▶1 物権法定主義とは　▶2 所有権　▶3 制限物権　▶4 占有権
- ❸ 物権的請求権とは 096
  - ▶1 物権の内容の実現が妨げられたら　▶2 物権的請求権の種類
  - ▶3 物権的請求権の根拠　▶4 物権的請求権の法的性質

09章　物権変動 ——————————————————————————— 100

- ❶ 物権変動とは 100
  - ▶1 物権変動の定義　▶2 物権変動の原因
  - ▶3 （物権変動における）意思主義
- ❷ 物権取得の仕方 103
  - ▶1 物権はどのような仕方で取得されるか　▶2 承継取得　▶3 原始取得　▶4 承継取得と原始取得を区別する意味
- ❸ 物権変動の公示とは 105
  - ▶1 （物権変動に関する）公示の原則　▶2 物権変動の公示はなぜ必要か
  - ▶3 公示方法にはどのようなものがあるか　▶4 公示方法を備えていない物権変動はどのように取り扱われるか

▶**5**　公示方法に対応する物権変動が生じていない場合はどのように取り扱われるか

10章　債権の実現を確実にする諸制度 —————————— 115
❶ 債権の担保 ————————————————————————————— 115
　　　▶**1**　債権者平等の原則　▶**2**　債権の担保
❷ 物的担保 ——————————————————————————————— 117
　　　▶**1**　典型担保と非典型担保　▶**2**　約定担保物権と法定担保物権
　　　▶**3**　約定担保物権　▶**4**　法定担保物権
❸ 人的担保——保証と連帯保証 ——————————————————— 127
　　　▶**1**　保証契約とはどのような契約か　▶**2**　保証人による弁済と求償・弁済による代位

11章　不法行為 ————————————————————————— 131
❶ 不法行為とは ———————————————————————————— 131
❷ 刑事責任と民事責任 ———————————————————————— 131
❸ 不法行為の成立要件 ———————————————————————— 133
　　　▶**1**　加害者の故意または過失　▶**2**　権利または法律上保護される利益の侵害　▶**3**　損害の発生　▶**4**　加害行為と損害の間の因果関係
❹ 特殊の不法行為 —————————————————————————— 146

12章　親族 ———————————————————————————— 148
❶ まえナビ —————————————————————————————— 148
❶ 婚約 ————————————————————————————————— 149
❷ 婚姻 ————————————————————————————————— 149
　　　▶**1**　要件　▶**2**　効果
❸ 親子 ————————————————————————————————— 154
　　　▶**1**　実子　▶**2**　養子
❹ 親権 ————————————————————————————————— 161
　　　▶**1**　身上監護　▶**2**　財産管理
❺ 離婚 ————————————————————————————————— 163
　　　▶**1**　離婚の類型　▶**2**　効果

13章　相続 ———————————————————————————— 169
❶ まえナビ —————————————————————————————— 169
❶ 法定相続 —————————————————————————————— 170

- ▶*1* 相続人　▶*2* 相続分　▶*3* 相続財産
- ❷ 遺言 176
  - ▶*1* 遺言事項　▶*2* 遺言の方式　▶*3* 遺贈　▶*4* 遺言の実現
- ❸ 遺留分 180
  - ▶*1* 遺留分の趣旨　▶*2* 遺留分権利者　▶*3* 遺留分の割合
  - ▶*4* 遺留分侵害の有無　▶*5* 遺留分侵害額請求
- ❹ 遺産分割 183
  - ▶*1* 遺産分割の対象　▶*2* 遺産分割の手続

14章　条文・判例・体系　▶▶民法の学び方 ———— 186

- ❶ 判例を読む 186
- ❷ 最高裁判所平成11年（1999年）10月21日判決 186
  - ▶*1* 判決　▶*2* 判決を読んでみよう　▶*3* 最高裁判決の構造
- ❸ 判例を理解するためには 192
- ❹ 判例と立法 193
- ❺ 民法の学び方 195
  - ▶*1* 「条文」に慣れる　▶*2* 一回の勉強ですべてを理解することはできない──繰り返し勉強する／不断に勉強する　▶*3* 体系を考える
  - ▶*4* 「文言」をおろそかにしない

事項索引　　201

▶トピック目次

01　あやしい錬金術（009）　02　注文した覚えのない商品が送られてきたが……（028）　03　インターネットでの商品購入はクーリングオフできないの！？（043）　04　どうぞ，訴えてもらって結構です！（056）　05　成年年齢が変わったって聞いたけど……（073）　06　法務局ってなにをするところ？（099）　07　よく聞くファイナンス・リースってなに？（130）　08　もしも被害者になってしまったら……（147）　09　民法上の親族とは？（168）　10　人の死亡によってはじまるのは……相続だけじゃない！（185）

▶ミニコラム目次

01　信義誠実の原則（016）　02　善意・悪意（021）　03　「とき」と「時」（036）　04　「みなす」と「推定する」（060）　05　請負契約における報酬の支払い（123）　06　責任能力という考え方と制度（138）　07　「婚姻」に関する多様な選択（153）　08　民法上の「扶養」とは？（160）　09　財産上の格差を補う制度（170）　10　「又は」「若しくは」（195）　11　「及び」「並びに」など（197）　12　「乃至ないし」（198）

▶執筆者紹介・執筆担当【＊は編者】〈敬称略〉

＊増成　　牧（ますなり・まき）　　　神戸学院大学法学部教授
　　　　　　　　　　　　　　　　　　01章，05章，07章
　　　　　　　　　　　　　　　　　　トピック02，05

＊笹川　明道（ささかわ・あきみち）　神戸学院大学法学部教授
　　　　　　　　　　　　　　　　　　02章，03章

　田中　康博（たなか・やすひろ）　　神戸学院大学法学部教授
　　　　　　　　　　　　　　　　　　04章，10章，14章
　　　　　　　　　　　　　　　　　　トピック03，07，10

　廣峰　正子（ひろみね・まさこ）　　神戸学院大学法学部教授
　　　　　　　　　　　　　　　　　　06章，11章
　　　　　　　　　　　　　　　　　　トピック01，04，08

　小松　昭人（こまつ・あきひと）　　神戸学院大学法学部教授
　　　　　　　　　　　　　　　　　　08章，09章
　　　　　　　　　　　　　　　　　　トピック06

　足立公志朗（あだち・こうしろう）　神戸学院大学法学部准教授
　　　　　　　　　　　　　　　　　　12章，13章
　　　　　　　　　　　　　　　　　　トピック09

01章　民法とは
▶▶見取り図からつかもう

民法って，私に関係してくることがあるの？

❶　民法とはどのような法律か

　ものごとを理解するうえで全体の見取り図が非常に重要だと言われます。本書でも，民法とはどのような法律かについてまずは全体的なイメージをもってもらうことから始めたいと思います。しかし，民法の勉強をこれから始めようとする人に民法がどのような法律かを説明することは容易ではありません。説明のために様々な前提知識が必要だからです。そこで，まずは，民法という法律が私たちにとってきわめて身近な法律であることを知ってもらうことから始めたいと思います。

▶1　日常生活に身近な法
　民法は私たちの暮らしのどのような場面で関係するでしょうか。
　大学の授業で使用するテキストを購入した，妹が流行のスニーカーを買った，母が夕食の材料を購入してきたという場合はどうでしょう。これらの例では，売買契約と呼ばれる契約が結ばれています。そして，民法が売買契約について規律しています（民法555条以下）。
　兄が転勤し新しく住む家を借りた。ここには賃貸借契約と呼ばれる契約があります。賃貸借契約も民法の規律の対象です（民法601条以下）。
　父が定年後,再就職した。ここには雇用契約(労働契約)と呼ばれる契約があり，今日では労働法とよばれる法分野で主に扱われる問題でありますが，元をただせば民法の規律の対象です（民法623条以下）。
　祖父が長年住んできた住居をバリアフリーにリフォームした。ここには請負（うけおい）契約という契約が結ばれています（民法632条以下）。祖父はリフォーム資金を銀行から借りた。ここには金銭消費貸借契約が存在します（民法587条以下）。これらも民法の規律対象です。

大学からの帰り道，路上でキャッチボールをしていた若者のボールが飛んできて顔面を怪我した。これは不法行為として民法709条が関係してきます。怪我をした人は加害者に損害賠償請求をすることができます。
　家の玄関を出ると，お隣さんの庭木の枝が敷地境界線をはみ出して伸びてきている。顔に当たりそうで危ない。こういうときはどうしましょうか。お隣さんの庭木だけれど，わが家の敷地に越境してきているのだから勝手に枝を切っても構わないでしょうか。民法はこういう場面についても規定をおいています。すなわち，原則として勝手に切ったらダメで，木の所有者であるお隣さんに枝を切除させるようになっています（民法233条1項）。これとは違って，お隣さんの庭木の根っこが地中から侵入してきている場合は，侵入されたお家の人が切り取ることができるとしています（民法233条4項）。
　姉が結婚した。民法では婚姻と称していますが，婚姻についても民法で様々なルールが規定されています（民法731条以下）。
　おばに子どもが生まれ，従妹ができた。親子関係についても民法の守備範囲です（民法772条以下）。
　祖母が他界した。享年93歳。ここではおばあさんが残した財産の相続が問題となります（民法882条以下）。
　このようにみてくると，民法は意外に身近な法律であることがわかります。とはいえ，まだ実感がわかないという人もいるかもしれません。それもそのはず，民法は私たち市民が社会生活を営む際に生じてくる「紛争を解決するためのルール」として存在しており，争いごとが起こった場合にはじめて具体的に適用があるものだからです。病気になって初めて医療の有難さを感じるように，争いごとが起こってはじめて民法の存在に気づかされるものでしょう。そうはいえ，「社会あるところ法あり」といいます。そこには社会があれば紛争は避けられないことを含んでいます。大勢の人々が同じ社会で暮らしていますと，いつ何時争いごとに巻き込まれるか分かりません。自分では注意しているつもりでも，不意に自動車が突っ込んでくるという事態は避けようがありません。争いごとに巻き込まれるのは誰しも避けたいものですが，私たちの生活に法律が具体的に関係してくるとしたら，一番可能性が高いのは民法という法律だといえそうです。なにしろ民法は私たちの暮らしに最も身近なさまざまな紛争についての解決の基準を定める法律だからです。

▶2 契約の法

　私たちの暮らす社会はどのような社会でしょうか。

　私たちは生きていく上で，食べ物を欠かせません。それでは，その食べ物を私たちはどのようにして手に入れているでしょうか。ひょっとすれば，皆さん方の中には，自宅に広大な田や畑を持っていて，そこで父や母が米も野菜も果物も肉も卵も作っている，魚は釣りを趣味とする兄がしょっちゅう持って帰ってきてくれる，という人がいるかもしれません。そういう人は，毎日とれたての新鮮な食材を戴くことができて幸せな人に違いありません。しかし，普通の人は，スーパーや生協，八百屋さん果物屋さん肉屋さん魚屋さんといった小売り店で食材を購入し，家で調理しているのではないでしょうか。私たちは生きていく上で食品を売買契約という契約で手に入れることができているのです。

　着るものはどうしていますか。自宅で綿花を栽培し，羊も飼っており，さらには蚕(かいこ)まで育てているという人がいるかもしれません。そうして母が糸を紡(つむ)ぎ，布に仕上げて，姉がシャツやズボンに仕立ててくれるという人がいるかもしれません。しかし，ほとんどの人は，デパートやスーパーとか，衣類の量販店で売られている既製服を購入しているのではないでしょうか。衣類を入手するにも私たちは売買契約なしにはできないのです。

　住むところはどうしていますか。自宅の裏山から木を伐りだしてきて製材し，父と親戚のおじさんが協力して，自宅を組み上げたという人がいるかも知れません。しかし，普通の人は，他人が所有している住居を借りたり，買ったりして，中には所有する土地に注文住宅を建ててもらったりして，住んでいるのではないでしょうか。住むところを入手するにも，賃貸借や売買や，請負といった契約を結ばなくてはなりません。

　衣食住に必要なものを入手するにはお金がなくてはなりません。そのお金を手に入れるにも，私たちは，雇用契約という契約を結んで，働くことで手に入れています。

　以上のように，私たちが生きていくには様々な契約がなくてはなりません。私たちの生活は契約なしには考えられないのです。

　私たちが暮らす社会では，自分が必要とする物を，その物を所有している人を見つけては交渉し，売買や賃貸借といった契約を結んで入手し，そうして自らの必要を満たしながら，自分自身の意思で自分自身の生活を築き上げています。すなわち，契約を用いて自らの生活を自らの意思決定で組み立てていく社

会ということができます。そのような社会を「契約社会」と呼びますが，この契約社会を規律している法がほかならぬ民法なのです。国家の基本的なあり方を定めているのが憲法だとすれば，民法は私たちの暮らす社会の基本的なあり方を定めている法律なのです。

❷ 民法は社会をどのように分析するか

▶1 民法の構成要素

　民法は，私たちが暮らす契約社会を，4つの要素で構成されるモデルとして捉えています。その要素とは，「人」「物」「所有権」「契約」の4つです。

　まず，地球上に存在するあらゆるものを，私たちのような人間（それを「人」と呼びます）とそれ以外のもの（それを「物」と呼びます）とに大きく二つに区分します。そして，私たち人間こそが地球上で一番偉い存在であり地球上の主人公であるとして，権利の主体としての位置づけを与えます。それ以外のものは「物」として，なんらかの意味で私たち人間が生活していく上で利用してよい，役に立ててよい存在であり，人間の支配の対象，すなわち権利の客体として位置づけます。

　そして，「人」が「物」を「所有」することを認めます。所有者は所有物を自分の思うように使用したり処分したりしていいのです。

　自分が必要とするけれど持ってない「物」については，それを所有している「人」を見つけては交渉し，その「人」と「契約」を結んで手に入れることになります。

　このように，契約社会を「人」「物」「所有権」「契約」という4つの要素から成り立っていると分析し，これらについての規定を民法に設けて，契約社会の基礎としているのです。すなわち，「人」については民法3条以下に，「物」については民法85条から89条に，「所有権」については民法206条以下に，「契約」については民法の様々なところに規定があるのですが，たとえば民法521条以下をみれば契約についての規律があるのがわかります。

▶2 民法の権利構成

　❷▶1でみたように，民法は，地球上に存在するものを「人」と「物」とに2分し，「人」を地球上の主人公として権利の主体と位置づけています。

そうすると，主人公としての「人」が有する権利としては，「物」に対して向けられた権利と，他の「人」に対して向けられた権利の2つが考えられます。そして，「人」の「物」に対する権利を「物権」，「人」の他の「人」に対する権利を「債権」と呼んでいます。

　物に対する権利を「物権」と称するのであれば，人に対する権利は「人権」と称した方が対比としては分かりやすいのですが（ちなみに，ボアソナードによる旧民法では「人権」と称していました），すでに「人権」という言葉は，憲法の世界で人が人であることから当然に認められる権利という意味で使われていますので，民法では，「イ」（にんべん）に「責」の字を加えた「債」という字を使用することになったと理解しておくのが便利でしょう。

❸　民法が大事にするものはなにか

▶1　私法の一般法としての民法

　民法は，私法の一般法であるといわれます。

　まず，私法とは，人と人との対等平等な関係を規律する法であり，これに対し，公法とは，国または地方自治体（県や市など）と市民（人）との間の法律関係および国や地方自治体相互の関係を規律する法であり，私法と公法は対比して捉えられます。公法の代表例は，憲法や行政法です。そして，公法の領域では私法とちがって，権力的作用とよばれる強制が働くことを特徴として指摘することができます。

　次に，一般法とは，すべての市民に対して区別なく平等に適用されるルールを規定する法律をいい，ある特別な人々の間であるとか，ある特別な領域にのみ適用のある特別法と対比されます。民法は一般法であるのに対して，商法，借地借家法，消費者契約法などが民法の特別法に位置します。たとえば，商法には商人間の売買について規定がありますが，それは民法の売買契約の特別法です。借地借家法は，建物所有を目的とする土地の賃貸借契約や建物の賃貸借契約について民法の賃貸借契約の特別法にあたります。消費者契約法は，事業者・消費者間の契約についての特別法です。そして，特別法が存在する場合は，わざわざある特別な場面を念頭に置いて作られているのですから，その特別法が一般法に優先して適用されることになります。

▶2 意思を尊重する法

❸▶1で,「公法」には,権力的作用と呼ばれる強制を伴うことがあるといいました。土地の取得という場面を想定して,公法を代表して行政法という領域の法律（土地収用法）と民法とを対比して,民法の特徴を浮かび上がらせたいと思います。

毎朝自宅から歩いて最寄り駅に向かい,そこから電車で通学しているとします。最寄駅にはバス・ターミナルがなく,駅へ続く道路の道幅も狭く,毎朝,駅周辺は,通勤・通学客を乗せたバスや家族を乗せた自動車,また駅まで自転車で乗り付けて自転車を駐めていく人などで混雑しており,いつ事故が起きてもおかしくない状況だと仮定します。同駅の所在する市としては,駅周辺の混雑を解消するために新たにバス・ターミナルを設け,ターミナルへと続く道路を拡幅し,自転車駐輪場を新設するなどの工事を計画しています。そこで,そのための土地を所有者から取得する必要があります。駅周辺の再整備に必要な土地を取得する方法としては,大きく分けて,民法的な取得方法と行政法的な取得方法の2つがあります。民法的な取得方法とは,土地所有者と売買契約を結ぶという方法であり,行政法的な取得方法とは,土地収用法に基づき強制的に収用するという方法です。

では,その違いはどこにあるでしょうか。民法的な取得方法によるとすれば,あくまでも所有者が売りますと決心してくれない限り必要な土地を取得することはできません。それに対して,行政法的な取得方法によるならば,もちろん法律が定める所定の手続きを踏む必要はありますが,所有者の意思に反してでも（たとえば,先祖から承継した土地だから手放すわけにはいかないというような意思であったとしても）,所有者から土地を奪うことが可能なのです（なお,この場合,正当な補償がなされることはいうまでもありません）。

▶3 意思の実現支援の仕組みとしての法

❸▶2で,民法は,公法と違って,個人の意思を尊重する法律であることをみました。

それに加え,民法は,人の意思を尊重するにとどまらず,人の意思を実現するための支援の仕組みと理解できます。

すなわち,**❶▶2**で,契約社会において,人は契約を用いて自分の生活関係を自分自身で決定して生きていく社会であると言いました。自分の生活関係を

自分自身で決定していくことを,「私的自治」と言ったりします。これは,契約を結ぶ場面に限らず,私的な領域のあらゆる場面で自分のことは自分で決めるという意味です。自分の意思で決めるという側面を重視すると「意思自治」と呼ぶこともできましょう。この私的な法律関係の形成は個人の自由な決定に委ねられるという私的自治の原則が民法の出発点に据えられているのです。そして,民法は,私的自治を実現するための手段として,「法律行為」という制度を用意しています。この法律行為という制度は,民法を学ぶうえで非常に重要となってきますが,法律行為については,次の**02**章であらためて勉強していくことにしましょう。

❹ 本書の構成

本書は,民法は契約の法であるという理解から,まず,契約についての様々なルールについて解説していきたいと思います。

02章では,「契約」とは何かについて学びます。
03章では,契約の成立に必要な「意思表示」に関する規律を学びます。
04章と**05**章では,成立した「契約の履行」の問題を学びます。
06章では,契約を結ぶ主体である「人」についてのルールを,**07**章では,他人に代わりに契約を締結してもらうことのできる仕組みである「代理」について学びます。

ところで,契約社会は人と人とがそれぞれの財産を交換して生活していく社会といえますが,財産の交換を成り立たせるには財産の帰属関係(所有関係)がはっきりしてなければなりません。

08章と**09**章とでは,財産の帰属関係を規律する「物権」について学びます。
10章では,契約に基づいて発生した債権の履行をより確実にする仕組みとしての様々な「担保」について学びます。

さて,契約社会は自分が必要とする物を,それを所有する人を見つけては交渉し契約を結んで入手し自らの需要を満たし生活していく社会ですが,そこでは人々が活発に行動することが前提になっています。自分が必要とする物を持っている人をあちらこちらへと自ら探さなければならないからです。大勢の人々が活発に行き交いしますと何かの拍子に他人に損害を与えることが起こりえます。こういった場面を想定して民法には不法行為についての規律をおいて

います。

　11章では，他人に損害を与えたとして，具体的にどのような場合に，損害を賠償する責任が生じるかについてのルールである「不法行為」について学びます。

　さらに，**12章**では，契約社会の主体を育てるためになくてはならない家族のルールである「親族法」について学び，**13章**では，誰かが死亡した時にその人の財産を誰がどのように承継するかについてのルールである「相続法」について学びます。

　最終章の**14章**では，条文の解釈適用のあり方，判例のもつ意味などについて改めて掘り下げて勉強し，本格的な民法の勉強へとつなげていくことを狙っています。

　なお，以下の章では，民法＊＊条と言う場合，単に＊＊条と示し，民法を省略することがありますので注意してください。

【増成　牧】

★トピック 01　あやしい錬金術

　突然ですが，問題です。あなたが知人から，次のような話を聞いたとしましょう。「これは，絶対に儲けることができるから秘密にしておいてほしいんだけど，今この○▲に投資すると１年で倍になるんだけど，投資しない？」。さすがに，胡散臭いですよね。では，１年で50％なら，あるいは15％ならどうですか？しかも投資した元本は必ず保証されると言う説明がついていれば？

　この種の儲け話を持ちかけられたとき，覚えておいてもらいたい言葉が２つあります。１つは，「こいつ，こんな秘密の儲け話を持ちかけてくるほど，自分と仲良かったっけ？」，もう１つは「もしも，この話が本当なら，自分だったら他人に教えたりせずに自分だけが儲け続けるけど」，です。この２つのワードを常に心に刻んでおけば，たいていの詐欺話にはひっかからずにすむはずです。

　ただ，敵もさる者，みんながこのように用心を固めると，最初の何回かだけは本当に約束を守ってくれたりします。例えば，お試しに10万円を預かり，月ごとに１万円の配当をすると約束して，本当に数か月は１か月ごとに１万円をくれるのです。何回目かのうちに，さらなる出資を持ちかけられ，多額の出資をしてしまった後で急に連絡が取れなくなる。こういう詐欺も多いのです。考えても見てください。10万円を預かった悪者は，素知らぬ顔で10か月は１万円ずつ配当を配ったって，痛くもかゆくもないんです。だって，そのお金はあなたのお金ですから。もし，10か月かけて追加出資を持ちかけ，うまくいかないときは，11か月後から音信不通になればよいだけです。

　世の中，うまい話はそうそうありません。くれぐれもご用心を。

【廣峰正子】

02章 契約とは

今度の日曜日，友人と淡路島に行こうと約束したんだけど，これって契約なの？

❶ 契約は法律行為の1つである

　契約というものを法律的に考えるとき，法律行為という概念が重要になります。契約は，法律行為の1つです。法律行為というのは，おおざっぱにいえば，意思表示の内容どおりの効果が発生する行為のことです。たとえば，売主と買主が互いの意思表示によって「車を代金150万円で売買する」という契約をすれば，合意の内容どおり，売主には車の引渡義務が発生し，買主には代金150万円の支払義務が生じます。このように法律行為は，法律効果（法律上の効果）を発生させるものであり，法律要件（法律効果を発生させる一定の事実）であるという性質を持ちます。

　契約は，（互いに向かい合う形でなされた）2つの意思表示が合致することによって成立する法律行為です。ここでの意思表示とは，「申込み」と「承諾」のことであり，意思表示の合致は，「合意」という言葉で言い換えることができます（なお，「意志」表示ではなく，意思表示という字を用いることに注意してください）。

　「法律行為」という言葉は日常聞き慣れない抽象的な言葉であるため，初めて民法を学ぶ人にはイメージが湧きにくいかもしれません。そのような場合は，売買などの契約に置き換えて考えるとよいでしょう。なお，契約のほかに，遺言などの「単独行為」（これは，1個の意思表示だけで法律効果を生じさせるものです）や，会社の設立などの「合同行為」（これは，同じ方向を向いた複数の意思表示が集まったものです）とよばれるものも法律行為に含まれます。その意味で，法律行為は，契約よりもひろい概念です。

❷ さまざまな契約

▶1　民法典上の契約類型（13の典型契約）

　私たちの社会は，実に多種多様な契約によって動いています。民法は，売買契約や賃貸借契約など古くから存在する13種類の契約について規定を置いています。これら13種類の契約を**典型契約**といいます。民法の規定順に並べると次のとおりです。

【財産権の移転を目的とするタイプ】
① 贈与（民法549条）：
ある財産を無償で与える契約
② 売買（民法555条）：
ある財産と金銭とを交換する契約
③ 交換（民法586条）：
互いに金銭以外の財産を交換する契約

【物の貸借を目的とするタイプ】
④ 消費貸借（民法587条）：
借りた物を消費して，後で同種・同量の物を返還する契約（典型的には，金銭の貸し借り）
⑤ 使用貸借（民法593条）：
ある物を無償で借りて，後でその物自体を返還する契約
⑥ 賃貸借（民法601条）：
対価を支払ってある物を借り，後でその物自体を返還する契約

【役務の提供を目的とするタイプ】
⑦ 雇用（民法623条）：
労働に従事し，その対価として賃金を受ける契約（たとえば，ある会社の従業員が会社の命令に従って労務に服する場合など）
⑧ 請負（民法632条）：
ある仕事を完成させ，その対価として報酬を受ける契約（たとえば，大工が建物の建築工事を引き受ける場合など）
⑨ 委任（民法643条）：
まかされた事務を遂行する契約（たとえば，医師が病気の治療を引き受ける場合など）
⑩ 寄託（民法657条）：
他人の物を預かって保管する契約

【その他の契約】
⑪　組合（民法667条）：
複数の者が出資をして共同の事業を営むという契約
⑫　終身定期金（民法689条）：
当事者の一方が，相手方（またはその他の者）が死亡するまで定期に金銭その他の物を相手方（またはその他の者）に給付する契約
⑬　和解（民法695条）：
当事者が互いに譲歩をして，争いをやめるという契約

　これら典型契約についての民法の規定（民法549〜696条）は，その大部分が本章❸▶2で解説する任意規定です。したがって，典型契約のどれかを結ぼうとする当事者は，民法の規定とは異なる内容の契約条項を取り決めることも原則として可能です。また，民法典にそもそも規定がない契約を当事者が作り出すことも許されており，そのような契約を**非典型契約**(ひてんけいけいやく)とよびます。たとえば，ソフトウェアの使用許諾契約や，大学と学生との間で締結される在学契約などは，非典型契約の例といえます。
　以下では，契約について，いくつかの分類を簡単に説明しておきます。

▶2　諾成契約と要物契約

　意思表示の合致だけで成立する契約を**諾成契約**(だくせいけいやく)といいます。ほとんどの契約は諾成契約であり，たとえば売買は「売りましょう」「買いましょう」という口約束だけでも有効に成立します。
　これに対し，意思表示のほかに，物の引渡しをして初めて成立する契約を**要物契約**(ようぶつけいやく)といいます。たとえば，金銭の貸し借りをする場合には，原則として，借主が金銭を貸主から受け取った時に契約（消費貸借契約）が成立します（民法587条）。13種類の典型契約のうち，要物契約とされているのは，**消費貸借契約**(しょうひたいしゃくけいやく)だけです（なお，改正前の民法では，使用貸借契約と寄託契約も要物契約とされていました）。

▶3　双務契約と片務契約

　売買契約が成立すると，売主には目的物引渡義務，買主には代金支払義務がそれぞれ発生します。このように当事者の双方に債務が発生する契約を，**双務契約**(そうむけいやく)といいます。売買のほかには，賃貸借や請負などが双務契約です。これに

対し，当事者の一方しか債務を負わない契約を片務契約といいます。たとえば，贈与などがそれにあたります。

▶4 有償契約と無償契約

契約の分類には，有償契約と無償契約という分類もあります。簡単にいえば，有償契約は対価をもらう見返りに何か利益を与えるような契約であり（売買，賃貸借など），無償契約はただで何か利益を与えるような契約です（贈与，使用貸借など）。基本的には，双務契約は有償契約であり，片務契約は無償契約です（ただし，わずかですが例外も存在します）。

❸ 契約自由の原則

▶1 「契約自由の原則」とは

民法には，契約自由の原則という重要な原則があります。01章の❸▶3でみたように，自分のことは自分の意思で決めることができる，という「私的自治の原則」が民法の基本的な考え方であり，「契約自由の原則」というのは特に契約の場面で私的自治の理念を示すものです。民法の規定では，契約自由の原則について次の2点が定められています。

第1に，契約をするかしないかは，原則として自分の判断で決めることができます。この点，民法は，「何人も，法令に特別の定めがある場合を除き，契約をするかどうかを自由に決定できる」と定めています（民法521条1項）。「契約をするかしないか自由に決められる」というのは，基本的には当然の話です。ただし，この規定は，「法令に特別の定めがある場合」には，この自由が制限されることを認めています。たとえば，自宅にテレビを設置した人は，たとえNHKと受信契約を結ぶのがいやであっても受信契約を結ばなければならない（放送法64条1項），などの例外が存在します。

第2に，契約の内容は，当事者双方の合意によって原則として自由に決めることができます。たとえば，売買において，何を売るか，いくらで売るか，いつどこで引き渡すかなどは，売主と買主の合意によって自由に決められる事柄です。この点，民法は，「契約の当事者は，法令の制限内において，契約の内容を自由に決定することができる」と定めています（民法521条2項）。この条文は「法令の制限内において」自由に決定できるとしていますので，契約の当

事者は，民法に何か規定があればその規定に従う必要があるようにみえますね。ところが意外なことに，実際には必ずしもそうではないのです。そのことを次の「任意規定と強行規定」でご説明しましょう。

▶2　任意規定と強行規定

　民法の規定のうち，契約に関する規定には，契約当事者がそれと異なる内容の合意をすることを許すものが多く含まれています。そのような規定を**任意規定**といいます。民法91条は，「法律行為の当事者が法令中の公(おおやけ)の秩序に関しない規定と異なる意思を表示したときは，その意思に従う」としており，「公の秩序に関しない規定」，つまり任意規定よりも，契約当事者の特約の方が優先することを定めています。

　たとえば，民法558条は，「売買契約に関する費用は，当事者双方が等しい割合で負担する」と定めていますが，もし契約当事者が「契約書の作成費用は売主が全部負担する」という特約を結んでいるときは，任意規定である民法558条よりも，特約の方が優先します（つまり，売主が全部負担する義務を負います）。また，民法633条は，請負の報酬（たとえば，建物の建築工事を注文した者が大工に支払う報酬）について，「報酬は，仕事の目的物の引渡しと同時に支払わなければならない」と定めていますが，もし契約当事者が別の日時に支払うという特約（たとえば，「目的物の引渡しの3日後に支払う」という特約など）を結んでいるときは，特約で定めた時期に支払うべきことになります。

　これに対し，「公の秩序に関する規定」の場合は，当事者が特約によって排除することができません（つまり，必ず従うべき規定となります）。そのような規定を，**強行規定**といいます。たとえば，物権については，民法175条によって「物権は，この法律〔＝民法〕その他の法律に定めるもののほか，創設することができない」という「物権法定主義」が定められており，物権の種類および内容に関する規定は強行規定とされます。物権は，世の中の誰に対しても主張できるという性質を持つ強い権利です（物権の代表例は所有権であり，たとえばパソコンの所有権を持つ人は，そのパソコンの支配を邪魔するなと皆に対して主張できます）。そこで，社会の混乱を招かないよう，物権の種類および内容を画一的に定めておく必要があるわけです。

　なお，念のために言っておくと，契約から生じる債権という権利（これは，契約の相手方から見ると債務です）は，誰に対しても主張できる物権とは違って，

当事者を拘束する効力しか持ちません。たとえば、売買契約によって生じた代金債権に基づき、売主は代金の支払を、買主に対しては請求できますが、それ以外の人に対しては請求できません（当たり前ですね）。このように債権というのは、基本的に当事者どうしの狭い領域の話です。そのため、互いの合意によって、さまざまな債権を自由に作り出すことが原則として可能とされています（つまり、法律に定めのない債権を契約で作り出したり、法律の任意規定とは異なる内容の債権を契約で作り出すことが認められています）。

▶3　定型約款

　私たちが家庭で電気やガスを使えるのは、それらエネルギーを提供する会社との間で契約をしているからです。また、きっぷを買って電車やバスに乗る際には、運送サービスを提供する会社との間で旅客運送契約という契約をしています。これらの場合、契約の細かな内容（たとえば、提供されるサービスの内容、料金のほか、事故などでサービスを予定どおり提供できないときの精算など）は、基本的に会社によってあらかじめ画一的に定められています。その結果、私たち利用者の側は、その契約条項をまるごと受け入れるか、あるいはサービスを全く受けないか、という選択しかできないことになります。このような現象は、ホテルの宿泊契約、宅配便の契約、クリーニングの契約など、さまざまな契約においてみられることです。

　民法は、このような場合を想定して、**定型取引**という概念を用いています。定型取引とは、「ある特定の者が不特定多数の者を相手方として行う取引であって、その内容の全部または一部が画一的であることがその双方にとって合理的なもの」であるとされます（民法548条の2第1項）。そして、定型取引において、契約の内容とすることを目的として準備された条項の総体を、**定型約款**とよびます（同条同項）。約款というのはあらかじめ用意された契約条項のことですが、約款のうち、定型取引で用いられるものを定型約款というわけです。民法は、定型約款を準備した者が、あらかじめ定型約款を契約の内容とする旨を相手方に表示していたときには、定型約款の「個別の条項についても合意をしたものとみなす」と定めています（同条同項第2号）。

　本来、契約の合意というものは、お互いが契約の内容についてよく認識した上でなされるべきものです。ところが、定型約款の場合は、定型約款を使うという表示を約款準備者がしていたときには、相手方が個別の契約条項の内容に

ついて十分に認識していたかどうかを問わず，原則としてその契約条項に拘束力が認められることになります（つまり，相手方は「そんな条項があるとは知らなかった」という理由だけでは，定型約款の拘束から脱け出すことができません）。ただし，定型約款の内容が，約款準備者の側に極端に有利であって明らかに不公平である場合まで相手方がそれを甘受すべきだとするのは，行き過ぎとなります。そこで，一定の不当な内容の定型約款については，その効力を否定する必要があります。民法は，定型約款の条項のうち，「相手方の権利を制限し，又は相手方の義務を加重する条項」については，それが信義誠実の原則（民法1条2項）に反するほどに「相手方の利益を一方的に害する」ものであるときには，その効力がない旨を定めています（民法548条の2第2項）。

▶4 「契約自由の原則」に対する制限

「契約自由の原則」は，契約を結ぼうとする当事者が対等な立場にあることを基本的な前提としています。対等な当事者が自由に意思決定できる状況で合意したのであれば，その意思決定に従うべきであるという考え方は説得力を持ちます。

しかし，現代の社会においては，「当事者が対等な立場にある」という前提が崩れている場合が珍しくありません。たとえば，消費者が事業者との間での取引をする際には，互いが持っている情報の質・量や交渉力に格差があるために，事業者の方が強い立場にあるのが普通です。その場合に「契約の自由」を貫徹するとどうなるでしょうか。このとき事業者の側は「自分に都合のいい契

【ミニコラム01】　信義誠実の原則

　民法1条は，①公共の福祉（1項），②信義誠実の原則（2項），③権利濫用の禁止（3項）という3つの包括的・抽象的な規定を置いています。これらのうち，実際の裁判で最も多く出てくるのが「信義誠実の原則」であり（これは「信義則」ともよばれます），民法の条文では「権利の行使及び義務の履行は，信義に従い誠実に行わなければならない」と定められています。法律の個別的・具体的な規定だけではうまく対処しきれない場面が生じたときに，信義誠実の原則は，いわば「最後の手段」として用いられて，法の内容を具体化したり，あるいは，法を修正するなどの役割を果たすことがあります。

約を結ばせる自由」を享受するかもしれませんが，弱い立場にある消費者は，不要な契約や，一方的に自分に不利な内容の契約を，事業者から押しつけられることになりかねません。そこで，民法の特別法である消費者契約法（03章❷▶7）は，消費者が一定の誤認または困惑によって契約を締結した場合に契約の取消権を認めるとともに，消費者に著しく不利な一定の契約条項についてはそれを無効としています（消費者契約法4条，8〜10条）。また，先ほど❸▶3で述べたように，民法も定型約款について，当事者の一方の利益を不当に害する内容の条項を排除する旨の規定を置いています（民法548条の2第2項）。これらの規制は，「契約の自由」に対する制限の一例といえます。

　この他，労働者と使用者の関係や，不動産の賃借人と賃貸人の関係などにおいても，当事者の一方（労働者や賃借人）が弱い立場にあることが多いため，契約自由の原則を修正して，弱者の側に一定の保護を与える立法がなされています。労働基準法や借地借家法などがその一例です。たとえば，労働時間や賃金などの労働条件について，法令の定める最低基準よりも不利な内容の契約を労働者がしたとき，法令に違反する部分については契約が無効とされ，法令の定める基準に従うべきことになります。現代の社会では，「契約自由の原則」に対しては，社会政策の見地から数多くの制限が加えられていることに注意する必要があります。

【笹川明道】

03章 契約の成立

友人が,「今日のお昼は,かつ丼食べるぞ」と騒いでいたけど,これも意思表示なの?

❶ 意思表示の合致

▶1 「申込み」と「承諾」

契約は,申込みの意思表示と承諾の意思表示とが合致することによって成立します。このことは,すでに02章❶でみたところです。それでは,契約の成立に必要な「申込み」とはどのような意思表示でしょうか。

申込みとは,「契約の内容を示してその締結を申し入れる意思表示」をさします(民法522条1項)。たとえば,「このパソコンを5万円で売りましょう」と申し入れるのは,申込みの意思表示となります。申込みに対して承諾の意思表示がなされると,契約が成立します(同条同項)。承諾をする者が,条件付きで承諾したり,その他の変更を加えて承諾した場合(たとえば,5万円で売るという申込みに対して「4万5千円でなら買いましょう」という返事をした場合など)は,当初の申込みを拒絶するとともに,新たな申込みをしたものとみなされます(民法528条)。

なお,申込みと区別すべきものとして,「申込みの誘引」というものがあります。これは,他人の申込みを誘うものです。たとえば,「従業員募集 時給1000円」といった求人広告がその一例です。かりにこの広告が申込みだとすれば,これを見た人が「働きたい」といえば,それが承諾の意思表示となって,ただちに雇用契約が成立することになってしまいます。しかし,人を雇うときには,その人を面接して仕事に対する適性を確認してから採否を決するのが普通でしょう。したがって,この広告は申込みの誘引にすぎません(つまり,「働きたい」という申込みに対して,雇い主の側は承諾しない自由があります)。

▶2 契約の成立時期

意思表示の効力がいつ発生するかに関しては,民法97条1項に規定がありま

す。それによれば、意思表示が「相手方に到達した時」に意思表示の効力が発生するとされます（到達主義）。したがって、契約が成立するのがいつの時点であるかというと、承諾の意思表示が申込者に到達した時点となります（なお、改正前の民法には、承諾の通知を「発した」時点で契約が成立するという特殊なルールがありましたが、これは廃止されました）。契約が成立すると、その時点から契約当事者には、債権および債務が生じることになります（たとえば、売買契約の場合、買主には、目的物引渡請求権と代金支払義務が生じます）。

▶3 承諾がなされる前であれば申込みは自由に撤回できるか

契約の申込みをした後に、何らかの理由でそれを後悔することがあるかもしれません。その場合、承諾の意思表示がなされる前であれば、自由に申込みを撤回できるのでしょうか。

民法によれば、承諾期間を定めて申込みをした場合、申込みを撤回することはできません（民法523条1項）。この場合、承諾期間内に承諾の通知が到達しなかったときは、申込みが自動的に効力を失うことになります（民法523条2項）。

では、承諾期間を定めずに申込みをした場合はどうでしょうか。この場合、いつまでも申込みに効力があるとすれば、申込みをした者に酷となります。そこで、承諾期間の定めがない場合には、原則として「承諾の通知を受けるのに相当な期間」（相手方が考慮する時間と、通信に要する時間によって決まります）を経過したときに、申込みを撤回できるものとされています（民法525条1項参照）。承諾期間の定めのない申込みを、対話者に対して行った場合（たとえば、手紙やメールではなく、電話で申し込んだ場合など）は撤回がもっと容易であり、「その対話が継続している間は、いつでも撤回することができる」とされています（同条2項）。

▶4 契約の成立に書面は必要か

原則として、契約の成立には、当事者の合意があれば十分であり、書面の作成は要求されていません（民法522条2項）。つまり、口約束であっても、法的な拘束力のある契約が成立します。たとえば、ピザの宅配の注文や、ホテルの宿泊予約などを電話でおこなう場合にも有効な契約が成立し、もし当事者が契約から生じる債務を履行しないときは、債務不履行の責任を問われることになります。

ただし，実際上の問題として，契約の存否について当事者の間に争いが生じたときには，何らかの証拠がないと，契約に基づく請求を裁判で認めさせることが困難になります。そのため，契約を結ぶ際に契約書などの書面を作成するのは，契約の成立（および契約の内容）を証明する手段を確保するという重要な意味があります。

なお，契約の中には，書面がないと契約がそもそも有効に成立しないもの（これを要式契約といいます）も例外的に存在します。保証契約がその一例です（民法446条2項）。

❷ 意思表示に問題がある場合

▶1 序説

意思表示とは，「意思」を表示することです。ここで「意思」というのは，一定の私法上の法律効果を発生させる意思（効果意思ともいいます）のことです。たとえば，「有名画家の肉筆画と思われるので100万円でこの絵を買おう」と決めた場合，「100万円でこの絵を買おう」という部分が「意思」にあたります。これに対して，「有名画家の肉筆画と思われる」という部分は「動機」とよばれ，意思とは区別されます。

以下に説明するとおり，民法典は，意思表示の有効性に関していくつかの規定を置いています。意思表示の効力が否定されるときは，契約の効力も否定されることになります（契約など法律行為にとって，意思表示は不可欠の要素であるため，意思表示が無効であれば法律行為も無効となります）。

▶2 心裡留保

たとえば，Aが，本当は売る気がないのに冗談で，「このパソコンを2万円で売ってやろう」とBにいったとします。この場合，Bが「じゃあ買おう」といえば，Aはパソコンを売り渡さねばならないでしょうか。

表意者（意思表示をする人）が，自分の真意（本心）でないことを知りながら意思表示をすることを心裡留保といいます。このような意思表示は，表意者の意思と表示との間に食い違いがありますが，原則として有効とされます（民法93条1項本文）。わざと本心と異なることを述べた表意者よりも，表示を信頼した相手方を保護する必要があるためです（たとえば，ピザの宅配を注文した者が，

配達に来た店員に対して「この注文は冗談のつもりでしたものだから無効だ」といえないことは常識で考えてすぐわかるでしょう）。したがって，原則として，Aはパソコンを2万円でBに売り渡さねばなりません。ただし，冗談だということを相手方Bが知っていた場合や，普通の注意をすれば知ることができたという場合にまで有効とするのは行き過ぎですから，例外としてそれらの場合は意思表示が無効とされます（民法93条1項ただし書）。

なお，民法の規定では，心裡留保を理由とする無効は，「善意の第三者に対抗することができない」とされています（民法93条2項）。この文言の意味については，次の通謀虚偽表示のところ（❷▶3）で説明します。

▶3 通謀虚偽表示

通謀虚偽表示とは，相手方と通謀して，真意と異なる意思表示をすることです（通謀虚偽表示は，相手方との通謀がある点で心裡留保と異なります）。たとえば，多額の借金を抱えるAが，債権者による財産の差押えを妨害するため，Bと相談して，自分の土地をBに売ったように見せかけるような場合です。通謀虚偽表示は無効とされます（民法94条1項）。それゆえ，AB間の売買契約は無効であり，BはAに対して土地の所有権を主張することができません。

しかし，この場合に，通謀虚偽表示の事実を知らないCという人が，Bから土地を買ったときは，虚偽の外観を作ったAよりもそれを信じたCを保護する必要があります。民法の規定によれば，Aは，AB間の売買が無効であるということを，「善意の第三者に対抗することができない」とされています（民法94条2項）。法律用語で「善意」とは，ある事実を知らないことをいいます。また，ここでの「第三者」というのは，おおざっぱにいえば，当事者以外の者（つまり，AB以外の他人）であって，この土地に対して新たに利害関係を有するに至った人物をさします。AB間の売買が通謀虚偽表示であったことを知らずに

【ミニコラム02】 善意・悪意

後で述べるように，「善意」というのは，ある事実を知らないことをさします。これとは逆に，「悪意」とは，ある事実を知っていることをさします。その人が親切であるか，意地悪であるか，といったことは，法律用語としての「善意」「悪意」とは基本的に関係ありません。

土地を買い受けたCは、「善意の第三者」に該当します。そのため、Cは、ＡＢ間の売買が有効であるとみなして、Aに対して土地所有権の取得を主張することができます。

▶4　詐欺・強迫

「物を売る」とか「物を買う」などの意思表示をしたとしても、だまされてそのような意思表示をした場合は、**詐欺**を理由にその意思表示を取り消すことができます（民法96条1項）。また、おどされて意思表示をした場合には、**強迫**（脅迫ではない）を理由にそれを取り消すことができます（民法96条1項）。

「無効」と「取消し」は、意味が異なるので注意してください。無効の場合は、初めから当然に効力がありません。これに対して、取消しは、もともとは有効であったものを初めにさかのぼって効力を失わせるものです（取り消されないかぎりは有効なままです）。したがって、たとえばAがBにだまされて車を買わされた場合に、支払った代金を取り戻すには、Aは売買契約を取り消す旨の意思表示をして、契約の効力を失わせる必要があります。無効にせよ、取消しにせよ、契約の効力が否定されますと、当事者はその契約によって受け取っていたものを互いに返還する義務を負います（先ほどの例でいえば、Aは車をBに返す義務を負い、Bは代金をAに返す義務を負います）。このような義務を**原状回復義務**（現状回復義務ではない）といいます（民法121条の2第1項）。

なお、詐欺を理由とする取消しは、その効果を「善意でかつ過失がない第三者」に対しては主張できません（民法96条3項）。たとえば、AがBにだまされて土地を売り、Bが第三者Cにその土地を転売したとします。この場合に、AがAB間の売買契約を取り消したとしても、Cが善意無過失であった（つまり、BのAに対する詐欺の事実を知らず、かつ、そのことについて過失がなかった）とすれば、AはCに対して土地の所有権を主張できません。これに対して、強迫を理由とする取消しは、善意無過失の第三者に対しても主張できます（民法96条3項の反対解釈）。このような違いが生じた背景には、詐欺の被害者には「うかつ」であったという落ち度があるのに対して、強迫の被害者にはそれほど責められるべき落ち度はないという事情があります。

▶5　錯誤

表意者が、何らかの間違いによって意思表示をしてしまった場合は、**錯誤**と

よばれます。錯誤にはさまざまな事例があります。たとえば、「32万円で売る」という申込みをするつもりだったのに、「23万円で売る」と書き間違えた場合もその一例です。表意者からすれば、錯誤による意思表示に拘束されるのは困ったことです。しかし、その意思表示を信じた相手方からすれば、そう簡単に意思表示の効力が否定されるようでは安心して契約を結べなくなります。そこで、民法は、表意者と相手方との利害のバランスをとるため、一定の場合に限って、錯誤による意思表示を取り消せるものとしています。

民法95条1項は、意思表示の取消しをもたらす錯誤を、次の2つのタイプに分けています。

【タイプ1】 意思表示に対応する意思を欠く錯誤（本書では「意思欠缺（けんけつ）タイプ」と表記します）
【タイプ2】 表意者が法律行為の基礎とした事情についてその認識が真実に反する錯誤（本書では「基礎事情誤認タイプ」と表記します）

さきほど出てきた売値の書き間違いの事例は、タイプ1（意思欠缺タイプ）に該当します。表意者は、「23万円で売る」という意思表示をしたものの、実際にはそのような意思を持っていなかったためです。タイプ1にあたる事例としては、他に、ドルとユーロを等価値であると誤信して「100ドルで売る」というつもりで「100ユーロで売る」という意思表示をした場合なども挙げることができます。

これに対して、タイプ2（基礎事情誤認タイプ）に該当する例としては、有名画家の肉筆画だと思ってある絵を300万円で買ったけれども、実は偽物であったという場合が挙げられます。この場合、買主は、「この絵を300万円で買う」という意思をもって、その旨の表示をしたわけですから、内心の意思と表示との間には食い違いはありません。他の例として、近くに新しい駅ができると思いこんで時価より高く土地を買ったものの、実はそのような計画はなかったという場合も、タイプ2です。タイプ2の錯誤は、意思表示をおこなう動機の部分で勘違いをしている事例であるため、伝統的には「動機の錯誤」とよばれてきました。

どちらのタイプの錯誤についても、取消しが認められるためには、「その錯誤が法律行為の目的及び取引上の社会通念に照らして重要である」ことが必要とされます（民法95条1項柱書き）。これは、ささいな勘違いでは取り消せない

ことを示しています。その錯誤がなければふつうの人はそのような意思表示をしなかったはずだ、といえるくらい決定的な錯誤である必要があるわけです。そして、基礎事情誤認タイプ（上のタイプ２）の場合には、「その事情が法律行為の基礎とされていることが表示されていた」ことも必要とされます（民法95条2項）。さきほどの例でいえば、「○○〔＝有名画家〕の描いた肉筆画だから買う」とか「近くに新しい駅ができるから買う」といった表示がされていていたことが必要です。タイプ２について、このような「表示」を必要とするのは、民法改正前にすでに存在していた判例法理を明文化したものです。

　なお、上記の要件を満たす場合であっても、表意者に「重大な過失」があるときは、表意者は原則として取り消すことができません（民法95条3項柱書）。これは、表意者があまりにもひどい不注意のために錯誤に陥っていた場合は、そのような落ち度のある表意者を保護しないことを意味します。ただし、①相手方が表意者に錯誤があることを知っていた場合、もしくは、重大な過失によって知らなかった場合、または、②相手方が表意者と同一の錯誤に陥っていたとき（いわゆる「共通錯誤」の場合）には、重大な過失のある表意者であっても、取消しをすることができます（民法95条3項1号、2号）。

　錯誤による取消しについては、善意無過失の第三者を保護する規定（民法95条4項）がありますが、この内容については詐欺（❷▶4）の場合の第三者保護と重なりますので、そちらをご参照ください。

▶6　第三者保護規定

　通謀虚偽表示（❷▶3）および詐欺（❷▶4）のところで主に説明しましたが、意思表示に問題があって無効または取消しの対象となる場合であっても、表意者がそのことを第三者には主張できないことがあります。

　民法の規定によれば、心裡留保（民法93条2項）と通謀虚偽表示（民法94条2項）については、表意者は意思表示の無効を「善意の第三者」に対して主張することができません（したがって、「善意の第三者」は、たとえ過失があったとしても、保護されることになります）。これに対して、錯誤（民法95条4項）と詐欺（民法96条3項）については、取消しを「善意でかつ過失がない第三者」に主張することができないとしています。この違いが生じたのは、表意者保護と第三者保護のバランスをとるためです。つまり、心裡留保と通謀虚偽表示の場合は、表意者の帰責性が大きい（表意者が自分の真意と異なる意思表示をわざと行って、虚偽の外観を積

極的に作出している）ため，第三者は「善意」であれば保護されます。これに対して，錯誤と詐欺の場合は，表意者が問題のある意思表示を故意におこなったわけではないので，第三者が保護されるためには善意だけでは足りず，無過失まで必要とされています。

▶7　消費者契約法

　消費者契約とは，消費者（つまり，個人）と事業者の間で結ばれた契約をさします。事業者が，事実について誤った印象を与えたり，困惑させるような言動を用いるなどして，消費者に契約を結ばせたとき，それが民法の定める詐欺・強迫・錯誤にあたる場合には，消費者は民法に基づいて契約の取消しを主張できます。しかし，現実には，民法上の詐欺・強迫・錯誤の要件をみたしていないケース（あるいは，それらの要件をみたしていることを消費者が裁判で立証することが難しいケース）も多く，その場合には民法の規定では消費者が保護されないことになります。そこで，民法の規律を補充して，悪質な販売方法や不当な内容の契約から消費者を保護するために，**消費者契約法**という法律が制定されています。たとえば，将来の値上がりなど不確実な事項について消費者が事業者から断定的な説明を受けて締結した契約や，自宅に来た事業者に対し退去を求めたのにしつこく居座られてしかたなく結んだ契約などは，消費者の側から取り消すことができます（消費者契約法4条）。また，「いかなる場合でも事業者は損害賠償の責任を一切負わない」といった条項のように，その内容が消費者にとって一方的に不利な契約条項は無効とされることがあります（消費者契約法8～10条）。消費者契約法は，事業者と消費者の間の契約という日常ありふれた取引にひろく適用されるため，実際上，非常に重要な働きをしています。

❸　契約が有効となるための要件

　契約をはじめとする法律行為は，それが有効と認められるために，①内容が確定可能であること，②内容が適法であること，③内容が社会的妥当性を有すること，が必要です。これは，裏返していえば，以下に述べるように，内容を確定できない契約や，強行規定に反する契約，公序良俗に反する契約が，無効とされることを意味します。

▶1　内容の確定性

　契約の内容が確定できない場合，その契約に法的な効力はありません。たとえば，「何かいいものをあげよう」という申込みに対して承諾をしたとしても，ふつう，これだけでは贈与契約は成立しません。「何を与えるのか」という一番肝心なことが確定できないからです。

　ただし，契約に多少不明確な文言があるからといって，直ちに契約を無効と決めつけてはいけません。当事者の意思や慣習などに照らして，「契約の解釈」をすることによってその内容を確定できるならば，契約は有効です。また，契約締結の段階ではおおまかな点についてだけ決めておき，後日なされる履行までの間に詳細を確定するというのも，契約として有効です。たとえば，講演を依頼する契約を結ぶ際，演題や謝礼の額は後日決めるということでもかまいません。

▶2　内容の適法性（強行規定に違反しないこと）

　民法の規定の中には，02章❸▶2で述べたように，任意規定（法律の規定よりも当事者の合意の方が優先する規定）が数多くありますが，違反を許さない**強行規定**も存在します。強行規定に反する合意は無効とされます。たとえば，民法5条2項は未成年者の法律行為について取消権を定めており，契約で未成年者が取消権を放棄することを合意したとしても，その合意には効力がありません（民法124条1項参照）。なぜなら，そのような合意の効力を認めると，未成年者保護という社会秩序に関わる施策が骨抜きにされてしまうからです。この他，民法では，物権に関する規定や，親族・相続に関する規定などにも強行規定が数多く存在します。

▶3　内容の社会的妥当性（公序良俗に反しないこと）

　民法90条は「公の秩序又は善良の風俗〔＝**公序良俗**〕に反する法律行為は無効とする」と定めています。これは反社会的な内容の法律行為を認めないという趣旨です。たとえば，殺人を請け負う契約や麻薬を密売する契約は公序良俗に反するため無効です。また，これら犯罪を目的とする行為以外にも，家族秩序に反する行為（不倫関係を維持する契約など）や，暴利行為（相手方の窮迫・軽率などに乗じて不相当に過大な利益を得る契約）などもこの規定によって無効とされます。

「公序良俗」は必ずしも内容が明確ではない概念であり，この規定の適用範囲は時代によって変化しうるものです。このように内容が明確に特定されていない規定を**一般条項**といいます。民法には，一般条項として，民法90条の他に，民法1条2項の信義誠実の原則（信義則）や，民法1条3項の権利濫用の禁止などがあります。

【笹川明道】

★トピック02　注文した覚えのない商品が送られてきたが……

　大学の授業を終えて自宅へ帰ると，母が「あなた宛てに小包が届いてるよ」と言う。誰からだろうと眺めて見てみると，聞いたことのない名前の業者からのもの。開けると，注文した覚えのない商品が入っていた。同封の手紙には，「ご不要の場合，梱包ごとご返送下さい。ただし，2週間以内に返品のない場合，購入したものと扱い，代金8000円を戴きます」と書いてあった。さてどう対応すべきか？

　このケースは，注文してない商品を送りつけ，それを受け取ったことで代金の支払い義務が生じたかのように勘違いさせて，金銭を支払わせようとするもので，「送りつけ商法」と呼ばれる手口です。

　契約は，申込みの意思表示と承諾の意思表示の合致で成立するのですから，このケースの場合，あなたが承諾の意思表示をしない限り，売買契約が成立したことにはなりません。売買契約が成立していない以上，代金支払い義務を負うことはありません。

　業者の同封した文面には，2週間以内に梱包を送り返さないと承諾の意思表示があったように扱い，あたかも契約が成立するかのような指示があります。しかし，その指示にあなたが従わなければならない理由はありませんので，たとえ2週間以内に返送しなかったとしても，あなた自身が承諾の意思表示をしていない以上，契約が成立することはありません。

　とはいえ，送りつけられた商品をあなたが使用したりしますと，あなたの使用ということに承諾の意思表示をみて，いわゆる意思実現による契約の成立があるということで，代金を支払わなければならなくなることもあります（民法527条）。

　そうすると，送りつけられた商品に触ることをせず，じっと部屋の片隅に保管しておく必要がありそうです。しかし，いつまでも置いておくこともできません。

　そんな不都合に備えて，特定商取引法59条1項は，商品の送付があった日から起算して14日を経過する日までに，その商品の送付を受けた者がその申込みにつき承諾をせず，かつ，販売業者がその商品の引取りをしないときは，販売業者は，その送付した商品の返還を請求することができない，としています。

　商品の送付があった日から14日経過すれば，その商品を処分しても構わないことになります。

　なお，いわゆる「代引き」で送られてきたときには注意が必要です。代引きとは，代金の支払いと引き換えに品物を渡すという配達方法です。上のケースで，あなたのお母さんが，あなたの代わりに代金を支払って，梱包を受け取っていた場合です。一度支払ったお金を取り返すのは実際上きわめて困難です。したがって，代引きで送られてきた場合には，受け取りを拒否する対応がベストです。

【増成　牧】

04章　契約の履行【1】
▶▶任意に履行される場合

下宿を引き払うので不要となった洗濯機を譲渡する契約を結んだところ，買主から「履行せよ」と言われた。何をしなきゃいけないの？

❶　中間整理ナビ

01章では，民法とはどのような法律か，についてみました。民法は契約の法である，ということができました。次の02章では，契約とはなにか，についてみました。契約は法律行為の一種である，ということができました。続く03章では，契約はどのようにして成立するか，についてみました。契約は，申込みの意思表示と承諾の意思表示の合致によって成立する，ということができました。また，03章では，意思表示に問題がある場合に，意思表示が無効になったり，取り消されたりした結果，契約が無効になることも勉強しました。さらに，意思表示に問題がなく成立した契約であっても，その契約をそのまま有効にしてよいかどうかが判断される必要があること，すなわち有効性を審査することもみました。

以上のような過程を経て，最終的に有効に契約が成立すると，その次は，成立した契約を履行する段階へと移ります。04章と05章では，有効に成立した契約の履行についてみていきます。まず，04章では，契約が当事者によって任意(自発的)に履行される場合のさまざまな問題を取り上げます。続く05章では，契約の当事者が任意に履行しない場合の問題を扱います。

❶　契約の履行

契約が有効に成立すると当事者は，通常は契約内容に従い，各当事者がしなければならない一定の行為を行います。これを「契約の履行」といいます。

では，「しなければならない一定の行為」とは具体的にはどのような行為でしょうか。ここでは，売買を例に当事者は「契約の履行」のために何をしなければならないか，換言すれば，売買契約の当事者である「売主」と「買主」が

どのような権利＝債権を有し，義務＝債務を負うのか考えてみましょう。
　一口に「売買」といっても，色々なタイプの売買があります。

《例1》「テキストを購入する」・「スニーカーを購入する」・「夕食の材料を購入する」というタイプ（01章の冒頭に登場する例で，いずれも「動産の売買」です）。
《例2》「建売住宅を購入する」「土地を購入する」というタイプ（「不動産の売買」）。
《例3》「新聞を定期購入する」というタイプ（「動産の売買」ですが，契約関係が一定期間継続する点で《例1》とは異なります）。

　このように説明するとスニーカーを買うのと，建物を買うのではいろいろ違うところがあるのではないか，と思う人もあるかもしれません。確かに違うところもあります。しかし，《例1》のスニーカーの売買も，《例2》の建売住宅の売買も，ともに売主が買主に目的物（スニーカーや建物）の所有権を移転し，これに対して買主が代金を支払うという共通項が認められます。民法は，この共通項に着目して「売買」として規定したのです。
　このような契約の共通項に着目して，一つの型の契約と捉えるのが民法の規定の仕方です。例えば，最近は街でよく「貸し自転車」を見かけるようになりました。この「貸し自転車」の契約は，「借賃」を支払いますから「賃貸借契約」です。借主は，通常は時間単位で，借りた自転車を使用します。これに対して，建物を建てるために土地を賃貸借契約により借りるということもあります。この場合には，原則として期間は最短でも30年となります（借地借家法3条）。時間単位で自転車＝動産を借りる場合と年単位で土地＝不動産を借りるのでは勿論いろいろ違うところがありえましょう。しかし，ここでも賃貸人は一定の期間物を他人（＝賃借人）に使用収益させて，これに対して賃借人は賃料を支払い，その期間が終了したら賃借人は賃貸人に借りていたものを返すという点で共通項が認められるのです（民法601条）。

❷　売買契約とはどのような契約か

▶1　売買契約とは

　そもそも「売買」とはどのような契約でしょうか。売買に関する冒頭の規定である民法555条は「売買は，当事者の一方がある財産権を相手方に移転するこ

とを約し，相手方がこれに対してその代金を支払うことを約することによって，その効力を生ずる」と規定しています。「ある財産権を相手方に移転することを約し」た者を「売主」，「その代金を支払うことを約」した者を「買主」といいます。「ある財産権」とは，典型的には，不動産の所有権（《例2》の売買がこれにあたります）・動産の所有権（《例1》の売買契約がこれにあたります）のほか，例えば，AがBに対して有する貸金債権（AがBにお金を貸している）もここに言う「財産権」にあたります。民法466条を見ればわかるように，債権は原則として譲渡が可能であり，債権を売り買いするという「債権の売買」もあります。

　この民法555条から，売主Aは買主Bに財産権を移転し，他方，BはAに代金を支払う，という「債務」を負うことがわかります。これを「債権」に着目して，BはAに対して「財産権を移転せよ」と求めうる「債権」を有し，AはBに対して「代金を支払え」と求めうる「債権」を有するということになります。

　02章で学んだように このような一つの契約から当事者の双方がそれぞれ債務を負うタイプの契約を「双務契約」といいました。双務契約に関する債権・債務を考える際には，誰の誰に対する債権・債務なのか，売買について言えば，代金支払債務に着目しているのか財産権移転債務について着目しているのを明確にして混乱しないように気をつけてなければなりません（特にすぐ後に学修する「危険負担」で注意が必要です）。また，売買では，目的物の引渡しを受けるには代金という対価の支払を必要とします。このような相手方の履行に対して「対価」を支払う必要があるタイプの契約を「有償契約」といいました。それ故，売買契約は「双務・有償契約」ということになります。

▶2　売買契約の成立

　ところで，売買契約はどのようにして成立するでしょうか。**02**章で学んだように，契約は「申込み」と「承諾」という二つの「意思表示」の合致より成立する「法律行為」です。売買契約も例外ではありません。売買契約に即して具体的に言うと，売主が「ある財産権」を売主に移転すると約し，買主が，それに対して代金を支払うと約すると，それだけで売買契約は成立します（このようにして成立する契約を諾成契約といいました）。なお，売主が「約する」のが「申込み」の場合もあれば，反対に，買主が「約する」のが「申込み」の場合もあります。売主・買主のどちらが「申込み」をしたかは，契約の成立にとってはなんら意味を持ちません。

もっとも,《例2》の「不動産の売買」のように高額なものの売買の場合は,通常は「契約書」が作成されます。しかし,「契約書」の作成は,契約の成立に必須ではありません。民法522条2項は「契約の成立には,法令に特別の定めがある場合を除き,書面の作成その他の方式を具備することを要しない」と規定しています。《例2》の「不動産の売買」は「法令に特別の定め」がある場合にはあたりません。従って,契約書という「書面の作成」は必要ではないのです。売主が財産権を移転することを「約し」,買主がこれに対して代金を支払うことを「約し」たら,それだけで売買契約は成立するのです。

▶**3　売買契約について当事者はどこまで「約」さなければならないのか**

　民法555条からもわかるように,当事者は何を売買の目的物とするのか(《例1》の売買ではその数量についても),それに対していくら代金を支払うのかについては必ず合意しなければなりません。この二つは売買契約の要素であり,これについて合意が欠けていると売買契約を成立させることはできません。何を売買の目的物とするか,代金をいくらにするかは,契約当事者以外の人が勝手にきめることはできないからです。これに対して,例えば,代金の支払い方法などについては,合意は必要とはしません。このように言うと,例えば,通販などでは,代金だけではなくて,その支払い方法(例えば,「代引き」とか,「銀行振込」とか)についても合意しているではないか,このような支払い方法については合意しなくてもよいのかと疑問が生じた方もいるかもしれません。しかし,売買契約の成立には,このような代金支払い方法に関する合意は不可欠なものではないのです(❻当事者の義務で詳しく説明します)。

❸　契約の拘束力

　売買契約に限らず,およそ全ての契約について,契約が成立すれば,当事者はその契約に「拘束」され,契約内容の実現に向けた「債務」を負います。
　契約に「拘束」されるというのは(「契約の拘束力」といいます),契約が有効に成立すれば,当事者は,この契約関係から勝手に離脱できないということを意味します(例外が全くないわけではありません。特定商取引法・割賦販売法等に規定されている「クーリングオフ」といわれる制度は特に理由がなくとも契約から離脱することを認めるものです)。例えば,一旦有効に契約が成立したら,「気が変わっ

たから契約を止める」「よく見たら靴の色が気に入らないから契約をやめて靴を返品する」とはいえないのです。別の言い方をすれば「返品お断り」が原則なのです（もちろん相手方が「返品」に合意すれば，契約は解消されます。それはあくまでも相手方の了解があってのことです）。先に説明したように売買契約は，「契約書」がなくても，当事者の一方がある財産権を相手方に移転することを「約し」，他の当事者がこれに対して代金を支払うことを「約する」ことによって成立しますから，売買契約の締結には慎重さが求められます。

　このように契約から勝手に離脱できないことは，常に離脱できないことを意味しているわけではありません。債務者に債務不履行があったなど，債権者に契約関係をそのまま維持しておく意味がなくなった場合には，契約からの離脱が認められることがあります。かような場合に離脱を認めるのが「解除」といわれる制度です（「解除」については，次の05章で学修します）。

❹　手付

　特に《例2》の**不動産**の**売買**にあたっては「手付（てつけ）」が，買主から売主に，交付されることがあります（巷間「手付を打つ（こうかん）」と言います）。上で説明したように売買契約は，当事者の合意のみによって成立しますから，「手付」の交付は売買契約の成立に必要不可欠なものではありません。《例1》の**動産**の**売買**では普通は手付を交付しないことからもわかります。手付は売買契約が成立したことを前提にして，売買契約当事者での手付を交付するとの合意があって交付されるものです。それ故，「手付」が交付されたということは，売買が成立したことの証拠としての役割を果たします。手付として交付される額は，通常は売買代金の10％から20％です。契約が履行される際には，この手付金は代金に充てられます。

　手付について，民法557条1項は「買主が売主に手付を交付したときは，買主はその手付を放棄し，売主はその倍額を現実に提供して，契約の解除をすることができる。ただし，その相手方が契約の履行に着手した後は，この限りでない」と規定しています。売主であれば，買主が「契約の履行に着手する」までは，買主から交付された手付の倍額を支払って，買主であれば，売主が「契約の履行に着手する」までは，買主に交付した手付を放棄することによって契約を解除できる，換言すれば，契約から離脱できる，のです。このような手付

を「解約手付」といいます。ここで認められる「解除権」は当事者の合意により認められる「約定解除権」の一つです（民法540条1項）。本条による解除権は「解約手付の合意に基づき手付が交付されたこと」に基づく解除権であるので、相手方が契約の履行をしないときに認められる「解除権」（05章）とは異なります。

　もっとも、民法557条は「任意規定」（02章を参照してください）であり、当事者がこの規定と異なる合意をすることも可能です。しかし、例えば、当事者が「買主不履行のときは手付金は売主が没収し、返却の義務はないものとする。売主不履行のときは買主へ既に受け取った手付金を返還すると同時に手付金と同額を違約金として別に賠償して各損害填補に供するものとする」と合意しても（この合意による手付を「違約手付」といいます）、これだけでは、民法557条が規定する「解約手付」を排除するものではないとされています。この場合には、一つの手付に「解約手付」と「違約手付」の二つの性質が認められることになります。

　なお、手付に関して、宅地建物取引業者（いわゆる「不動産屋」）が売主となる場合については、宅地建物取引業法に特別の規定があります。

　また、手付は、売買だけではなく、例えば、賃貸借契約の締結に際しても、借主から貸主に対して交付されることがあります。このような場合は、民法559条により、民法557条が準用されます。

❺　契約の成立から履行まで

　売買契約には、売主が買主に財産権を移転するから、買主は売主に代金（「対価」）を支払うという関係があります。このような双務契約から発生する二つの債権債務関係を「対価的牽連関係」といいます。民法はこのような二つの債権債務の関係に着目して「双務契約」の効力について、①同時履行の抗弁権、②危険負担という特別の規定を置いています。

▶1　同時履行の抗弁権

　売主でも買主でも構いません、売買契約の当事者になって考みてください。売買契約を締結したのちに、代金を支払ったが目的物を受け取っていない（買主の立場）、目的物を引き渡したが代金の支払を受けてない（売主の立場）という事態が生じることを避けるには、どうしたらよいでしょうか。いろいろな方法が考えられるでしょうが、もっとも簡便には、代金の支払と目的物の引渡し

を「同時に」する，すなわち，代金の支払を受けるのと「引換えに」目的物の引渡しを行えば，上のような心配をしなければならない事態を避け，契約当事者間の「公平」を確保することができるでしょう。そこで，民法533条は，「双務契約の当事者の一方は，相手方がその債務の履行（債務の履行に代わる損害賠償の債務の履行を含む）を提供するまでは，自己の債務の履行を拒むことができる。ただし，相手方の債務が弁済期にないときは，この限りでない」と規定しました。これを「同時履行の抗弁権」といいます。

民法533条は「双務契約」について適用があります。例えば，請負契約についても，「同時履行の抗弁権」が問題となります（民法633条）。しかし，全ての双務契約に当然に適用されるわけではありません。例えば，賃貸借契約も「双務契約」ですが，賃料の支払と目的物の使用収益とでは必ずどちらかが「先履行」になります。同様に売買でも冒頭の《例3》のタイプの売買契約では「同時履行の抗弁権」は直接には適用されません。このタイプの売買では賃貸借契約と同様目的物の引渡しと代金の支払のどちらかが先履行となるからです。

同時履行の抗弁権はこのように双務契約の履行過程で問題になるものですが，2017年改正法により括弧書が付加されました。この結果，履行過程ではなくて，債務が履行されなかった場合に損害賠償（**05**章で学びます）が問題となる場面，例えば，買主の履行に代わる損害賠償請求権と売主の売買代金請求権（すぐあとの当事者の義務を参考にしてください）とでも「同時履行の抗弁権」を主張できることが一般的に規定されことになりました。

▶2　危険負担

A・B間で売買契約が締結され，目的物である甲建物が売主Aから買主Bに引き渡される前に，甲建物が滅失し，目的物引渡債務が履行できなくなったとします。この場合には，BのAに対する代金支払債務はどうなるのでしょうか。

民法536条は1項で，「当事者双方の責めに帰すことのできない事由によって債務を履行することができなくなったときは，債権者は，反対給付の履行を拒むことができる」と規定し，2項で，「債権者の責めに帰すべき事由によって債務を履行することができなくなったときは，債権者は，反対給付の履行を拒むことができない。この場合において，債務者は自己の債務を免れたことによって利益を得たときは，これを債権者に償還しなければならない」と規定しています。

> 【ミニコラム03】「とき」と「時」
>
> 　これは間違いやすい用語です。「とき」は「仮定条件」を示し，「の場合」と同じ意味です（「場合」と「とき」も使い分けられますが，ここでは説明は省略します）。これに対して「時」はある一定の時点・時刻をはっきりさせる場合にのみ用います。例えば，民法522条は「契約は，……意思表示に対して相手方が承諾したときに成立する」と規定しています。ここでは「とき」が使われています。これは「承諾があれば，契約は成立する」あるいは「承諾がある場合には契約は成立する」という意味になります。承諾が何時効力を生じるかについては民法97条が「通知が相手方に到達した時から」と規定しています。これは「到達すれば」効力を生じるという意味ではなく，将に到達した「その時点から」という意味です。「時」は，仮定条件を示す場合には用いません。

　上の例でいうと，甲建物の滅失が「当事者双方の責めに帰すことができない事由」，たとえば，洪水や地震による場合には，目的物引渡債権の債権者である買主Bは反対給付である代金の支払を拒むことができます。これに対して，甲建物の滅失が，目的物引渡債権の債権者である買主Bの責めに帰すべき事由，例えば，引渡前に甲建物を下見に行った際にタバコの火の不始末で甲建物が焼失したような場合には，目的物引渡債権の債権者Bは反対給付である代金の支払を拒むことはできないことになります。しかし，この場合，目的物引渡債務の債務者である売主Aが，自己の債務である甲建物引渡債務を免れたことによって利益を得たような場合，例えば，甲建物は修繕が必要であり修繕した後に引渡しをするという契約であったところ，甲建物が滅失したために修繕の必要がなくなり，修繕費の支出が不要になったような場合には，その利益を得た分をBに返還しなければなりません。

　民法536条1項は，「履行を拒むことができる」という効果しか規定していません。契約そのものがどうなるのかは，直接に本条1項が規定するものではありません。では，1項の要件が充たされ，買主Bが代金支払を拒絶した後はどのように処理されるのでしょうか。この場合，最早（もはや），目的物引渡債務の履行はできませんから，買主Bは民法540条以下の解除の規定に従い，契約を解除することによって初めて反対給付である自己の代金支払債務を消滅させることができるのです。

ところで,「債務者の責めに帰すべき事由」によって,すなわち売主であるAの責めに帰すべき事由によって,甲建物の引渡債務が履行できなくなったときは,どうなるでしょうか。この場合は,甲建物の引渡債権の債権者である買主Bは,本条によらなくても,民法540条以下の「解除」の規定に従い,契約を解除し,民法415条以下の規定によりAに対して損害賠償を請求することができます(「解除」「損害賠償」については05章で学びます)。

❻ 売買契約に基づき当事者が負うこととなる義務(債務)

売買契約が有効に成立すると,売買契約に基づいて,売主と買主とはそれぞれ債務を負うことになります。すなわち,売主は,①財産権移転,②目的物引渡し,③対抗要件具備に協力するといった債務を負い,他方,買主は,代金支払義務を負うことになります。そして,売主と買主は,それぞれ負うこととなった債務を履行していくということになります。

以下,売主と買主の義務をどのように履行していくかについて具体的にみていきましょう。

▶1 所有権の移転と対抗要件具備

売主が所有する動産・不動産の売買では,契約が成立して最終的に履行がなされるまでのいつかの時点で,目的物の所有権が売主から買主に移転します。これも「財産権を相手方に移転する」の具体的内容となります。この「所有権の移転」は所有権という「物権」について買主が所有権を「取得」し,売主が所有権を「喪失」することを意味します。このような「契約」による「物権の得喪」を「意思表示による物権変動」といいます。このような「意思表示による物権変動」の効力については,民法では,債権編ではなくて物権編の規定である民法176条で「物権の設定及び移転は,意思表示によってのみ,その効力を生ずる」と規定されています。この規定によれば,不動産・動産の売買契約に即していえば,所有権を売主から買主に移転するという「意思表示」があれば,当事者,特に売主は何もしなくても,所有権は,売主から買主に移転するのです(詳しくは09章で学びます)。

所有権が移転しても,買主が,第三者(さしあたり「売主以外の者」と考えてください)に対して「この不動産は,私がAから買って私の物となっている」

と主張する(「対抗する」といいます)ためには,「対抗要件」を買主が備えておかなければなりません。そうしないと,場合によっては,買主は売買によって取得したはずの所有権の取得が否定されてしまいます。そこで,民法560条が「売主は,買主に対し,登記,登録その他の売買の目的である権利の移転についての対抗要件を備えさせる義務を負う。」と規定したのです。

「対抗要件」とは,具体的には,不動産の売買では「登記」(民法177条),動産の売買では「引渡し」(民法178条)です。「対抗」については09章で学びます。

また,債権の売買も可能であることは既に述べました。このような債権の売買の場合も所有権の移転に関するのと同様の問題が生じます。債権売買の場合の「対抗要件」については,民法466条以下を参照してください。詳しくは,債権総論で勉強することになります。

▶2 目的物の引渡し

動産・不動産について売買契約が成立すると別段の合意がない限り,成立と同時に,売主は,買主に契約内容に適合する動産・不動産を引き渡さなければなりません。もっとも,《例2》の**不動産の売買**では,目的不動産である土地や建物の引渡時期については当事者で合意するのが一般的です。

上の説明から分かるように「目的物の引渡し」に関しては,およそ二つの問題があります。ひとつは具体的に引渡しということについて,売主は何をしなければならないかという問題です。もうひとつは,「契約内容に適合する」とはどのような意味か,また,契約内容に適合しない物が引き渡された場合はどうなるのか,という問題です。

【1】 引渡しの具体的方法

「引渡し」がどのようにしてなされるかについては,まずは,《例1》の動産の売買と《例2》不動産の売買とに分けて考えるのが適切です。

《例1》動産の売買の場合は,目的物である「スニーカー」なり,「夕食の材料」を,売主が買主に実際に手渡する,配達して買主の手元に届ける,という方法で行われるのが普通です(これを「現実の引渡し」といいます。民法182条1項)。「引渡し」には,この「現実の引渡し」以外にも,「簡易の引渡し」(民法182条2項),「占有改定」(民法183条)「指図による占有移転」(民法184条)といわれる引渡方法があります。何れの方法が採られても,売主は買主に対して目的動産を引き渡したことになり,同時に,買主に対抗要件(民法178条)を備えさせる義務を

尽くしたことになります(「引渡し」の方法については，09章も参照)。

なお，引渡しの「場所」については，当事者で特段の意思表示(＝合意)がない場合には，民法規定に従います。すなわち「特定物」の引渡しは，契約当時にその物が存在した場所で行うことになり，不特定物の引渡しは，買主の現在の住所でとなります(民法484条1項)。

これに対して，《例2》の**不動産の売買**の場合は，上の「動産の売買」の場合とは少し事情を異にします。これは文字通り，「動産」はその場所を変えることができるのに対して，「不動産」はその場所を変えることができないからです。また，同じく「不動産」であっても，「土地」と「建物」とでも具体的方法は異なることもあります。

建物の売買の場合です。建物には通常，錠がかけられ，誰でも自由に立ち入ることができない状態にあります。このような建物の場合は，建物の引渡しは鍵を，売主から買主に交付することによって行われます。「鍵」自体は「動産」ですから，「鍵」の交付と言っても，上に見た「動産」の引渡しと同じく，「現実の引渡し」以外の方法による「交付」もありえます。

他方，土地の場合はどうでしょうか。塀や柵で囲まれていて，塀や柵が施錠されているというのであれば，建物の場合と同様に考えてよいでしょう。これに対して，そのような塀や柵がない場合には，売主は買主に対して，特に何も積極的な行為にでる必要はありません。売主と買主との間で土地の引渡時期が合意されていれば，その時期に引渡しがあったされます。

【2】「契約内容に適合した物」の引渡し

《例1》の**動産の売買**で，夕食の材料を買ってきて，家で包みを開けたところ，材料が腐っていたという場合を考えてみましょう。この場合，確かに，売主は買主に売買目的物である「夕食材料」を引き渡してはいます。しかし，通常は，買主は，「腐った物」を購入するつもりはなかったし，売主にしても敢えて「腐った物」を売るつもりはなかったでしょう。つまり，この「夕食の材料」の売買契約では，腐っていないものであることが当然の前提にされているのです。このような「目的物が備えておくべき性質・品質」を有しない物を，売主が買主に引き渡しても，これでは，売主の義務を履行したことにはならないのです。このような場合には，買主は，売主に対して約束通りの物を引渡せと請求することができます。このような代替物の引渡しのことを「追完」といいます。その他に，売買の目的物如何によっては，「修補」(修理することで契約内容に適合

した引渡しとなる場合）や「不足分の引渡し」（数量の不足分を引き渡す）による履行の追完も請求できます（民法562条）。

　上に述べたことは，《例2》不動産の売買の場合にも，当てはまります。例えば，売主Aが甲建物を買主Bに引き渡したところ，雨漏りがない建物であることが契約の前提とされていたにも拘らず，実際は甲建物は雨漏りがするものであり，買主が引渡し後に初めて気がついたような場合，あるいは，建物を建築することを前提にBがA所有の土地を購入したが，その土地の地下には大量のゴミが埋められていて，引渡しを受けた後にこのことが判明し，ゴミを撤去しないと予定していた建物が建築できないというような場合です。「雨漏りがしない家」を引き渡すというのが「契約内容」であれば，雨漏りがする家を引き渡しても，売主の引渡義務が履行されたとはいえず，ゴミという埋められた物がないことが契約の内容にされていたのであればゴミが埋められた土地を引渡しても引渡義務が履行されたとはいえないのです。もっとも，不動産の場合は，代わりの物を引き渡すということは，実際上不可能ですので，問題とはならないものの，例えば，買主は，売主に対して「修補」（雨漏りを修繕する・ゴミを撤去する）による追完は請求できます（民法562条）。

　もっとも，「追完」を請求しても，売主がこれに応じる（ないしは，応じることができる）とは限らず，このような場合には，買主は，代金の減額を請求し（民法563条），更に，「損害賠償」の請求，契約の解除をすることになりましょう（民法564条）。

▶3　他人の権利の売買

　ところで，これまでは，売買の目的物である不動産（土地や建物）や動産（スニーカーや夕食の材料）の所有権が売主Aに帰属しているかどうかは特に問題とはしてきませんでした。売買の目的物は売主のもの，つまり，売主が所有者であることは当然だろうと思うかもしれません。しかし，例えば甲土地がAの所有ではなくて，Cの所有である場合にも，A・B間でAを売主Bを買主とする甲土地の売買契約が成立するのです。このような売買を「他人の権利の売買」（あるいは「他人物売買」）といいます。当然のことながら，「他人の権利の売買」では目的物の所有権を当然にはを売主Aから買主Bに移転することはできません。そこで，民法561条は「売主は，その権利を取得して買主に移転する義務を負う」としたのです。この規定には，正面からは規定されていない「他人の権利の売

買」も有効であるという前提が隠されていることに気をつけてください。

▶4 代金の支払

買主は，売主に対して，当事者で別段の合意がない場合には売買契約と同時に「代金」を支払う義務を負います。支払場所について，当事者で別段の合意がない場合で，売買の目的物の引渡しと同時に支払うべきときは，その引渡しの場所で支払います（民法574条）。

なお，売買目的物の引渡しについて当事者で期限の合意がある場合は，代金の支払についても同一の期限を付したものと推定されます（民法573条。「同時履行の抗弁権」の考え方を思い起こしてください）。

支払の場所や手段・方法（現金で支払うか，一括して支払うのか，分割で支払うのかなど）について別段の合意があれば，その合意に従います。

▶5 債権の消滅

さて，売買契約の当事者が契約に従い各々の債務を履行したら，各々の債権はどうなるのでしょうか。契約に従った債務の履行を「債務の弁済」といいます。民法は「債務者が債権者に対して債務の弁済をしたときは，その債権は消滅する」と規定しています（民法473条）。例えば，《例1》のスニーカーの売買についていえば，売主が買主が合意によって定まったスニーカーを引き渡すと買主の目的物引渡債権は消滅し，買主が合意どおりに代金を支払うと売主の代金債権は消滅するのです。このことは《例2》の不動産の売買の場合でも同じです。しかし，《例3》「新聞を定期購読する」という売買契約や賃貸借契約など，一定期間契約関係が継続することが契約内容となっている契約では契約に従った給付があり，その期間が満了して初めて原則として債権債務が消滅し，契約が終了します（特に借地借家法の適用がある賃貸借については重要な例外があります。「債権各論」で詳しく学修します）。

❼ 他の契約について

民法には，売買を含めて13種類の契約が規定されています。本章では，売買契約を例にして，契約が成立し，これを履行するとはどのようなことであるのか，当事者は何をしなければならないのかを学びました。売買の説明でもわか

るように「何をしなければならないか」は、各契約の冒頭の規定（売買であれば民法555条）を正確に読めば、抽象的にはこれを導くことができます。しかし、「具体的にどのようなことをしなければならないのか」と問われたときに、「売主の義務は契約内容に適合した物を買主に引き渡すことだ」ということは、この冒頭の規定だけから導くのは困難です。

　このことは、他の契約についてもあてはまります。一例を挙げます。他人に自己の物を使用させるという契約でも、民法は「使用貸借」（民法593条以下）と「賃貸借」（民法601条以下）とを規定しています。冒頭の規定である民法593条と民法601条を読み比べてください。二つの契約は、「無償」で使用させるか（使用貸借）、有償で（=賃料をもらって）使用させるか（賃貸借）の違いがあること、換言すれば、借主の義務の違い、はすぐに読み取れます。しかし、実は、借主に「使用収益させるという」貸主の義務も具体的にはその内容は違っているのです（詳しくは「債権各論」で学修します）。各契約の冒頭規定を十分に理解するのはもちろんですが、このような違いが何故生じるのかも今後の学修のなかでしっかり学ぶことが必要です。

【田中康博】

★トピック03　インターネットでの商品購入はクーリングオフできないの!?

　最近は，インターネットを通じて，商品を購入することも多くなりました。このような購入は便利である反面，現物を実際に手にとっていないために，例えば，届いた商品を見て，どうも似合わない，イメージとは違うということもままあります。このような場合，商品を返品できるでしょうか。

　ここでは商品を購入するという売買契約が締結され，この売買契約に基づいて販売店は，消費者に商品を送ったわけです。契約は，一旦成立すると勝手にこれから離脱することはできませんでした。しかし，この原則を貫くと買主である消費者の保護という点でいささか問題があることから，特定商取引法（かつては「訪問販売法」といわれていました）や割賦販売法等の特別法によって，一定の要件が充たされると買主である消費者は，申込みを撤回する，或いは，契約を解除することが認められています。「クーリングオフ cooling-off」と呼ばれる制度がそれです。"cooling-off" というのは「冷却させる」という意味です。契約の場面でいうと，突然に自宅に訪問販売が訪ねてきて商品の購入を勧められたので思わず買ってしまった。しかし，「頭を冷やして」よくよく考えたら，不要な物を買ってしまったという場面です。このような場合まで「契約の拘束力」を認めることは適切ではないと考えられてこのような制度が設けられたのです。

　では，インターネットでの商品の購入の場面ではどうでしょうか。インターネットでの商品の購入は特定商取引法では「通信販売」と位置づけられています。「通信販売」というのは古典的にはカタログを見て，注文（申込み）するものです。ここでは，購入者はゆっくりとカタログを見て，場合によっては他社のそれも見て，値段や商品をよく比較して注文することができます。このような場合には，注文した後に「頭を冷やす」必要はないともいえます。そこで，特定商取引法では通信販売については，事業者が「返品はできません」と表示している場合には，このような「返品特約」に従う旨規定されています（「返品特約」がない場合は，商品の引渡しをうけて8日間を経過するまでの間は契約を解除できます，特定商取引法15条の3）。

　つまり，インターネットを通じての商品の購入の場合には，届いた商品を手にとってみて，似合わない，イメージとは違うということでは当然には返品はできないのです。事業者がWebSiteに表示した「返品特約」をよく確認して注文＝申込みをすることが必要です。

【田中康博】

05章　契約の履行【2】
▶▶債務不履行とその救済

大学近くの部屋を借りる契約を結んだのに，
貸主が履行してくれない。どうすればいい？

❶ 債務不履行とその救済方法

　04章では，契約に基づいて債権が発生すること，そしてその債権が債務者によって任意に履行される場面について勉強しました。現実の社会に発生するほとんどの債権は，債務者によって任意に履行されて消滅します。しかし，時に債務が任意に履行されないことがあります。これを債務不履行と呼んでいます。

　債務者が任意に債務を履行してくれない場合，債権者はどうすればよいでしょうか。自分の力でなんとかしなければならないとしたら，法が私的自治を認め，契約によって債権を作り出して，自らの生活を自らの意思で進めていくことを保障したことになりませんし，自らの力で実現してよいとすると，力のある者の債権は実現されるのに対し，力のない者の債権は実現されないままとなって妥当ではありません。また，約束を守らなかった債務者に対して債権者が債権を実現する過程において度を越したやり方をとってしまう恐れもあります。ということで，法の定めた手続きに基づかずに自力で債権を実現することは禁止されており（これを「自力救済禁止の原則」と呼びます），債務不履行に直面した債権者はあくまでも法が用意する救済方法をとらなければなりません。

　では，債務不履行に直面した債権者にはどのような救済方法が用意されているでしょうか。用意された手段は三つあります。

　第1は，履行の強制というものです。すなわち，あくまでも債権の内容を強制的に実現してもらうという方法です。

　第2は，損害賠償の請求です。本来の債権内容の実現にかえて（あるいはそれとともに）金銭的に償ってもらうという救済方法です。

　第3は，契約の解除です。結んだ契約を解消して自らが負っていた債務から解放され，代替取引を可能とする方法です。

　たとえば，通学に時間がかかることから，大学に近いワンルームマンション

で一人暮らしをすることになったとしましょう。賃貸に出された物件をほぼ隈なく，何日もかけて探しました。その甲斐あって，駅から近くて，買い物にも便利で，おまけに部屋からの眺望が抜群，なにより家賃が予算内におさまった格好の部屋を見つけることができました。そうして，その部屋を借りる賃貸借契約を結ぶに至り，引っ越しは来月の1日と決まりました。引渡しの当日，引っ越しの準備を整えて，約束の場所へ出向いたところ，どういうわけか貸主が現れません。連絡先と指定されたところへ電話しても「ただいま電話にでることができません」との機械音の繰り返し。仕方ないのでその日は実家へ帰りました。翌日あらためて電話すると，「昨日はオリンピックの中継に夢中で電話に気づかなかった」との言い訳。あらためて引渡しの日を約束しましたが，その日も貸主は来ません。このような事態に遭遇したとしましょう。さて，借主であるあなたはどのような救済方法をとれるでしょうか。

　まず，とてもいい加減な貸主ではあるけれども，部屋を大変気に入ってしまったので，あくまでも借りたいということであれば，履行の強制という方法をとることになりましょう。かつ，引渡しが遅れたことで，そうでなければ必要なかった出費等があれば，それについて損害賠償請求することになりましょう。

　他方，部屋は大変気に入ったのだけれども，こんないい加減な貸主と今後うまくやっていけるはずがないので，この部屋はあきらめて，別の部屋を探したいとすれば，契約を解除することになるでしょう。加えて，この貸主と契約を結んだことで無駄になった費用等の損害を賠償してもらうことになるでしょう。このとき，契約を解除しておかなかったら，別の部屋を見つけて新しく賃貸借契約を結び移り住んでしばらくしてから，前の契約の貸主が菓子折りを提げてやってきて，「先日は誠にすいませんでした。もう二度とあのようなことはいたしません」とお詫びをしつつ，「については部屋の鍵をお渡ししますので，来月分からは家賃を払ってください」などといってきたときに，前の契約が残ったままですので，前の契約上の債務（賃料の支払）を履行しなければならなくなります。つまり，2つの部屋の家賃を支払わなければならなくなり大きな無駄です。そういうことのないように，前の契約をきちっと解消しておく必要があるのです。債務不履行をはたらいた前の貸主との契約を解消し，新たな取引をいわば安心して行えるようにするということが解除の重要な意義なのです。

　05章では，以上に概観した，「履行の強制」，「損害賠償」，「解除」という債務不履行の3つの救済手段について，それぞれ，次の❷，❸，❹でより詳しく

みていくとともに，債権の強制的実現の限界ということで，❺で，消滅時効という制度についてもみておきたいと思います。

❷ 履行の強制

▶1　どのような履行の強制方法があるか

　履行の強制とは，あくまでも債権の本来的内容を実現しようとする救済方法です。

　民法414条1項は，「債務者が任意に債務の履行をしないときは，債権者は，民事執行法その他強制執行の手続に関する法令の規定に従い，直接強制，代替執行，間接強制その他の方法による履行の強制を裁判所に請求することができる」としています。これを受けて民事執行法という別の法律で，履行強制の具体的な方法が定められています。強制方法として重要なのは，「直接強制」，「代替執行」，「間接強制」の3つです。

　直接強制とは，国家の執行機関（執行官あるいは執行裁判所）が直接に債権内容の実現をはかってくれる強制執行の方法です（民事執行法168条，同169条）。

　代替執行とは，債務者以外の第三者に債権内容を実現させて，これに要した費用を債務者から取り立てるという強制執行の方法です（民事執行法171条）。

　間接強制とは，債務が履行されるまで債務者に対し相当と認める一定額の金銭の支払いを命じ，これにより債務者に心理的圧迫を加えて，債務者自身に債権内容を実現させるという強制執行の方法です（民事執行法172条）。

　なお，強制執行を行うためには，確定判決を代表とするような，強制執行を行う債権が確実に存在することがしかるべき機関によって認められたことが前提となります。それを**債務名義**と呼んでいます（民事執行法22条）。詳しくは，民事執行法の授業で学びます。

▶2　どのような債権(債務)につきどのような強制方法を用いることができるか
【1】　債権（債務）の分類

　❷▶1でみた強制方法は，どんな種類の債権にあっても常にすべてが認められるというものではありません。債権の種類によって用いることのできる強制方法は異なっています。民法414条は，債権には基本的効力として債権者が国家（裁判所）の助力を得て強制的に債権内容の実現を図ることのできる力があ

ることを認めますが，ある種の債務について特定の強制方法を指定したりするものではなく，履行の強制の方法は民事執行法等の手続法によって定められるとしています。どのような種類の債権（債務）についてどのような強制方法をもちいることができるかを確認するために，まず債務の分類からはじめましょう。

　債権（債務）は，様々な観点から分類することができます。しかし，強制方法との関係で重要なのは，「引渡債務」か，「行為債務」かという分類です。**引渡債務**とは，目的物の引渡しを内容とする債務をいい，物の引渡しとか，金銭の支払いがこれに該当します。**行為債務**とは，物の引渡しを除いた債務者の行為を内容とする債務であり，債務者が一定の行為を積極的に行ことを内容とする**作為債務**と，債務者が一定の行為をしないという消極的な**不作為債務**とに分けられます。さらに作為債務は，債務者以外の第三者が代わって行っても債権の目的を達成できる**代替的作為債務**と，そうではない**不代替的作為債務**とに分かれます。

【2】　用いることのできる強制方法

　それでは，これらの債務の履行を強制するとしてどのような強制方法を用いることができるでしょうか。

　まず，引渡債務のうちの金銭の支払については，直接強制を用いることができます（民事執行法43条以下）。ただし，扶養義務等に係る金銭債権については間接強制も認められます（民事執行法167条の15）。

　次に，引渡債務のうちの物の引渡しについては，直接強制と間接強制とが認められています（民事執行法168条1項，同169条1項，同173条1項）。かつての法制度では，直接強制の許される債務について間接強制は許されないとされてきました。しかし，2003年の執行法改正において，直接強制が許される債務についても債権者の選択により間接強制の方法によることが可能となりました。かつては，間接強制は，嫌だといっている債務者に心理的圧迫を加えて無理やり履行させるもので，直接強制や代替執行ができる場合は認めるべきでないと考えられていましたが，履行しようと思えば簡単に履行できるのに債務者が物を引き渡さなかったり，すべきことをしない場合に間接強制を認めてよいのではないか，直接強制や代替執行には時間も費用もかかるところ，債務者がそれをよいことに履行を遅滞していることもあり，間接強制は債務者の自発的履行を安価に引き出すことのできる制度であると評価しなおされたことが理由です。

なお，直接強制の具体的あり方としては，動産の引渡しの場合は，執行官が債務者からこれを取り上げて債権者に引き渡す方法により行われ（民事執行法169条1項），不動産の引渡しまたは明渡しの強制執行は，執行官が債務者の不動産に対する占有を解いて債権者にその占有を取得させる方法により行われます（民事執行法168条1項）。

次に行為債務のうち代替的作為債務については，代替執行と間接強制を用いることができます（民事執行法171条1項1号，同172条1項）。代替的作為債務の例としては，建物の建築，建物を含む工作物の解体撤去，自動車の修理などをあげることができましょう。

他方，行為債務のうちの不代替的作為債務については，間接強制の方法によることになります（民事執行法172条1項）。他人が代わりにすることのできない作為債務ですから，執行官が行う直接強制や，第三者が行う代替執行では意味をなしませんので，間接強制によるしかありません。ただ，意思表示をする義務についての強制執行については**判決代用**とよばれる方法がとられます（民事執行法174条）。すなわち，債務者自身に現実に意思表示をさせなくても法律効果を発生させれば足りることですから，意思表示を命じる判決の確定によって直ちに意思表示がなされたものと扱えば十分だと考えられるからです。なお，人格尊重・自由意思尊重の観点から，強制執行になじまないということで，強制すること自体がみとめられない債務があります。たとえば，婚姻予約の履行義務，夫婦の同居義務（民法752条），雇用契約上の労働者の労働義務，芸術作品の創作義務などが強制執行になじまないものになります。

最後に，不作為債務についても，間接強制の方法によりますが（民事執行法172条1項），不作為義務の不履行による有形の違反状態の除去については，代替執行によることになります（民事執行法171条1項2号）。

❸ 損害賠償

▶1 どのような場合に損害賠償を請求できるか

損害賠償とは，本来の債権内容の実現にかえて（あるいはそれとともに）金銭的に償ってもらうという救済方法です。

民法415条1項本文は，「債務者がその債務の本旨に従った履行をしないとき又は債務の履行が不能であるときは，債権者は，これによって生じた損害の賠

償を請求することができる」と規定しています。そして，民法415条2項で，「前項の規定により損害賠償の請求をすることができる場合において，債権者は，次に掲げるときは，債務の履行に代わる損害賠償の請求をすることができる」とし，次に掲げるときとして，「一　債務の履行が不能であるとき」「二　債務者がその債務の履行を拒絶する意思を明確に表示したとき」「三　債務者が契約によって生じたものである場合において，その契約が解除され，又は債務の不履行による契約の解除権が発生したとき」をあげています。

　本来予定された債務の実現がなされない場合に，それに代えて本来の債務が履行されなかったことによる損害を金銭的に償ってもらうことを**填補賠償**あるいは**履行に代わる損害賠償**と呼び，本来の債務の実現とともに本来の債務の実現が遅れてなされたことによる損害を金銭的に償ってもらうことを**遅延賠償**と呼びます。

　伝統的には，債務不履行には三つのタイプがあると説明されてきました。すなわち，「履行遅滞」，「履行不能」，「不完全履行」です。**履行遅滞**とは，債務の履行が可能であるにもかかわらず履行期を経過しても債務を履行しないことをいい，この場合には遅延賠償が認められます。**履行不能**とは，債権の成立後，履行が物理的または社会観念上不可能になることをいい，この場合には填補賠償が認められます。**不完全履行**とは，履行のようなものはなされたが，それが不完全であることをいい，後から履行が可能な場合（「追完可能」といいます）は履行遅滞と同様に扱われ，追完と遅延賠償が認められるのに対して，後からの債務の履行が不可能な場合（「追完不能」といいます）は，履行不能と同様に扱われ，填補賠償が認められるなどと説明されてきました。

　しかしながら，このような3分法は，ドイツの学説にならったものだったのですが，わが国の改正前の民法415条は成立史からみてフランス民法に由来し，履行遅滞であれ，履行不能であれ，不完全履行であれ，債務の本旨に従った履行がされていないあらゆる場合をとらえるものであったのであり，ドイツ法とはまったく異なる債務不履行に関する条文でした。そうであるにもかかわらず，ドイツの学説を日本法にもってこようとしていて妥当でないなどと批判されてきました。新しい民法では，そのような批判を受けて，民法415条にあるように，債務の本旨にしたがった履行をしないことを債務不履行と理解する債務不履行一元論に立つものです。とはいえ新しくなった民法415条1項本文には「又は債務の履行が不能であるときは」という文言があり，一見すると本旨不履行

と不能の2元論を採用しているかのようにもみえます。しかし，このような書き方になったのは，「債務の本旨に従った履行をしないとき」には履行不能をも含むものであるけれども，その表現では履行することができるのにしないという意味に読めてしまうことから注意的に「又は」以下の表現を書いたものにすぎません。

債務の本旨に従った履行か否かは「契約その他の債務の発生原因及び取引上の社会通念に照らして」確定される債務の内容に即して判断されるべきとされます。

なお，損害賠償という救済は，債務者に帰責事由がないときには，認められません。民法415条1項ただし書きは，「ただし，その債務の不履行が契約その他の債務の発生原因及び取引上の社会通念に照らして債務者の責めに帰することができない事由によるものであるときは，この限りでない」と規定しています。この点が，履行の強制，そして解除という救済手段と大きく異なるものであることに注意をして下さい。

伝統的な理解では，債務不履行を理由とする損害賠償が認められるのは，債務者に故意・過失という帰責事由があることに求められていました。債務者の損害賠償責任を，債務不履行と不法行為とに共通する制裁措置として理解し，人の行動の自由を保障する過失なくして責任なしという「過失責任の原則」で正当化しようと考えられてきました。しかし，債務者は契約を結ぶことで契約において約束された内容の実現を自ら引き受けたわけですから，契約に拘束された債務者の行動の自由はおのずと制限があるはずです。なのに，過失責任の原則を持ち出して損害賠償責任を正当化することは妥当でありません。債務不履行の損害賠償の根拠は，債務者は契約に拘束されているのに契約を守らなかったことにあるといえるでしょう。新しい民法では，契約上の債務について，その債務不履行を理由とする損害賠償は契約の拘束力によって正当化されことを示すとともに，免責が認められるかどうかは，契約内容に即して決まることになります。すなわち，当該契約のもとで想定されていなかった事態についてまで債務者にそのリスクを負わせることはできないのであって，契約内容に照らして，債務者に負担させるべきでないリスクの発現である場合には損害賠償責任から免責されることになるのです。

▶2　損害賠償の範囲

損害賠償の範囲に関して，民法416条は次のように規定しました。すなわち，1項で，「債務の不履行に対する損害賠償の請求は，これによって通常生ずべき損害の賠償をさせることをその目的とする」，2項で，「特別の事情によって生じた損害であっても，当事者がその事情を予見すべきであったときは，債権者は，その賠償を請求することができる」。

債務不履行により通常生ずべき損害については常に損害賠償の対象となり，特別損害については当事者が予見すべきものについては賠償されるべきことを定めています。

改正前の民法416条2項では，特別損害に関して，当事者が予見し又は予見することができたときに賠償しなければならないと規定されていました。これを新しい民法416条2項では「予見すべき」に改めました。旧規定によりますと，たとえば，絵画を100万円で購入する契約をむすんだ買主が売主と世間話をしている折に購入した絵画を200万円で転売することになったことを告げた場合，売主が約束通り絵画の引渡しをしなかったとき，買主は100万円の転売利益をえられないという損害を被ることを予見できたことになり，その損害を賠償しなければならなくなりそうです。しかし，新しい民法では，売主が転売を予見すべきであったかどうかを考えることになりますので，必ずしも常に損害を賠償しなければならないことにはなりません。

❹　解除

債務不履行に出くわした債権者の3つ目の救済手段として解除があります。

契約の解除とは，一定の事由が発生したことを理由として，契約の一方当事者の意思表示によりまたは両当事者の合意により契約を終了させることをいいます。そもそも契約を結んだ当事者は契約に拘束されるわけですから，契約の解除は解除を認めてもよいような一定の事由の発生が必要なわけです。両当事者の合意により契約を終了させることを「合意解除」といい，他方，一方的意思表示により契約を終了させる権利のことを解除権といいます。解除権には，一定の事由が発生したときの解除権を契約において定めておく場合（「約定解除権」）と，一定の事由が発生したときに一方当事者が法律の規定によって解除権を取得する場合（「法定解除権」）とがあります。解除権は形成権（権利者の一

方的な意思表示によって一定の法律関係を発生させる権利を「形成権」といいます）であり，解除権の行使は，契約相手方に対する一方的意思表示によって行われ（民法540条1項），この意思表示が相手方に到達することによって，その効力を生じます（民法97条）。以下では，法定解除についてみておきます。

なぜ債務不履行を理由として，債権者の一方的意思表示（解除の意思表示という）により契約を終了させる解除というものが認められなければならないかについては，❶のところでも説明しましたが，重ねて確認しておきましょう。

すなわち，債務者が債務不履行をはたらいた場合，❷でみたように，債権者は，その履行の強制をすることができます。しかし，債務不履行をはたらくような債務者との関係はこれっきりにしたいと思う場合もありましょうし，その債務者からでなくても他から容易に調達できるような代替物であれば，契約を解消して，他から調達した方がスピーディだということもあるでしょう。契約を解消せずに他から調達してしまいますと，前の契約はそのまま残っているわけですから，二重に契約を結んでいることとなり，前の契約の債務者が自らの債務の履行を提供して代金などの支払いを求めてきたような場合には，面倒なことになってしまいます。そうならないようにするのが，解除という制度の意義だということです。

改正前の民法において解除は債務不履行の態様に即して規定されてました。すなわち，債務の不履行が履行遅滞であるか，履行不能であるかに着目していました（改正前民法541条の見出しは，「履行遅滞等による解除」，改正前民法543条の見出しは，「履行不能による解除」でした）。そして，履行遅滞の場合には催告をした上で解除が許され（改正前民法541条），履行不能の場合は催告なしに解除ができる（改正前民法543条）とされていました。これに対して，新しい民法では，改正前の民法におけるようにどのようなタイプの債務不履行であるかに即して整理するのではなく，催告を要する解除（民法541条）と催告を要しない解除（民法542条）という整理の仕方をとりました。

加えて，改正前の民法では，債務不履行をはたらいた債務者に対するある種のサンクションとして解除は認められるものと理解されてきました。すなわち，解除するには債務者の帰責事由がなければなりませんでした。これに対し，新しい民法では，債権者が契約関係から離脱を望む場合にそれを認めることが相当かどうかという観点から解除の可否を判断するという考え方にたちます。債権者を当該の契約に拘束しておくことが債務不履行をはたらかれた債権者にも

はや期待できないかどうかが解除を認めるかどうかのポイントということなのです。

▶1　催告による解除

　民法541条は、「当事者の一方がその債務を履行しない場合において、相手方が相当の期間を定めてその履行の催告をし、その期間内に履行がないときは、相手方は、契約の解除をすることができる」と規定します。以上の表現は、改正前の民法541条と変わりがありません。ただし、新しい民法541条では、これにただし書きが追加されました。すなわち、「ただし、その期間を経過した時における債務の不履行がその契約及び取引上の社会通念に照らして軽微であるときは、この限りでない」と。

　民法541条は、催告をしても相当期間内に履行がされなければ解除できるとする原則規定です。債務者が債務を履行しない場合、債権者が債務者に対して催告をしたにもかかわらず、相当期間経過後もなお履行されないときは、債権者は当該契約を維持する利益ないし期待を失っており、債権者を当該契約のもとに拘束しておくことがもはや合理的に期待できないと評価され、契約の解除を認めるものといえます。

　もっとも、ただし書きにあるように、債務の不履行が軽微な場合は、債権者を当該契約に拘束しておくことが期待できない状態ではないと評価されて、契約の解除は認められません。軽微な場合の例として、たとえば、中古住宅の売買契約で、建物にくっ付いたハチの巣を売主の方で除去しておくという特約がなされていたにもかかわらず除去されていなかったような場合を考えてみましょう。あらためて買主はハチの巣の除去を求めたけれども売主による撤去作業はなされなかった場合、買主としては、住居の所有権の移転と引渡しとを受けることで契約の目的を達成することができていますから、催告してもハチの巣の撤去がなされなかったということで売買契約の解除まで認める必要はないと考えられるのではないでしょうか。

　なお、軽微であることで解除が認められない場合は、債権者としては、損害賠償などで自らの利益を確保していくことになります。

▶2　催告によらない解除

　民法542条1項は、催告を要することなく契約の解除ができる場合を1号か

ら5号で規定しています。

1号は，履行が全部不能の場合です。履行が不能であるのに，あらためて履行せよと催告を必要とするのはナンセンスでしょう。2号は，明確な履行拒絶の場合です。債務者が明確に履行を拒絶している場合も催告するのは無意味でしょうから催告不要とされたものです。順番が後先になりますが，4号は，定期行為の場合です。定期行為もその定期に履行されなければ履行が意味のないものですから，催告は不要と考えてよいでしょう。3号は，債務の一部の履行不能・履行拒絶が契約目的を達することができないと考えられる場合，そして5号は契約目的達成不能の場合のいわゆる受け皿規定（受け皿規定という言い方は馴染みがないかもしれませんが，民法542条1項5号を見ていただくと，冒頭に「前各号に掲げる場合のほか」とあるように，1号から4号ではすくえないものを5号は受けとめる規定というような意味です）として催告なしの解除を認めています。この規定からは，新しい民法の解除制度が，債務不履行の結果として契約目的達成が不可能となった場合に債権者を当該契約に拘束しておくことをもはや期待できないので解除を認めるとの考え方に基づいていることがわかるでしょう。

❺　債権の消滅時効

　債権が権利として保護されるとしても，いつまでも債権の強制的実現が認められるわけではありません。すなわち，消滅時効といって，債権の行使が一定期間なされないことによって債権が消滅することがあります。

　民法166条1項によれば，「債権者が権利を行使することができることを知った時から5年間行使しないとき」（1号），または，「権利を行使することができる時から10年間行使しないとき」（2号），債権は時効によって消滅することになります。

　取引行為によって生じる債権は，債権発生時に権利行使の可能性を知っていることが通常でありますから，1号の5年で消滅時効にかかることになりましょう。

　時効にかからないようにするためには，「時効の完成猶予」ないしは「時効の更新」と呼ばれる時効の完成を阻止する措置をとらなければなりません。たとえば，裁判所に訴えを提起したり，債務者に債務を承認させたりすることです。裁判所に訴えを提起しますと，訴えの取り下げがなされたときでも取り下

げから6か月は時効の完成が猶予され（民法147条1項1号），また，確定判決等によって権利が確定したときは，更新が生じ，時効期間の計算がリセットされます（民法147条2項）。すなわち，すでに経過していた時効期間はなかったことにされ，新しく時効期間を計算しなおすことになります。他方，債務者によって債務が承認された場合は，更新が生じ，時効期間の計算がリセットされます（民法152条1項）。

なお，訴えを提起するのではなく，裁判外で支払いを催告したにすぎない場合は，その時から6か月を経過するまでの間は時効は完成しない扱いにしてもらえますが（民法150条1項），催告を繰り返しても時効の完成を引き延ばすことはできません（民法151条2項）。

ところで，一定期間権利の行使をしないことによってなにゆえに権利の時効消滅が認められるのでしょうか。その説明は難問です。一つの説明として，長期間経過した場合，真実の権利関係の証明が困難となるが，その証明の困難を救済する必要があるといった説明です。しかし，わが国の民法では，一定期間債権が行使されなければ，いまだ債務の履行がなされてないことが明らかであっても，債権は時効にかかります。債務者が時効の利益を受けたければ受けることができるのです。また別の説明では，権利の上に眠る者は保護に値しないとして消滅時効を説明しようとします。たしかに権利の上に眠る者は保護に値しないとしても，義務を怠り続けた債務者の方がより保護に値しないと思われますから，これも説得的な説明にはなってないように思われます。さらにもう一つの説明として，ある事実状態が長期間継続すると，それは真実の権利状態を反映したものと考えられ，社会ではその事実状態を基礎に様々な法律関係が形成されるが，その法律関係を真実の権利状態にそって覆してしまうと，事実状態を信頼した者が不利益を被り，社会の安定が脅かされるので時効制度が必要だと説かれます。しかし，長期間継続した事実状態を基礎に新たに法律関係が生じてなくても時効は成立しますので，これも十分な説明にはなっていないといわざるを得ません。

時効制度がなにゆえに存在するかの説明は難問というしかありません。皆さんの若い新鮮な頭でじっくり考えてみてください。

【増成　牧】

★トピック04　どうぞ，訴えてもらって結構です！

　消費者被害で近年増えているのが，「身に覚えのない」お金を支払ってしまう詐欺事件です。ワンクリック詐欺が代表的ですが，悪者は，あらゆる手段で被害者に「身に覚えのあるように」誘導するのです（クリックしてしまった，閲覧してしまった，など）。そして，何日以内に支払わないと訴訟すると言われ，裁判で訴えられるという恐怖や羞恥心と請求されている金額とを天秤にかけ，ついつい支払ってしまう人が多いのが現状です。

　しかしながら，日本において，任意（自主的）に支払を受けられない場合，債権者は裁判をしなければ，債権を回収することはできないのであり，裁判をして主張を認めてもらうためには，証拠に基づいて「身に覚えがある」ことを証明しないといけないのです。逆に言えば，皆さんが「身に覚えがない」というのであれば，堂々と裁判の場でそれを主張すればよいのです。

　最近では，わざわざ「訴訟提起通知案内書」なるものが法務省の名をかたって送りつけられ，動揺して安易に記載された電話番号に電話をかけて，金銭をだまし取られる被害が増加傾向にあります。そもそも，裁判所に訴えられた場合，呼び出し状と訴状が「特別送達」という郵送手段によって裁判所から送られてきます（民事訴訟法103～106条）。特別送達とは，受け取ったことを証明できる郵送方法で，裁判所等公的機関から，確実に届ける必要，受領してもらう必要がある重要な書類を送る場合に用いられます。これを無視していると，最終的に身に覚えのない債務を支払わなければならない事態にもなりかねませんので，注意が必要です。

　訴状を熟読し，身に覚えがあるなら，それは相手方に裁判までさせてしまったことを反省しましょう。逆に，身に覚えがないのであれば，その旨を裁判で主張すればよいだけです。

　ただ，最近の詐欺の手口は巧妙化していますので，どうしても心配なら，地方公共団体が主催している弁護士による無料法律相談や消費者センターに連絡して助言を請うとよいでしょう。

【廣峰正子】

06章 人

18歳で成年ということは，18歳でお酒を飲んでもいいってこと？

❶ 法律では，「人」にもいろいろある？

　近代私法では，世の中に存在するものを，権利の主体としての「人」と権利の客体としての「物」に大別して，どのような権利義務関係が成立するかを考えています。本章では，この「人」について学びましょう。

　皆さんは，「人」と聞いて何をイメージしますか？「当然，人間のことを指すのだろう。」と思うかもしれません。法律の世界では，人間のことを「自然人」と呼びます。さらに，人の集団（社団）や財産の集合体（財団）も，実は，法律上は，「人」として扱われます。これらは，法的に人格を認められた主体ということで，「法人（法人格）」と呼ばれます。したがって，法律上「人」とは，「自然人」と「法人」を指すということになります。

❷ 権利能力

▶1 権利能力平等の原則

　自分の意思に基づいて自由に行動しようとすれば，その元手になる財産が必要です。例えばある土地を購入したいのであれば，その購入資金が必要です。自己資金があればそれで購入できます。ないので購入資金を銀行に借りようということになると，銀行等と「金銭消費貸借契約」という契約を結ぶことになります。この場合，借主は，債権者である銀行に対して借りたお金や利息を支払う債務を負います。そして，購入してその土地の所有者になるということは，少し難しく言うと，所有権という権利が自己に帰属するということを意味します。

　ところで，この財産（ここでは，自己資金や土地の所有権）を所有することや，債務を負うこと（ここでは，銀行に対して返還債務を負うこと）は，当然に誰でも

できることでしょうか？　実は，権利を取得したり義務を負うためには，権利能力が必要なのです。権利能力とは，「権利・義務の帰属点となりうる権能」または「権利・義務の主体となりうる資格」のことをいいます。民法3条1項は，「私権の享有は，出生に始まる」と規定することで，すべての自然人は，出生のみによって当然に権利能力を取得することを定めました。人は生まれながらにして平等，ということですね。すべての人間が完全かつ平等な権利能力を有するという近代私法の原則（権利能力平等の原則）は，直接的な形ではここで明言されていませんが，そのことを前提として，権利能力の始期を出生と定めたのが民法3条1項です。

　人は生まれながらにして平等というのは，現代では当然のことのように思えますが，実はかつてはそうではありませんでした。古代ギリシャ・ローマや中世ヨーロッパにおいては奴隷制度があり，奴隷は，人間であるにもかかわらず，権利・義務の主体とはなりえませんでした（つまり，権利能力がない，ということです）。また，中世ヨーロッパの貴族制度においては，例えば土地所有が王侯・貴族の身分を有する者に限られたり（つまり一般市民や農民は土地を購入できない），貴族であっても自由意思による婚姻が禁じられていたり（例えば王の許可がなければ婚姻できない等），とさまざまに権利能力が制限されていました。こうした不平等・不完全な権利能力を廃止し，全ての人間に完全かつ平等な権利能力を認めることを主張したのが近代自然法学者や啓蒙主義の哲学者たちです。そして，そうした思想に強く影響を受けてフランス革命等いわゆる市民革命がおこり，こうした古い政治システムや身分制度が打破されて，近代の幕開けを迎えるのです。いち早く近代民法典を制定したフランスでも，その制定は1804年ですから，今では当然と思われていることも，意外と歴史は浅いことに少し驚きます。

▶2　権利能力の始期と胎児の例外

　民法3条1項によると，権利能力の始期（権利・義務の主体となり始める時点）は，「出生」です。いつ生まれたのか，と言えば，一般的な感覚では，お母さんのお腹から完全に出てきて，おぎゃあと泣いた時，となりそうですが，法律では，一瞬のズレが大きな差を生じることもあって，もう少し厳密に考える必要があります。例えば刑法では，お腹の中にいる赤ちゃんに侵害を加えて殺害した場合，その赤ちゃんがまだ「胎児」ならば，「堕胎罪」（刑法212条）が成立します

し，もう生まれている（すなわち，胎児ではなく「人」である）ということになれば，「殺人罪」（同199条）が成立します。堕胎罪と殺人罪では，法定刑（罪の重さ）もかなり異なります。このとき，赤ちゃんが生まれかけで一部がお母さんのお腹から出てれば，その出ている一部に対して侵害を加えることができますから，判例上刑法では，一部露出説といって，母体から一部でも露出すれば出生したと解釈されています。これに対して民法では，相続などの法律問題を考えるときに，出生児にどの時点から権利・義務の主体としての地位を与えるのが適当か，という観点から判断すべきですから，死産との区別を考慮して解釈されることになります。そのため，民法では，生きて母体から完全に分離した時点をもって出生と解釈する全部露出説と，さらに独立の呼吸を始めるに至った時（独立呼吸説）のどちらを出生の基準とすべきかが，争われています。いずれにせよ，刑法における「出生」よりも，民法における「出生」の方が遅いのです。このように，同じ言葉でも，法律によって意味が異なることがあります。

　民法3条1項によると，胎児はまだ生まれていませんから，本来権利能力を有しません。しかし，やがて生まれてくる蓋然性（がいぜんせい）が高いのに，出生の時が少し遅いという単なる偶然によって，権利取得を否定するのは不公平な場合があります。例えば，お母さんが3人目を妊娠中で予定日は1週間後という時に，不運にもお父さんが交通事故に遭って亡くなってしまったとします。この場合，3人目の子供は，お父さんが亡くなった時，すなわちお父さんの遺産の相続が開始する時にはまだ胎児ですから，権利能力がなく，遺産を相続することができません。他方，上の2人の子供は遺産相続できますから，同じお父さんの子供でありながらたまたま生まれてくるのが1週間遅かっただけでお父さんの遺産を相続できないというのは，不公平に思えます。また，お父さんを交通事故で失ったことにより，配偶者であるお母さんや子供たちには色々と損害が発生していますが，3人目の子供だけは，不法行為時（交通事故時）にはまだ胎児で権利能力がないので，加害者に対して不法行為に基づく損害賠償請求（民法709条・710条・711条）をすることができないとすると，やはり不公平に思えます。そこで，民法は，不法行為に基づく損害賠償請求（民法721条）と相続関係（同886条・965条）において，「胎児は，…既に生まれたものとみなす」という特別規定を設けました。「みなす」というのは，「法的に擬制（ぎせい）する（反証を許さない）」という意味です。つまり，胎児はまだお母さんのお腹の中にいて実際に生まれていないのは明らかですが，法律上は生まれたものとして取り扱う，というこ

とです。法律上生まれたものとして取り扱うということは，民法3条1項を適用すれば，この3人目の子供も権利能力を有する，ということになりますね。つまり，不法行為に基づく損害賠償請求と相続の場合に限って，胎児も権利能力を有するので，損害賠償請求や相続をすることができるということです。

▶3　権利能力の終期

　自然人の権利能力は，死亡によって終了します。明文規定はありませんが，882条が「相続は，死亡によって開始する」と規定することから，そのように解されています。伝統的な心臓死を前提とすれば，死亡時期は，脈拍停止・呼吸停止・瞳孔散大の3徴候をもって判断されます。最近では，「脳死」という考え方も現れて，何をもって人の死とするかが議論されています。特に，1997年にいわゆる臓器移植法が成立し，脳死した者からの臓器移植ができるようになりました。脳死を人の死と認めるかについては，各人の死生観や宗教観にも大きく影響されるでしょう。臓器移植以外の法律関係—例えば相続など—でも脳死を人の死として扱ってよいのかについては，まだ十分な議論がなされていないのが現状です。

▶4　失踪宣告（民法30条）

　誰かが失踪して長い間生存不明の状態が続き，死亡の蓋然性が高いのに死亡が確認できないと，様々な不都合が生じます。例えば，その失踪した人の財産を相続することができませんし，配偶者がいた場合，残された配偶者は再婚も

【ミニコラム04】「みなす」と「推定する」

　民法の条文には，「みなす」と「推定する」という文言が登場します。一見するとよく似た文言ですが，法的効果は大きく異なります。「みなす」は，本文中にもある通り，事実と異なっていても法律上はそのように扱うということです。これに対して「推定する」は，「一応はそのように扱うけれども，反証（反対の証拠）があれば覆る」ということです。ですから，もし3条1項が「胎児は生まれたものと推定する」と規定していれば，反証（＝まだ生まれていないという事実の立証）があれば，「生まれた」という推定が覆り，生まれていないものとして，したがって権利能力は有さないものとして法律上扱われることになります。

できません。そこで、こうした利害関係人のために、長期の生存不明者に関する法律関係を確定する必要があります。このための制度が失踪宣告制度（民法30条）で、一定の手続を経て裁判所が失踪宣告すると、その者（失踪者）は死亡したものとみなされます。これには、普通失踪（同30条1項）と特別失踪または危難失踪（同30条2項）の2種類があります。普通失踪においては、失踪者の生存が最後に証明されてから7年間という「期間が満了した時」、危難失踪（特別失踪）においては、「危難が去った時」に「死亡したものとみな」されます（民法31条）。もっとも、失踪宣告を受けた者が実際には他の場所で生存していて、そこで法律関係を形成していた場合には、それらの法律関係が失踪宣告によって消滅するわけではありません。生存が明らかになったとき、あるいは、失踪宣告とは別の時期に死亡していたことが明らかになったときは、失踪宣告を取り消さなければなりません（民法32条）。

❸ 意思能力

▶1 私的自治の原則と意思能力

近代私法においては、各人は平等に権利能力を有し（権利能力平等の原則）、自己の自由な意思に基づいて自由に法律関係を形成することができます（私的自治の原則）。しかし、契約等を通して自ら法律関係を形成する自由があるということは、反面、その法律関係に拘束されることを意味します。つまり、契約を締結した者は、その契約に拘束されるということで、これを「契約への拘束力」と言います。なぜ、締結した契約に拘束されなければならないのかというと、それは、自分の自由な意思で決めたことだからです。近代以前の不平等な時代であれば、誰かに強制されて、すなわち自分の意思ではなくて行うこともあったかもしれません。しかし、近代法の下では、各人は平等に権利能力を有し、自己の自由な意思によって法律関係を形成できる、言い換えれば、各人を拘束するのは各人の自由意思のみだということになるからです。

しかし、この自己の自由意思に基づく行為に拘束されるという原則が妥当するためには、その行為が、自己の「正常な意思決定」に基づいていることが必要とされます。言い換えれば、「正常ではない意思決定」によってなされた行為は、その者を拘束すべきではありません。この正常ではない意思決定には、大別して2つあります。第1は、行為者に自己の行為の意味を判断するだけの

能力が欠けている場合です。これは、今から本章で扱う意思能力や行為能力の問題です。第2は、意思決定する際に、他から騙されたり、強制されたり、錯誤に陥ったために、その意思形成過程に問題がある場合です。これらは、詐欺・強迫（民法96条），錯誤（同95条）等の問題です（→03章参照）。

▶2　意思能力の意義

　意思能力とは、自己の行為の法的な結果を認識・判断することができる能力を言います。例えば、買主として売買契約を結べば、買った物の所有権を取得することができるけれども、その代わりに代金を支払わなければならない、というようなことを認識することができる能力です。例えば、売買契約とは法的にどのような性質の契約で、買主や売主にどのような債権・債務が生じるのか、というように、厳密な意味で売買契約を理解できていなければ、意思能力がない、ということではありません。少し乱暴な言い方をすれば、今自分が行っていることは、代金を支払ってその物を自分の物にするという行為であり、自分は、その物が欲しければ代金を支払わなければならないのだな、ということを認識して行為できる程度の判断能力が意思能力である、と言えるでしょう。行為の種類・内容によっても異なりますが、およそ7歳から10歳の子供の判断能力であると考えられています。このような意思能力がない者（意思無能力者）がした法律行為を法的に有効として、その契約へ本人を拘束することは適当ではありませんので、明文規定はありませんでしたが、これを無効とするのが古い時代からの判例（大判明治38年5月11日民録11輯706頁）でした。私的自治の原則から、当然の帰結だからです。そして、2017年の民法改正（施行日は2020年4月1日）によって、この理は明文化されました（民法3条の2）。

❹　行為能力

▶1　行為能力の意義

　行為能力とは、「独立して取引をする能力」と定義されます。自分の行為の結果を認識できる能力が意思能力であり、この意思能力がない者のなした法律行為を法律上当然に無効であるとすると、自分が何をしたか判断できずに行為してしまった者は、自己のなした法律行為に拘束されませんので、問題がないように思われます。では、なぜ、意思能力とは別に「行為能力」というものが

必要なのでしょうか。

　具体例を挙げて考えてみましょう。高齢のAさんは，年齢のためか，最近判断能力が低下してきました。しかし，常に判断能力がないというわけではなく，しっかりとしている時もあります。ある日，Aさんは，意思能力が不十分な時に非常に高額な商品の売買契約をBさんと締結してしまったようです。この契約は有効でしょうか，無効でしょうか。意思能力がある時にAさんがこの売買契約を締結したのであれば，それはAさんの自由な意思によって決定されたのですから有効です。この売買契約締結時に，Aさんに意思能力がなかった場合，それは要するに，Aさんは自分が何をしているかを判断する能力がなく売買契約を締結したということですから，この売買契約を有効にしてAさんを契約に拘束する（要するに法的責任を負わせる）のは妥当ではありません。この売買契約は，一見有効に成立したかのように見えますが，無効です。問題は，Aさんがこの売買契約が無効であると主張するためには，売買契約時に意思能力がなかったことを証明しなければなりませんが，その立証は困難な場合が多いということです。特に，Aさんのように，常時判断能力がないわけではなく，十分な判断能力を備えている時もある場合には，かえって当該行為時に意思能力がなかったことを証明するのが困難になります。そして，行為時に意思無能力であったことが証明されなければ，結局，売買契約は有効となりますから，意思無能力者が不利益を被る可能性があります。他方で，意思無能力を理由に売買契約を無効にすると，正常に取引行為を行っており売買契約は有効に成立していると思っているBさんを害する恐れもあります。乳幼児など一見して意思能力がないと分かる場合はともかく，いちいち相手方に意思能力があるかを確認してから契約をしなければ，後から意思無能力を理由に契約が無効になるリスクがある，ということになれば，経済活動を委縮させるかもしれません。意思無能力者本人の保護（静的安全の保護）も重要ですが，取引社会を規律する一般法である民法は，「取引の安全（動的安全）」とのバランスを図ることも要求されます。

　この静的安全の保護（意思無能力者本人の保護）と動的安全の保護を調整するために，要するに，意思無能力者の保護を確実にし，かつ同時に取引の相手方に不測の損害を与えないようにするために考え出されたのが，制限行為能力者制度なのです。すなわち，意思能力が完全ではない者を定型的に分類し（未成年，成年被後見人，被保佐人，被補助人），これらの者は「独立して取引をする能力（行為能力）」が制限されているとするのです。この制限行為能力者は，独立

して取引をすることができないので，保護機関を設けます（未成年者には法定代理人，成年被後見人には成年後見人，被保佐人には保佐人，被補助人には補助人を付ける）。そして，制限行為能力者が単独で行った行為は取り消すことができる，と定めたのです。すぐ後で見るように，行為能力が制限される成年被後見人などは，その旨が後見登記等ファイルに記載されることになっていますので，行為能力を制限されたAと契約を結ぶBとしては，後見登記等ファイルを確認すればAが制限行為能力者であるか否かを確認できますから，Bに不測の損害を及ぼすことは少ないでしょう。Aも，家庭裁判所の審判によって制限行為能力者とされていれば，行為当時に意思無能力だったという困難な立証をするまでもなく，契約を取り消すことができます。このように，意思無能力者本人を保護しつつ，取引の安全を図るということが，制限行為能力者制度によって可能となるのです。

▶2 制限行為能力者制度

制限行為能力者とされる者のうち，成年被後見人・被保佐人・被補助人は，「事理弁識能力」の程度に応じて定型化されています。つまり，意思能力の程度に応じて分類され，意思能力の程度に応じて保護を図るという制度本来の仕組みになっています。これに対して，同じく制限行為能力者とされる未成年者については，年齢によって一律に行為能力を制限しているので，意思能力が不十分なことだけが理由ではないように思われます。意思能力は7歳から10歳程度の子供の判断能力と解されているので，行為の種類によるとはいえ，15歳とか17歳の未成年者の行為能力を一律に制限する理由はないように思われます。未成年者の保護は，意思能力の不十分さによる場合もありますが，それだけではなく，社会経験の低さ等から保護を要すると考えられているのでしょう。

【1】 未成年者

現行法では，18歳未満の者が未成年者です（民法4条）（2018年6月に民法の成年年齢を引き下げる法律が成立しました。この法律は2022年4月1日から施行され，成年年齢は18歳に引き下げられました）。未成年者が「法律行為」をするには，「その法定代理人の同意を得なければなら」ず（5条1項），これに反する行為は「取り消すことができ」ます（5条2項・120条項）。

法定代理人は，通常は親権者です（818条・819条）。親権者がいないときは，未成年後見人が選任されます（838条）。取り消すことができるというのは，未

成年者または法定代理人からの一方的意思表示によって，当該行為をはじめから無効だったものとすることができる，ということです。

例外として，以下の3つの行為は，未成年者は法定代理人の同意を得ずに単独で行うことができます。第1は，「単に権利を得，又は義務を免れる法律行為」（5条1項但書）です。例えば，贈与を受ける場合などです。このような契約は，未成年者にとって有利になりこそすれ，不利になることはないので，単独で行うことができるとしているのです。

第2は，自由財産の処分（5条3項）です。例えば教科書を購入するために与えた金銭のように，「法定代理人が目的を定めて処分を許した財産」は，その目的の範囲内で，未成年者が単独で処分することができます。毎月の小遣いのように，「目的を定めないで処分を許した財産」は，未成年者が好きなように処分することができます。とはいえ，毎月もらう小遣いやお年玉を貯めてかなり高額な商品を購入することが，5条3項から認められるは微妙です。その売買契約には，原則通り法定代理人の同意が必要になると解するべきです。

第3は，営業を許された未成年者の営業に関する行為（6条1項）です。営業を許された以上，その営業に属する行為を単独でできないと困るからです。

【2】 成年被後見人

「精神上の障害により事理を弁識する能力を欠く常況にある者」を被後見人として保護を図るのが後見です（民法7条）。常に判断能力を欠く者は，自分で取引行為をしたり，意思決定することができないので，代わりにこれらの行為をしてくれる人（代理人）が必要です。この代理人のことを成年後見人と呼びます。後見人は，本人・配偶者・四親等内の親族等7条が定める者が家庭裁判所に請求した後見開始の審判によって決定されます。本人は判断能力が欠如しており，もはや同意することもできないので，本人保護の必要性が優先され，本人の同意なしに，この後見開始の審判がなされます。後見開始の審判がなされると，法務局の後見登記等ファイルに登記がなされます。本人の行為能力の制限および成年後見人の権限を公示することで，取引が円滑に行われるようにするためです。

成年後見開始の審判によって，本人の行為能力が制限されます。すなわち，成年被後見人は，自分で契約等法律行為を行うことはできないので，成年後見人が代理して，これら法律行為を行うことになりますし，成年被後見人のなした法律行為は，取り消すことができます（9条・120条1項）。ただし，「日用品

の購入その他日常生活に関する行為」については，成年被後見人が単独で行っても，取消しの対象にはなりません（9条但書）。例えば，成年被後見人がスーパーで食料品を購入する等です。日用品の購入など日常生活に必要な範囲の行為については，取消しの対象とせずに本人単独で行えるとした方が，かえって本人の保護になると考えられますし，本人の判断を尊重することにもなると考えられるからです。

【3】 被保佐人

「精神上の障害により事理を弁識する能力が著しく不十分」な者を被保佐人として保護するのが保佐制度です（民法11条）。事理を弁識する能力が，成年被後見人よりは高く，簡単な取引については自分で判断して行動することができますが，13条が列挙する重要な取引についてまで単独でするだけの判断能力がない，という場合です。判断能力低下の状況については，鑑定に基づいて判断されます。「事理を弁識する能力を欠く」程度に至っているときは，保佐開始の審判はできず，改めて，後見開始の審判をしなければなりません。保佐開始の審判をすることについては，成年後見開始の審判と同様に，本人の同意は必要ありません。保佐開始の審判がなされると，本人（被保佐人）に保護者としてとして保佐人が付され，成年後見と同様に，後見登記等ファイルに登記されます。

被保佐人は，民法13条1項が定める重要な財産行為については，保佐人の同意なしに単独ですることができず，同意なしに行った行為は，取り消すことができます（13条4項・120条1項）。この保佐人の同意が必要な行為については，9条但書の行為を除いて，審判でさらに範囲を広げることができます（13条2項）。その他の財産行為については，被保佐人単独で行うことができます。保佐制度の目的は，重要な財産の減少・消費を防止することにあるからです。被保佐人の利益を害するおそれがないのに保佐人が同意を与えないときは，家庭裁判所が「同意に代わる許可」を与えることができます（13条3項）。

家庭裁判所は，保佐人に「特定の法律行為について」代理権を付与することができます（876条の4）。被保佐人は，13条1項が列挙する重要な財産行為については保佐人に同意を得なければならず，同意を得ずにしたときはその行為は取り消すことができる，という意味で行為能力を制限されています。しかしこれだけでは被保佐人の保護にとって不十分な場合もあり，被保佐人保護のために，特定の法律行為について保佐人に代理権を付与することができるとした

のです。ただし，保佐人に代理権を与えると，本人が希望しない結果を生じる可能性もあるので，代理権付与に際しては被保佐人の同意が必要です（同条2項）。

【4】 被補助人

「精神上の障害により事理を弁識する能力が不十分である者」を被補助人として保護するのが補助制度です（民法15条）。軽度の認知症，知的障害，精神障害等の状態にある者を対象とする制度です。心神耗弱には至らない程度の軽度の判断能力の欠如がある者を保護するために，2000年の改正により新たに設けられました。被補助人とされる者は，通常の行為に関しては一応判断能力があり，単に高度な判断を要する取引行為等について判断能力が十分ではないというだけですから，高度の判断を必要とする場合にだけ，本人保護のために介入をすればよいということになります。このように，本人の判断能力の程度，本人保護の必要性に応じて，柔軟な対応をできるようにしたのが補助制度です。補助が必要であると思われる場合であっても，本人には不十分ながらも判断能力があり，補助制度を利用するか否かについては，本人の意思を尊重すべきですから，補助開始の審判については，本人の同意が必要です（15条2項）。

家庭裁判所は，本人の判断能力が補助類型に該当すると判断するときには，15条1項が定める者の請求に基づいて補助開始の審判をし，本人（被補助人）に保護者として補助人を付します（16条・876条の7）。しかし，本人の判断能力がどのような取引について不十分であるかは各人によって異なるので，民法は，一律に被補助人の行為能力を制限するのではなく，本人・補助人等の請求をもとに，家庭裁判所が「特定の法律行為」を指定して，「被補助人が特定の法律行為をするにはその補助人の同意を得なければならない旨の審判」をすることにしました（17条1項）。この特定の法律行為は，「不動産その他重要な財産の売却」とか「遺産分割協議」といったように，13条1項が列挙する行為の一部です。審判によって補助人の同意が必要とされた行為を，被補助人がその同意を得ずにした場合は，補助人はこれを取り消すことができます（17条4項・120条1項）。その意味で，被補助人の行為能力は制限されています。ただし，この行為能力を制限する審判についても，本人には不十分ながらも一応の判断能力があるので，本人の意思を尊重するという観点から，本人の同意が必要とされます（17条2項）。

家庭裁判所は，補助人に同意権を与える代わりに，あるいは同意権とともに，本人らの請求に基づき，補助人に特定の法律行為についての代理権を与える旨

の審判をすることもできます（876条の9）。この場合も，本人の同意が必要です（876条の9第2項・876条の4第2項）。

補助開始の審判があったこと，補助人の同意を要する行為の内容，補助人の代理権の範囲等は，後見登記等ファイルに登記されます。

【5】 制限行為能力者の相手方の保護

制限行為能力者と取引をした相手方は，取引を確定的に有効とすることはできず，制限行為能力者側の取消権にさらされています。後見登記等ファイルで公示されているとはいえ，先程述べた静的安全の保護と動的安全の保護を図るという視点からは，制限行為能力者制度というのは，やや静的安全の保護に傾いたもの，要するに，取引の安全を多少犠牲にしても，制限行為能力者の財産を保護しようとするための制度であるといえます。ただし，取消権にさらされている相手方の保護のために，次の2つの制度を設けました。

第1は，「制限行為能力者が行為能力者であることを信じさせるために詐術（さじゅつ）を用いたときは，その行為を取り消すことができない」と定める民法21条です。要するに，制限行為能力者が，詐術を用いて自分に行為能力があるかのように相手方を誤信させた場合には，もはやそのような制限行為能力者を保護するのは適当ではありませんから，制限行為能力者保護のために付与されていた取消権を認めないのです。では，具体的に，制限行為能力者のどのような行為がここでいう「詐術」にあたるのでしょうか。例えば，未成年が，ある高額な物を購入したいのだけど，法定代理人である両親は同意してくれそうにないので，未成年であることを相手方に秘して売買契約した場合はどうなるでしょうか。この場合，未成年であることを単に隠していただけの場合もあれば，さも成人であるかのような言動をとって相手方を信じ込ませた場合，あるいは積極的に何か書類を偽造して成人であるかのようにふるまう場合等，色々考えられます。判例は，無能力者の単なる黙秘は詐術にならないが，無能力者であることを黙秘していた場合でも，それが無能力者の他の言動などと相まって，相手方を誤信させ，または誤信を強めたと認められるときは，詐術にあたる，と判断しています（最判昭和44年2月13日民集23巻2号291頁）。なお，詐術があっても，相手方が制限行為能力者であることを知っていた場合には，相手方を保護する必要はありませんから，21条は適用されません。例えば，相手方も未成年であることを知っていたのに，契約書の生年月日欄に成年となるように虚偽の誕生日を記載させた場合は，制限行為能力者側は，取消権を行使することができます。

第2は，相手方の催告権を定める20条です。相手方は，制限行為能力者側が当該行為を取り消すのか否かが分からない不安定な状況に置かれています。「取り消すことができる行為」は，取り消されれば遡って無効となりますが（121条），取り消されるまでは有効な行為です。そして，「取り消すことができる」ということは，取り消さなくてもよい，ということですから，必ず取り消されるというわけではありません。例えば，被保佐人が保佐人の同意を得ずに所有する不動産の売買契約をしてしまった（13条4項により取り消すことができる行為）けれど，当該売買契約自体は，適正なものであり被保佐人にとって取り立てて不利益になるものでもないので取り消す必要はない，ということもありえます。したがって，制限行為能力者と取引をした相手方は，そもそも取消権を行使されるのか否かも分からないという不安定な立場にあるのです。そこで，このような不安定な状態を解消するために，相手方に催告権を認めました。すなわち，相手方は，取り消しうる行為について，制限行為能力者側に対して，一定の期間を定めて，追認するか否かの確答を促すことができます（20条1項）。そして，その期間内に制限行為能力者側が確答を発しなかったときは，①催告を受けた者が単独で追認しうるときは，追認があったとみなされ（20条1項・2項），②催告受領権者が単独では追認できない場合は，取消しがあったものとみなされます（20条4項）。ただし，成年被後見人や未成年者は，催告を受領する能力がないので，これらの者に催告をしても，催告の効果は生じません。この場合は，法定代理人や後見人に対して催告しなければなりません。そして，法定代理人や後見人が追認できる行為については，催告期間内に確答がなければ，追認が擬制されます。追認によって，取り消すことができる行為は，以後取り消すことができなくなります（122条）。要するに，当該行為は有効なものと確定するのです。

❺　法人

▶1　法人の意義

　人は集団となって行動することがあります。集団で行動することにより，活動の範囲や幅を広げることができます。このとき，この団体をひとつの権利主体とできると非常に便利です。具体的に考えてみましょう。例えば，A，B，Cの3人が共同である事業をすることになりました。事務所を開設するので，D所有の不動産の賃貸借契約をDと結びたい。Dの契約の相手方は誰でしょう

か。AもBもCも自然人で権利能力がありますから，もちろんDと賃貸借契約を結ぶことができます。しかし，例えばAがDと賃貸借契約を結んだ場合，Aのみがこの契約の当事者です。すなわち，借主はAのみで，Aのみが賃借権という債権を有し（したがって，借りた不動産を使用・収益できる），賃料を支払うという債務を負います。これではAだけが個人責任を負うので不都合だというのであれば，もちろん，A，B，Cの3人を相手方として，Dは賃貸借契約を結ぶことができます。しかし，後にBがこの団体から脱退した場合，賃貸借契約を解除して，また新たにA，CとDで賃貸借契約を締結し直さなくてはなりません。その後新たにEがメンバーとして加わるかもしれません。そうするとまた賃貸借契約を結び直すのでしょうか。このように団体の構成員が変わるたびに，団体にかかわるすべての契約を締結し直さなければならないとすると大変です。このとき，もし例えば「株式会社X」というように，団体の構成員（A，B，C…）とは別に権利・義務の統一的な帰属点となりうべき存在，すなわち権利能力を有した存在があればどうでしょうか。Dは，このXと賃貸借契約を結べばよいのです。Dにとって契約の相手方はXですから，Xの構成員の顔ぶれが変わることがあるかもしれませんが，締結した契約には何の影響も及ぼしません。このように，法人とは，構成員である自然人とは別人格のものとして，団体（社団）又は財産の集合体（財団）をひとつの権利・義務の統一的な帰属点として法主体として認める（権利能力を付与する）制度なのです。法人になることは，このように，法人も権利能力を有したひとつの人格として社会で活動できるという利点があります。さらに，法人として権利だけではなく義務の帰属点ともなりますから，構成員である自然人は個人責任を負わない，要するに有限責任になるという利点もあります。先程の例でいえば，XがDと賃貸借契約を締結した場合，賃料債務を負うのはXであって，A・B・Cではないので，この賃料債務はXの資産から支払われるということです。Xに資産がなくても，A・B・Cが債務を負担する必要はありません。これが，もしA・B・CとDとの間で賃貸借契約を締結していた場合，A・B・Cはそれぞれ借主として賃料債務を負わなければなりません。

▶2　法人の基礎

　法人は，それ自体としてひとつの主体として認知されなければなりませんから，それを構成する個人・財産の変動に関わりなく，同一性を保持しつつ，統

一体としてその使命を追求できるような組織を有する必要があります。具体的にいうと、①構成員・財産を統合する中心となるところの「目的」の確定，つまり，どういう目的で（どのような活動をするために）社団もしくは財団となったのか，②法人を他から明確に区別する標識となる「名称」の存在，③法人の活動の本拠となる「住所（事務所）」の存在，④法人に秩序を与える「根本規則」（定款または寄附行為）の制定，⑤法人の統一的行動を可能にする「機関」（理事等）の存在，が必要です。これらにつき，以前は民法38条から84条で定められていましたが，後述の法人に関する一連の改革により，現在は，「一般社団法人及び一般財団法人に関する法律」（以下「一般法人法」）に規定されています。

▶3　公益法人と営利法人

民法33条2項には，「学術，技芸，慈善，祭祀，宗教その他の公益を目的とする法人」，「営利事業を営むことを目的とする法人」と定められています。前者を「公益法人」，後者を「営利法人」と呼びます。「公益」とは，不特定多数の利益となる，ということです。営利と聞くと，何か事業をして利益を得るとか利潤を追求するようなイメージがわきますが，ここではそういう意味ではありません。ここでいう「営利」とは，構成員に利益を分配する，という意味です。例えば，株式会社は株主に保有する株式数に応じて配当しますから，営利法人です。実は，もともと民法では，この公益法人のみが規定され，営利法人は会社法で規定されていました。しかし，社会には，同窓会や学会，社交クラブなど，公益も営利も目的としない中間的団体が数多く存在して活動しているにもかかわらず，法人となることができないことが問題視されていました。こうした団体は，民法上は，「権利能力なき社団」として扱われていました。そして，中間法人法（2002年施行），一般法人法（2008年施行）によって，法人法制の抜本的な改革がなされ，現在では，広く非営利目的（公益目的含む）の法人を設立することが可能になりました。

▶4　社団法人と財団法人

社団法人は，一定目的のために結合した人の集団を基礎として作られる法人です。社員を不可欠の要素とし，社員総会が最高の意思決定機関となって自律的活動を行います。公益目的・営利目的・中間的利益を目的とするもののいずれも設立可能です。これに対して財団法人とは，一定の目的のために供せられ

た財産を管理，運営するために作られる法人です。こちらは，公益を目的とするものに限られます。

【廣峰正子】

★トピック05　成年年齢が変わったって聞いたけど……

　2022年4月1日から，成年年齢が変わりました。1世紀以上に亘り慣れ親しんできた20歳の成年年齢が18歳に引き下げられました。

　世界的にみますと，ヨーロッパ諸国ではすでに1970年代に成年年齢が18歳に引き下げられたことにはじまり，いまでは世界のかなり多数の国で18歳成年がとられるようになりました。日本では，2007年に国民投票法で憲法改正国民投票の投票権年齢を18歳と定めたころから，成年年齢の引き下げの問題が本格的に議論され始めました。法制審議会は，選挙権年齢が18歳に引き下げられるのであれば，18歳・19歳の者が政治に参加しているという意識を責任感をもって実感できるようにするためにも，私法の領域においても自己の判断と責任において自立した活動をすることができるよう成年年齢を引き下げることが適当であるとしました。はたして，2015年に公職選挙法が改正されて，選挙権年齢が18歳に引き下げられました。そうすると民法の成年年齢も18歳に引き下げる提案をタイミングを見計らって出す必要がでてきました。民法の相続法の改正が提案された2018年の国会で，成年年齢の引き下げが法案として提出され，両院の賛同を得て成立しました。

　18歳で成年ということは，18歳になれば，単独で有効に契約が結べるようになります。いわゆる未成年者取消権を使って，一度結んだ契約をもはや自由に取り消すことはできなくなります。また，親の親権に服することもなくなります。そういう意味で，自分のことは自分で決めることのできる一人前の大人扱いとなります。

　とはいえ，民法の世界でも，養子をとることができるのは20歳から（民法792条）ですし，お酒を飲んだり，煙草を吸ったりできる年齢は，20歳からのままに据え置かれています。競馬・競輪・モーターボート競争の投票権の購入も20歳からです。

　成年年齢を法律で引き下げたからといって，18歳の若者がいきなり自立した大人になるわけではありません。成年年齢が引き下げられると，18歳・19歳を狙った消費者被害が拡大する懸念を示す人もいます。社会が高度化し複雑化していることに鑑みますと，若者の自立は以前に比べてむしろ難しくなってきているようにも思います。若年成年が消費者被害に遭うことがないように，これまで以上に消費者教育をはじめ，若年者の自立へ向けた支援の取り組みが求められることになりましょう。

　なお，婚姻年齢については，13章を参照してください。

【増成　牧】

07章 代理

代表とか，代行という言葉もあるけれど，代理とは違うの？

❶ 代理とは

▶1 代理とはどのようなものか

　代理とは，本人に代わって他人が行った法律行為の効果を直接本人に帰属させる仕組みです。すなわち，BがAの代理人としてCとの間で結んだ契約の効力がA・C間に発生することを認める制度です。このときのAを「本人」，Bを「代理人」，Cを「相手方」と呼んでいます。

　たとえば，Aはすでに85歳の高齢となり，長年住んできた一戸建ての住居（建付けも悪くなってきています）での生活が大変さを増してきたとしましょう。そこで，自宅を売却して，安全性でも居住性でも優れているマンションに引っ越そうと考えました。とはいえ，自分で不動産を売却するのは難しいので，信頼のおける不動産業者Bに売却の代理を依頼しました。Bは，Aが希望する売却価格を上回る価格でAの戸建て住居を購入したいと考えるCを見つけ出し，Aの代理人としてCとの間でAの住居の売買契約を締結しました。この場合に，BとCとが締結した売買契約の効力がAとCとの間に帰属することになるというのが代理です。

　ここで注意してほしいのは，代理は代理人が法律行為を行う場合に限られるということです。日常的には，親戚の法事に父に代わって出席したような場合に「父の代理で来ました」などと表現することがありますが，このような「代理出席」には，事実行為があっても，法律行為はありませんので，民法でいう代理ではありません。また，本人が確定した意思を単に相手方に伝えるだけの役割を担った人のことを「使者」と呼んでおりますが，これも代理ではありません。

▶2　なぜ代理という仕組みが必要か

　ところで，01章で学んだように，民法では，自分のことは自分で決める（そして，決めたことには責任をもつ）という私的自治を基本としています。言い方を変えれば，自ら行った取引行為には責任を持たなければならないとしても，他人が行った取引行為に責任を持つことは基本的にはありえないということです。ところが，代理には，他人の結んだ取引行為に従わなければならないという面があります。このことは，自らのことは自ら決めるという私的自治の原則に反するようにも見えますが，それでもなお代理という制度が民法に設けられている理由はどこにあるのでしょうか。

　代理の存在理由として，「私的自治の補充」と「私的自治の拡充」とがあげられます。

　まず，私的自治の補充とはどういうことでしょうか。06章で勉強したように，世の中には行為能力が制限されていて，自分自身で有効に契約を結ぶことができない人がいます。そういう人のためには，他人が代わりに契約を結んでやる必要がありましょう。自ら私的自治を行使できない人のために他人が代わりに契約を結んでやってその人の私的自治を補う必要があるのです。そうすることで，どのような者でも契約を結んで契約社会で生きていけることになるのです。その意味で，代理制度は，制限行為能力者の私的自治を補充するための制度としてなくてはならないものであり，これが私的自治の補充ということの意味です。

　次に，私的自治の拡充とはどういうことでしょうか。行為能力を有しており，自分自身で契約を結べる人であっても，自分だけでできることには限界があります。たとえば，同じ時間に異なった場所で複数の契約を一人の人間が結ぶことはできません。そんな場合に，信頼のおける他人に自分に代わって契約を結んでもらうことができれば，その人の取引活動は大いに広がることになりましょう。その意味で，代理制度は，個人の取引活動を拡張するものとして機能しますが，それを私的自治の拡張と呼んでいます。

　さらに，06章では，取引の主体になれる存在として，生身の人間のほかに，法人という存在が認められていることも勉強しました。この法人を実際に動かすことができるのは，ほかならぬ生身の人間しかありません。法人制度を機能させるためにも，代理という仕組みが不可欠です。なお，法人代理の場面では，代理権が包括的であることから，「代表」と呼ばれます。

▶3 代理にはどのような種類があるか

【1】 任意代理と法定代理

　代理は，代理権の発生根拠の違いから，「任意代理」と「法定代理」とに分けられます。

　本人の意思に基づいて代理権が与えられる場合を任意代理と呼び，法律の規定に基づいて代理権が付与される場合を法定代理と呼んでいます。

【2】 能働代理と受働代理

　また，代理人が意思表示を積極的にする場合（民99条1項）を「能働代理」と呼び，単に受け取る場合（民99条2項）を「受働代理」と呼んで区別しています。本章の冒頭で，代理とは本人に代わって他人が行った法律行為の効果を直接本人に帰属させる仕組みであると述べましたが，より厳密にみれば，代理人が法律行為までは行わなくても，相手方から意思表示を受ける場合も代理なのです。

▶4 代理が有効に機能するために必要なことは

　代理が問題なく機能するためになくてはならないことはあるでしょうか。3つあります。1つは，「代理権」が与えられていること，2つ目は，「顕名」がされていること，3つ目は，「代理行為」です。以下で，それぞれもう少し詳しくみていきましょう。

【1】 なぜ代理権がなければならないか？

　まず，代理権についてです。代理権とは，代理人のした法律行為の効果が本人に帰属するためになくてはならないもので，代理人として行為する者が本人に代って行為をしてよい資格のようなものと考えてよいでしょう。代理権の存在こそが，代理行為の効力の本人への帰属を正当化するのです。代理権を与えていないのに，他人のした法律行為の効果が自分に及んでくるとしたら，本人の立場にたって考えれば堪ったものではないでしょう。自分がまったく預かり知らないことの責任を負わされることになるからです。

　たとえば，授業を終えて自宅に帰ると，インターホンが鳴ります。出てみると，宅配便の配達で，鹿児島のかるかん饅頭が代引きで届いています。自分は注文した覚えはないのになあと思いながらも，代金を払って受け取りました。するとその数分後には，今度は福岡の通りもんが，また数分後には，広島のもみじ饅頭が代引きで届きました。今日はどうしたんだろうとあっけにとられながら，

その日の夕方は，京都のおたべ，伊勢の赤福餅，名古屋のういろう，静岡の安倍川もち，鎌倉の鳩サブレ，浅草の人形焼き，仙台の萩の月，札幌の白い恋人，沖縄のちんすこうと全国各地のお菓子が代引きで配達されてきました。どうやら「全国各地の有名お菓子を食べ尽くすぞ」とツイートしたのをみたフォロワーが気を利かせて代理人として当地のお菓子を買う契約を結んでくれたようです。
　このようなことにめぐり合わせたとしたら，皆さん方はどう感じますか。皆さん方の中には，全国各地の甘いものを食べることができるんだから，大変ありがたいと思う人もいるかもしれません。しかし，タダで送ってくれたわけではなくて，代金を払わなければならないのですよ。たいていのひとは，勝手に買うなと腹が立つのではないでしょうか。依頼もしてないのに，勝手に契約を結ばれて，その効果が及んでくる，すなわち代金を払わなければならないというのは堪ったものではないということがわかるでしょう。
　それに対して，皆さん方自身がお願いしたのであれば，効果が及んできても納得がいくでしょう。すなわち，本人Aが代理権をBに授与したということであれば，そこには，代理人Bがした行為についての効果を引き受ける本人の意思（Bの意思表示の効果は自らに帰属することを容認するという意思）が見て取れわけですから。そして，そのような意思があるということで，私的自治の原則とも調和することになるとみることができます。
　▶3【1】でもみましたが，代理権は，本人の意思によって与えられることもあれば，法律によって与えられることもあります。前者が**任意代理**，後者が**法定代理**です。
　任意代理の場合の代理権の付与について特定の形式は必要ありません。とはいえ，委任状が交付されることが一般的です。
　法定代理の場合には，法律の規定により当然に発生する場合（民法818条，824条など）と，裁判所によって代理人が選任されてはじめて発生する場合（民法25条）とがあります。

【2】　なぜ顕名がなければならないか？

　次に　顕名についてです。**顕名**とは，代理行為の際に代理人が相手方に対して「本人のためにすることを示すこと」をいいます。
　顕名がなければ，代理人Bの行った意思表示は，表意者であるB自身の意思表示だと相手方Cは理解するのが普通でしょう。そうではなくて，効果はAとの間で生じることをCに伝えないと，Cに想定外の事態を生じさせてしまいか

ねません。Cの信頼を害さないように，顕名がなくてはならないのです。
【3】　なぜ代理行為がなければならないか？
　最後に，代理行為です。代理行為とは　代理人が本人のために行う意思表示・法律行為をいいます。代理人と相手方との間でなされた契約締結行為のこととイメージしておくのがよいでしょう。
　では，なぜ代理行為が必要なのでしょうか。それは代理行為が代理の出発点であるからです。代理行為，すなわち契約締結行為がなければ，それによって生じる効果の帰属先を探す必要もなく，問題がそもそも起こらないからです。

❷　代理に問題がある場合

　❶▶4で，代理が有効に機能するには，①代理権の付与，②顕名，③代理行為が必要であることをみました。これら3つがちゃんと揃っていれば代理に問題は生じません。しかし，実際の取引では，代理権の付与がないとか，顕名がないといった事例があり，問題を引き起こします。

▶1　顕名のない代理
【1】　顕名がないとなにが問題なのだろうか
　先にも見たように，顕名がなければ，代理人Bのした意思表示は，相手方Cからすれば，意思表示を行ったB自身のためのものと理解してしまうでしょう。相手方CはBとの間で契約が生じたと考えるのに対して，Bは代理人として行動しているのであって契約の効力はA・C間で生じると考えているというように，BとCの両者の間に食い違いが生じてしまいます。このとき，当然にA・C間に効果が生じるとすればCにとっては想定外の事態が生じてしまいます。Cとしたら，いつも買ってくれているお得意客の，支払いが一度も滞ったことのないBだからこそ今度も契約を結んだのに，実はどこのだれだかよく知らないAとの間の契約だったというのでは，Cに想定外の事態を生じさせることになるからです。顕名のない代理の場合，当然にA・C間に効力が生ずるとすることはできません。
【2】　顕名のない代理をどのように扱うか
　そこで，民法100条本文は，代理人が顕名をせずにした意思表示は代理人自身の意思表示とみなすことにしました。つまり，B・C間に契約の効果が生じ

る扱いとなるのです。

これに対して，相手方Cが，代理であることを知っていた，あるいは知りえた場合には，Cの信頼は保護するに値しないので，意思表示の効果は本人Aに生じることになります（民法100条ただし書）。

なお，顕名に関し，商法では，民法と違う取り扱いをしています。商法504条を参照してください。

▶2 代理権のない代理──無権代理

代理人Bが本人Aから代理権を付与されていないのにAの代理人としてCと契約締結行為をした場合はどうでしょうか。

代理人が代理権にもとづいて代理行為を行う場合を**有権代理**（この場合，効果は本人に帰属します）と呼ぶのに対して，代理権がないまま代理行為が行われた場合を**無権代理**と呼んでいます。

無権代理の場合，本人に効果は帰属しません。❶▶4【1】で見たように，無権代理であるにもかかわらず本人に効果が帰属するとしますと，本人は自分がまったく預かり知らない契約について責任をとらされることになり，自己決定が害されてしまうからです。

また，代理人にも効果は帰属しません。代理人が代理行為をした際の意思は，本人に効果を帰属させようというものであって，代理人自身に効果を帰属させる意思を有していなかったからです。

無権代理の場合，本人にも代理人にも効果は帰属しないとなると，相手方は窮地にたたされます。代理権がないことによるリスクを相手方に一方的に負担させるとすれば，相手方にとって代理人と称する人との間で取引を行うことは非常にリスクの高いものとなり，代理を避けるようになりかねません。しかし，今日の社会において，代理はなくてはならない制度です。そこで，民法は，無権代理の場合の利害調整を図る仕組みをいくつか設けました。すなわち，第1は，本人の「追認権」であり，第2は，相手方の「催告権」であり，第3は，「表見代理」であり，第4は，「無権代理人の責任」とよばれるものです。

【1】 本人の追認権

無権代理の効果は本人に帰属しないのが原則ですが，場合によっては，無権代理ではあったが，その効果を本人が引き受けても構わないと考えることもありましょう。そうした場合に，本人が無権代理行為の効果を引き受けることを

追認と呼びます。追認すると、代理行為の効果が本人に帰属する扱いとなります（民法113条・116条）。

【2】 相手方の取消権と催告権

無権代理には追認が認められていますので、その効力は本人に効果帰属するのかしないのか定かでないものとなります。相手方から、この不安定な状態を解消するための手立てとして、「取消権」及び「催告権」が認められています。

すなわち、相手方は、無権代理による契約については、本人が追認するまでの間、取り消すことができます（民115条）。取り消されると、締結された契約は遡及的に無効となり、無権代理行為がなかったことになりますので、それを前提としたさまざまな法律効果は生じなかった扱いになります。

他方、相手方は、追認するか否かを確答するように本人に催告することもできます（民114条）。本人がこの催告に対して返答すれば、法律関係はその返答の通りに定まりますが、返答しなければ追認を拒絶したものとして扱われることになります。

【3】 表見代理・無権代理人の責任

無権代理が起こると、以上に加えて、相手方から本人に責任を追及する「表見代理」と呼ばれる責任と、相手方から無権代理行為を行った無権代理人に対して責任を追及する「無権代理人の責任」というものが生じることがあります。これらについては、節を改めて、後ほど❸と❹とで取り上げようと思います。

▶3 代理権濫用

代理に問題がある場合として、もう1つ、代理人は与えられた代理権の範囲内で代理行為をしたのだが、しかし代理権付与の趣旨に反し本人の利益のためではなく代理人自身あるいは第三者の利益のために代理行為をしたという場合があります。「代理権の濫用」と呼んでいます。

たとえば、H社の仕入部長Iは、H社で販売する商品の仕入れ権限を有するところ、長年の取引先であるメーカーJにいつも通りの発注をしたが、しかしこの度の発注は、その仕入れた商品を横流しで売却し、その代金を着服しようという意図からだったというような場合です。

IのJとの契約締結行為は代理権の範囲内の行為ですので、その効果は本人Hに帰属することになりそうです。しかし、相手方Jにおいて、借金で首が回らなくなっているIの窮状を知っており、発注の際にいつもと違う尋常でない

Iの様子から今回はH社のために仕入れたのではないことを知った（知りえた）ような場合にまで，Iの契約締結行為の効果をHに及ぼすことは妥当ではないでしょう。そこで，民法107条は，「代理人が自己又は第三者の利益を図る目的で代理権の範囲内の行為をした場合において，相手方がその目的を知り，又は知ることができたときは，その行為は，代理権を有しない者がした行為とみなす」としました。つまり，上のようなIの行為は形式的に見れば代理権の範囲内の行為でありますが，無権代理と扱われ，本人に効果帰属することはないとされるのです。

❸ 表見代理

❷▶2でみたように，無権代理行為は原則として本人に効果が帰属しません。しかし，代理権の存在を推測させるような客観的事情（代理権があるかのような外観の作出）があり，相手方がこれを信頼して代理権があると思って取引関係に入ることが起こりえます。そのような場合には相手方の信頼を保護する必要もあるでしょう。このような場合に，無権代理行為を有効な代理行為のように扱い，あたかも本人に効果が帰属したような形で本人に責任を取らせる仕組みを**表見代理**といいます。

ここでのポイントは，表見代理はあくまでも無権代理の例外であり，無権代理である以上，その効果は本人に帰属しないのが原則であるところ，それにもかかわらず本人に責任を課すためには特別な理由が要求されるということです。すなわち，一方で，相手方が代理権の存在を信じたことの正当性であり，他方で，無権代理行為であるにもかかわらず効果を引き受けたような責任を本人に負担させるのですから，責任を負わせられても仕方のないような帰責性が本人に認められる場合でなければならないでしょう。

民法は，これらの両面を考慮しながら，3つの場合に本人の責任を認め，本人に自称代理人のした行為の効果の引き受けを拒めないとしています。

すなわち，①本人が代理人と称して行為をした者に代理権を与えた旨を代理の相手方に表示した場合（民法109条の表見代理とか，**代理権授与表示による表見代理**と呼びます），②他の事項について代理権を持つ者が代理権のない事項について代理した場合（民法110条の表見代理とか，**権限外の行為の表見代理**と呼びます），③代理権を失った者がかつて代理権を有した事項について代理した場合（民法

112条の表見代理とか，代理権消滅後の表見代理と呼びます）。以下で，それぞれ少し詳しくみていきましょう。

▶1　代理権授与表示の表見代理（民法109条）

まずは，民法109条の表見代理についてです。

第三者に対して他人に代理権を与えた旨を表示した者は，その代理権の範囲内においてその他人が第三者との間でした行為について，その責任を負う，というものです。

たとえば，第三者Nに対して私Lは自己所有の住居を賃貸する契約締結の代理権を他人Mに与えたと表示したとしますと，MがNとの間でL代理人Mとしてこの住居の賃貸借契約を結んだとき，たとえLが実際にはMに賃貸借契約締結についての代理権を与えていなかったとしてもLは責任を負わなければならないということです。

他人に代理権を与えたと表示した以上，自己の表示に対して責任を負うべきだという考え方から民法109条の責任を理解することができるでしょう。

とはいえ，上のLのような表示をあえてする人が世の中にいるようにはおもわれません。実際にこの条文が働く場面としては肩書付与の場面を思い浮かべておくのがよいでしょう。すなわち，S社の仕入れ部長Tが「S社仕入れ部長T」との名刺を提示してUから商品の購入をしたが，仕入部長との肩書はS社内部での通称にすぎず，実際にはTには仕入権限が与えられてなかった，というような場面です。S社はTに仕入部長の肩書を与えています。仕入部長と名乗れば普通は仕入権限を有すると考えますから，Tと商品の売買契約を結んだ相手方UはTにはS社の仕入権限があると信頼するでしょう。そのような信頼を保護するのが民法109条の表見代理ということです。

ただし，相手方Uが，Tに仕入れ権限のないことを知っていた場合，あるいは過失によって知らなかった場合は，S社は責任を負うことはありません（民法109条ただし書）。仕入れ権限のないことを知っていた場合とか，ちょっと調べれば知りえた場合に，Uには信頼がないあるいはUの信頼は保護に値しないからです。

以上の他，民法109条の適用場面としては，白紙委任状が悪用された場合とか，本人名義が使用された場合とかがあります。

なお，上に見てきたのは民法109条1項であり，代理権を与えたとされた他

人が与えられたとされた代理権の範囲で行為した場合の規定ですが，与えたとされた代理権の範囲を越えた行為をしたときについては，民法109条2項に規定が設けられています。

▶2　権限外の行為の表見代理（民法110条）

次に民法110条の表見代理についてです。

ある事項については代理権を付与されている者が付与された代理権以外の事項について代理行為をした場合に，相手方が代理人として行動した者に代理権があると正当に信頼したときに，本人が責任を負うとする表見代理です。

たとえば，Oが高齢者向けの住宅に入居するために少しまとまったお金が必要となり，自宅に抵当権を設定して，お金を借りる契約について代理権をPに与えたところ，Pがその不動産を売却する契約を結んだというような場合です。

Pは抵当権設定についての代理権を有しているにすぎませんが，それを越えて売却しています。他方，相手方Qが，Oの実印とか印鑑証明書とかをPが持っていたことなどからPはOの代理権を有していると正当に信頼することがあります。このような場合に，Qの信頼を保護すべく，Oは民法110条の表見代理責任を負うというものです。

民法110条の表見代理は，他人を信用して権限を授与した者は，その権限が行使されたものと正当に信頼した者に対し，その信頼に応じた責任を負わなければならないという考え方から理解することができるでしょう。

▶3　代理権消滅後の表見代理（民法112条）

最後に，民法112条の表見代理です。

これまで代理権を与えていた者の代理権が消滅したにもかかわらず，そのことを相手方に連絡してなかったなどの事情で，相手方が代理権の消滅を知らず，代理権があるものとして取引をしたような場合に本人に責任を負わせる表見代理が民法112条の表見代理です。

たとえば，E社の仕入部長Fは，社内で若い女性社員に対してセクハラを働き，そのためE社を解雇されたにもかかわらず，それまで長い間E社で販売する商品（甲）の仕入れを一手に引き受けていたことをいいことに，長年の取引先のGから，解雇後も引き続き商品（甲）を購入し（甲を自ら受領しては他へ売却して代金を着服してい）たような場合です。

この場合に，相手方Gの代理権存在への信頼を保護し，本人Eの責任を認めるのです。雇用契約が解除されて仕入権限が消滅していたとしても，そのような内部関係は外部の者には明らかではありません。代理権授与の外観が残っているなら，本人としてはそれを除去すべきなのに放置した点に帰責性を見て，代理権がまだ存在していると信じた取引相手方の信頼を保護しようとの考え方から理解することができるでしょう。

なお，自称代理人が代理権消滅後に代理権の範囲を超えて代理行為をした場合に相手方の信頼を保護する規定が民法112条2項に設けられています。

❹ 無権代理人の責任

無権代理人に対して，民法117条は，特別の責任を負わせています。

すなわち，他人の代理人として契約した者は，自己の代理権を証明したとき，または本人の追認を得たときを除き，相手方の選択にしたがって，相手方に対して履行または損害賠償の責任を負うのです（民法117条1項）。

履行責任とは，有権代理であれば本人が負担したであろうと同一の債務を履行する責任であり，損害賠償責任とは，債務が履行されていたら得られたであろう利益の賠償責任です。

民法117条1項の責任は，不法行為責任の特則という性格を持つものですが，無権代理人の故意・過失を証明する必要はなく，相手方が無権代理人と契約を締結し，その際に無権代理人が顕名したことを主張・立証することで足ります。

もっとも，相手方が，他人の代理人として契約した者が代理権を有しないことを知っていた場合，または過失によって知らなかった場合は，責任を負うことはありません。ただし，後者の場合，他人の代理人として契約した者が自己に代理権がないことを知っていたときは，責任を負うことになります（民法117条2項2号ただし書）。

以上のような無権代理人の責任をめぐっては，相手方の保護および代理制度に対する信用維持のために認められた無過失責任であると古くから説かれてきましたが，近時はそのような理解に対する疑問も投げかけられています。

【増成　牧】

08章　物権

まわりをぐるっと見渡すといろんな物があるけれど，
その物には，だれが，どんな権利をもっているんだろう？

❶　物権とは

▶1　物権の（ひとまずの）定義

　物権とはどのような権利でしょうか。民法典の第2編の表題には「物権」とありますが，その定義は，民法典のどこを探しても見当たりません。そこで，第2編に規定されている各種の物権に共通する要素や特徴を踏まえて，「物権」を定義していく作業が必要となります。「物権」の定義の説明が教科書によって微妙に異なっているのは，このためです。

　ここでは，物権とは，「物を直接的・排他的に支配することのできる権利」である，とひとまず定義しておきます。この定義を導きの糸にして，つぎの節では，物権とはどのような性質を持つ権利であるのかを，（債権と比較しながら）明らかにしていきます。

▶2　物権の性質

【1】　**物権の3つの性質**

　債権と比較した場合に，物権にはどのような特質がみられるでしょうか。物権には，物支配の「直接性」（「直接支配性」），「絶対性」および「排他性」の3つの性質があるといわれます。以下，順に説明します。

【2】　**物権に基づく物支配の「直接性」**

　まず，**物権に基づく物支配の直接性**とは，物権を有する者は，権利の対象である物を，他人の意思や行為を介在させずに支配することができる，という物権の性質をいいます。

　たとえば，Aが，1台のノートパソコン（甲）を所有しているとします。Aは，甲について所有権（民法206条）を有するのですから，甲を自分で使用したり，甲を他人に賃貸して収益を挙げたり，不要になれば甲を売却して処分したりす

ることができます。その際、Aは、もっぱら自分の意思に基づいて、それらのことをすることができます。

これに対して、Aが債権しか持っていないとすれば、どうなるでしょうか。債権の定義も、物権の定義と同様に、民法典には見当たりません。ここでは、債権とは、「特定の人に対して一定の行為を請求することのできる権利」である、とひとまず定義しておきます。行為には、あることをすること（作為）と、しないこと（不作為）の両方が含まれます。

たとえば、Aが、友人から1台のノートパソコン（甲）を賃借する契約を締結したとします。このとき、Aは、賃貸借契約に基づき、「甲を使用収益させよ」と友人に対して請求する権利（債権）しか持ちません（民法601条）。債権は、債権者が債務者に対して一定の行為をせよと請求する権利にすぎないからです。したがって、Aが、賃貸借契約に基づいて甲を実際に使用収益するには、債務者である友人に「甲の使用収益をさせる」という行為をしてもらわなければなりません。

このため、友人が、Aと甲の賃貸借契約を結んだ後に、甲をBに売り渡した場合、Aは甲を使用収益することができなくなってしまいます。Aが友人に対して請求することができるのは、「甲の使用収益をさせる」という行為をせよ、ということだけです。しかし、友人は、甲をBに売り渡して所有権を失っていますから、Aに甲を使用収益させることはできません。他方で、Aは、いくら甲の賃借人であるからといって、債務者でないBに対して「甲の使用収益をさせよ」と請求することもできません。その結果、Aは、甲を使用収益することができなくなり、債務者である友人に対して、債務不履行の責任を問うしかありません（債務不履行とその救済については、05章を参照）。

【3】 物権の絶対性

つぎに、**物権の絶対性**とは、物権を有する者は、誰に対してもその権利を主張することができる、という物権の性質をいいます。

たとえば、Aが、1筆の土地（甲）を所有しているとします。そこに、甲の隣の土地を所有するBが、境界を越えてAに無断で甲の上に建物を建てたり、CがAに無断で甲の上にゴミを放置したりすると、Aは、自分が思うように甲の使用収益をすることができなくなります。これは、甲の所有権の内容実現がBやCによって妨げられている状態です。そこで、Aは、甲の所有権を主張して、BやCに対して、甲に対する妨害の排除（具体的には、甲の上にAに無断で建てら

れた建物や甲の上にAに無断で放置されたゴミの撤去）を求めることができます。

　これに対して、Aが甲について債権しか持っていない場合、債権を主張することができるのは、原則として債務者に対してだけです。たとえば、Aが、先の1筆の土地（甲）を所有するのでなく、友人から賃借していたとします。このとき、Aは、賃貸人である友人に対して「甲の使用収益をさせよ」と請求する権利（債権）を有しますが、友人以外の第三者に対して、甲を使用収益させよと主張することはできません。たとえば、甲の隣の土地を所有するBが境界を越えてAに無断で甲の上に建物を建てた場合や、CがAに無断で甲の上にゴミを放置した場合には、「甲の使用収益をAにさせる」という債務を負っているのは友人だけです。このため、債権に基づくのであれば、Aとしては友人に対してしか、甲に対する妨害の除去を求められません。

　ただし、甲は土地で不動産にあたります。そこで、Aは、甲の不動産賃借権について対抗要件（民法605条など）を備えたときは、例外的に、BやCに対して、甲に対する妨害の停止を求めることができるとされています（民法605条の4第1号）。

【4】 物権の排他性

　最後に、**物権の排他性**とは、ある物についてある物権がすでに成立しているときには、その物について、さらにそれと両立することのない内容の物権が成立することはない、という物権の性質をいいます。

　物権に排他性が認められるのはなぜでしょうか。それは、物権の排他性を否定し、1つの物について同じ内容の物権が複数成立してよいとすると、複数の物権のうちどの物権の内容を実現すべきかをめぐって物権者間で紛争が生じ、物の安定した利用が妨げられるおそれがあるからです。

　たとえば、Aが、1台のノートパソコン（甲）を所有しているとします。このとき、甲について誰か他の人の所有権は成立しません。物権の1つである所有権には排他性があるからです。

　他方で、民法では、1つの物について同じ内容の債権が複数成立することは認められています。つまり、債権には排他性はありません。

　たとえば、Aが、1台のノートパソコン（甲）を所有しており、その甲を、Bに賃貸し、ついでCにも賃貸したとします。Aが甲の賃貸借契約をBと締結したからといって、同じ甲の賃貸借契約をCと締結することには、民法上、何の妨げもありません。つまり、AB間、AC間の甲の賃貸借契約はどちらも成立し、どちらも有効です。このため、債権としては、同じAに対して、「甲を

使用収益させる」という行為を請求するBの権利（債権）も,「甲を使用収益させる」という行為を請求するCの権利（債権）も,どちらも発生します。債権には排他性がないためです。

　もちろん,実際には,Aは,BとCのどちらか一方に対してしか,「甲を使用収益させる」という行為をすることはできません。結局,BとCのうち,「甲を使用収益させる」という行為をAからしてもらえなかった者は,債務者であるAに対して,債務不履行の責任を問うしかありません。

▶3　物権の対象

【1】　物権の対象となる「物」とは何か

　初学者向けの入門書の中には,権利の対象（もしくは権利の客体）に注目して,物権のことを「物に対する権利」であると簡単に説明するものがあります。ただ,そこで言われる「物」とは,いったいどのような存在なのでしょうか。これが,「物権の対象（もしくは物権の客体,物権の目的）」と言われるテーマです。ここで簡単に触れておきます。

　民法85条は,「この法律において『物』とは,有体物をいう」と規定しています。したがって,物権の対象となる物は,この条文によれば「有体物」ということになります。民法典には「有体物」の定義は見当たりませんが,判例や学説によれば,有体物とは,「空間を占める外界の物質で,固体,液体または気体の形をとるもの」と定義されます。

　ただし,民法85条だけを見て,物権の対象は有体物である,と即断することはできません。

　すなわち,たとえ有体物であっても,その上に物権の成立を考えることが現実に不可能なもの（たとえば,深海底や天体上の土地）や,かりに可能であっても法的に許されないもの（たとえば,人間の身体や臓器）などについては,物権の成立は認められません。

　また,物権の対象である有体物は,現存し,特定していなければなりません。たとえば,将来のある時点に生じる物（たとえば,「神戸・ポートアイランド内のある土地上に来年4月完成予定の10階建てマンション5階の501号室」など）の上には,現時点では特定はおろか,存在すらしていないので,物権は成立しません。

　さらに,物権の対象である有体物は,独立していなければなりません。有体物であっても,物の一部（たとえば,ある建物の壁や柱）や物の集団（たとえば,

ある牧場で飼育中の牛の群れ）の上には，原則として物権は成立しません。

【2】「物」の重要な区別——「不動産及び動産」

　民法典は，物権に限らず，ひろく債権その他の私法上の権利（私権）の対象となる「物」について，第1編第4章でいくつかの区別を規定しています。ここでは，それらのうち最も重要な区別である「不動産及び動産」（民法86条）を取り上げます。

　民法86条1項によれば，不動産とは「土地及びその定着物」と定義されています。ここで問題となるのは，「定着物」の意味です。民法典のどこを探しても「定着物」の定義はありません。判例および学説によれば，土地の定着物とは，土地に固定されていて容易に移動させることができず，かつ，取引観念に照らしてそのような状態で利用されるのが通常であると判断される物をいいます。土地の定着物にあたりうる物としては，建物，樹木，塀，石垣，庭石，灯籠などがあります。皆さんが，親の所有する庭付き一戸建ての家に住んでいて，その敷地の上にこれらの物があれば，それは土地の定着物となりえます。

　土地の定着物は，原則として，それが付着する土地と一体と扱われるため，土地から独立した物とはされません。このため，土地の定着物は，それ自体が独立して権利の目的とはなりません。たとえば，皆さんが，土地を所有しており，その土地の上にある庭石がとても高価なものであったとします。もし皆さんがその土地を誰かに丸ごと売り渡すならば，買主との間で特別の合意をしない限り，庭石は「土地の定着物」として土地の一部と扱われ，売買の対象となり，買主の所有物となってしまいます。

　ただし，土地の定着物であっても，例外的に，土地から独立した物と扱われることがあります。その一例が建物です。建物は確かに「土地の定着物」であり「不動産」にあたりますが，土地とは別個の不動産と扱われています。民法典はこのことを明文で規定していません。しかし，民法370条の文言などから，土地と建物が別個の不動産であることを前提にしていると解されています。

　これに対して，民法86条2項によれば，動産とは「不動産以外の物」と定義されます。ここから，この世にあって民法が対象とする「物（有体物）」は，不動産か動産のどちらかに分類されることになります。皆さんが今，この本を読んでいて，身につけていたり手元に置いていたりする物（衣類，本，筆記用具，スマートフォンなど）は，動産にあたります。

　ある物（有体物）が不動産にあたるのか，それとも動産にあたるのかによって，

ゆくゆく触れていきますが，民法上の取り扱いが大きく異なることがあります。その意味で，不動産と動産の区別はとても重要です。学習の際に見過ごさないようにしましょう。

❷ 民法上の各種の物権とその分類

▶*1* 物権法定主義とは

　民法175条は，「物権は，この法律その他の法律に定めるもののほか，創設することができない」と規定しています。この条文は，つぎの2つの内容を含んでいると解釈されています。

　すなわち，第一に，当事者は，民法その他の法律が定めていない種類の物権を，その合意によって新たに自由に創り出すことはできない，ということです。第二に，当事者は，民法その他の法律が定めている物権の内容を変更することはできない，ということです。民法175条が含むこれら2つの内容をあわせて，**物権法定主義**と呼びます。民法第2編の第3章から第10章までの各章の冒頭に，各種の物権の内容を説明する規定（いわゆる定義規定）が設けられているのは，民法175条を踏まえてのことです（たとえば，所有権の内容につき民法206条，抵当権の内容につき民法369条）。

　債権については，これに対応する条文は見当たりません。法律の規定に基づき発生する債権（いわゆる法定債権）については，あらかじめ債権の内容が定められています。たとえば，不法行為（民法709条）に基づき生じる債権の原則的な内容は，金銭による損害の賠償です（民法722条1項による417条の準用）。

　他方，契約に基づき発生する債権については，契約の当事者が原則としてその内容を自由に定めることができます。そもそも債権の内容は，人の何らかの行為ですが，人の行為にはいろいろなものがあります（たとえば，金銭の支払い，物の引渡しなどの作為や，深夜に部屋で一定の大きさを超える騒音を発しないことなどの不作為）。また，契約の当事者は，お互いの必要に応じて，原則として人のいろいろな行為を契約の内容とすることができなければ，契約によってお互いの求める利益を実現することはできません。このため，先の法定債権は別として，契約に基づき発生する債権の内容を民法その他の法律で事細かに定めておくことには，そもそも無理がありますし，実益もありません。

　それでは，民法が，物権について物権法定主義を採用したのはなぜでしょうか。

第一に，物権の種類を民法その他の法律が規定するものに限定すれば，民法典が制定される前，物につきまとっていた古くからの種々雑多な権利を整理することができます。そうすることで物を全面的に支配する権利としての所有権が生み出されれば，所有者が思いのままに所有物を活用することができ，国の経済活動が活発になる，と考えられたからです。

　第二に，物権の種類と内容を，民法その他の法律が規定するものに限定すれば，その分だけ，どのような物権が誰に属しているのかを第三者にわかるようにすること（これを公示といいます）が容易になります。そうすれば，物権の取引が円滑かつ安全に行われるだろう，と期待されたからです。

　すでに上で述べましたが，物権には，物支配の直接性，排他性，絶対性といった性質があり，権利者以外の者への影響が大きい権利といえます。このため，物権法定主義により，物権の種類を限定しその内容を明確にすることで，民法は，物権者とそれ以外の者の間で，物をめぐって無用の紛争ができるだけ生じないようにしています。

　ただし，物権法定主義に厳格に従うと，取引社会においてかえって不都合が生じることがあります。このため，今日では，物権法定主義はやや緩められ，民法その他の法律に規定がないにもかかわらず，物権としての扱いを受ける権利が，担保法の分野を中心に，判例によって認められています。

　以下では，民法典に規定されている10種の物権について，物権の分類を交えて整理しながら見ていきます。

▶2　所有権

　所有権とは，法令の制限内において，自由にその目的物の使用，収益および処分をする権利です（民法206条）。たとえば，皆さんが建物の所有権を有していれば，その建物に居住すること（使用）もできますし，他人に賃貸して賃料をとって利益を得ること（収益）もできますし，売却したり解体したりすること（処分）もできます。

　このように，所有権は，目的物の使用，収益および処分を可能にする権能を含んだ物権であって，物に対する包括的・全面的支配権として完全な物権と言われています。

▶3　制限物権

【1】　制限物権とは

　制限物権とは，所有権に含まれる権能のうち，目的物の使用および収益（以下縮めて「用益」といいます）を可能にする権能か，または目的物の処分を可能にする権能のいずれかを目的とする物権をいいます。民法典に規定されている10種の物権のうち，所有権と占有権を除いた残りの8種の物権は，制限物権にあたります。

　制限物権に属する物権は，一部の例外を除き，所有権を母体として成立します。その際，所有権に含まれるさまざまな権能のうち，目的物の用益を可能にする権能（用益権能）または目的物の処分を可能にする権能（処分権能）は，そのどちらかが制限物権によって制約を受けます。

　たとえば，ある土地について制限物権の1種である地上権（民法265条）が設定されると，その土地の所有権に含まれる権利のうち，土地の用益を可能とする権能（用益権能）が制約されるので，土地の所有者は，地上権が存続する限り，その土地を自ら使用することはできなくなります。ただし，その土地の所有権に含まれる権利のうち，土地の処分を可能とする権能（処分権能）は制約されないので，地上権の負担の付いたものとして，その土地を売ることができます。

　制限物権は，用益物権と担保物権の2つに大別されます。

【2】　用益物権とは

　用益物権とは，他人の土地について，その使用を可能にする権利を内容とする物権です。条文の文言からも明らかですが，他人の土地にしか成立しない物権であることに注意してください（他人の建物や動産には成立しません）。用益物権は，原則として，土地の所有者と用益物権を取得しようとする者との間の契約によって設定されます。民法典が定める用益物権は，地上権，永小作権，地役権および入会権の4種です。

　地上権とは，他人の土地において工作物（たとえば，建物や送電用の鉄塔，橋，トンネルなど）を設置したり，樹木を植えたりするために，他人の土地を使用する権利です（民法265条）。地上権は有償でも無償でも構いません。地上権が契約によって設定される場合，土地の使用料を支払うかどうかは，当事者の合意次第です。ただし，他人の土地を使用するにあたり，地上権が設定されることは少なく，賃借権によるのが一般的であると言われています。

　永小作権（えいこさくけん）とは，小作料を支払って他人の土地で耕作または牧畜をする権利

です（民法270条）。地上権とは異なり，永小作権は有償でなければなりません。ただし，地上権と同様に，農業用地として他人の土地を使用する際には，永小作権ではなく，農地賃借権によるのが一般的です。

地役権とは，自己の土地の便益のために他人の土地を直接に使用する権利です（民法280条）。地役権は，たとえば，他人の土地を通路として利用したい場合（いわゆる通行地役権）や，他人の土地を通って水を引きたい場合（いわゆる用水地役権，民法285条），さらには，自分の所有する土地からの眺めを他人の土地の上の建物等によって遮られないようにしたい場合（いわゆる眺望地役権）などにも用いられます。

入会権とは，一定地域の住民が，共同して，一定の山林原野などから，雑草，きのこ，まぐさ，薪や炭の原料となる雑木などを採取するなどの一定の用益をする慣習上の権利です。入会権は，民法が制定された当時，わが国の各地で広く行われ，住民の生活に密着した権利でした。このため，民法の起草者は，当初，入会権について詳細な規定を置くことを考えましたが，入会権に関する慣習が各地で大きく異なっていたことから，民法典に入会権について詳細な規定を置くことを断念し，つぎのような簡単な規定を設けました。

それは，まず，問題の土地に入会権に関する慣習があれば，その慣習によって入会権の内容が定まり，ついで，慣習がなければ，「共有の性質を有する入会権」（民法263条）にあたれば共有の規定を，「共有の性質を有しない入会権」（民法294条）にあたれば地役権の規定を，それぞれ準用する，というものです。

入会権の特徴としては，一定地域の住民による団体（これを入会団体といいます）が決定した用益の方法に従って住民は用益すること，住民は自己の用益権能を処分することができないこと，住民はその資格を失えば当然に用益権能を失うこと，などが挙げられます。

【3】 担保物権とは

担保物権とは，債権を担保するため，目的物の処分を可能とする権利を内容とする物権です。債権の担保とは，ある特定の債権だけが優先的に弁済を受ける地位を確保されていること，またはそのための手段を意味します。

担保物権は，法律の規定に基づいて要件を充たせば当然に発生するもの（法定担保物権）と，物の所有者やその他一定の権利者と担保物権を取得しようとする者との間の契約によって設定されるもの（約定担保物権）とに分類されます。民法典が定める担保物権には，留置権，先取特権，質権および抵当権の

4種があります。これらのうち，留置権と先取特権は法定担保物権に，質権と抵当権は約定担保物権に分類されます。

担保物権については，10章で改めてくわしく取り上げます。

▶4　占有権

占有権とは，一定の態様で物を事実上支配している状態（これを占有といいます）に一定の法的保護を与える権利です。

占有権は，「自己のためにする意思」をもって物を「所持」することによって取得されます（民法180条）。

「物の所持」とは，ある物がある人の支配に属していると客観的に認められる状態をいうとされます。また，「自己のためにする意思」（これを占有意思といいます）とは，ある物の所持による利益を自分に帰属させようとする意思をいうとされます。たとえば，皆さんが今，この本を買って，あるいは誰かから借りて，持っているならば，この本について「所持」があり，「自己のためにする意思」もあるので，この本について占有権を有しています。一般の人からしばしば驚かれることですが，物を盗んだ者にも，物の所持と自己のためにする意思があるとされるため，盗品について占有権が成立します。

なお，占有権は，代理人によっても取得することができます（民法181条）。たとえば，Aがその所有する1台のノートパソコン（甲）をBに賃貸しているとします。このとき，当然，Bは，甲を賃借して使っているという事実から，甲について所持と自己のためにする意思を有しているので，甲について占有権を取得します。しかし，それだけでなく，賃貸人であるAもまた，民法181条により，間接的ながら「（占有）代理人」であるBを通じて甲の所持を有しているとされ，かつ自己のためにする意思も有しているので，甲について占有権を取得します。

ところで，占有権を除く他の物権はどれも，その権利の内容の範囲内で，物権者が自由に目的物を用益したり処分したりすることを可能とし，また，そのことを法的に正当化するものでした。したがって，そのような物権を有する者は，目的物の用益や処分によって実現した利益を自己のものとして保持することができ，誰かにその利益を不当利得（民法703条以下）として返還する義務を負うことはありません。また，そのような物権の内容に物権者が目的物を占有することが含まれていれば，物権者は目的物の占有を保持することができ，占

有を妨害する者に対しては，後で述べる物権的請求権によってその妨害の除去を請求することができます。

これに対して，占有権は，物の占有がありさえすれば，それに一定の法的保護を与えるだけの物権です。目的物の占有を正当化する権利（これを本権といいます。本権には，物権に限らず，賃借権などの債権も含みます）を有する者（本権者）がもし他にいるならば，その本権者との関係では，占有者が目的物を占有することは，とりもなおさず違法です。そのような占有者は，本権の内容に応じて，本権者に目的物を返還したり，目的物から得た利益を不当利得として返還したり，本権者に損害賠償をしたりしなければなりません。

ところが，占有者が物を占有するに至った理由や状況はさまざまであり，本権者が他にいるからと言って，占有者が常に一方的に責任を負うべきであるとするのは，占有者にとってかえって過酷な結果ともなりかねません。そこで，民法は，問題となる状況に応じて，占有者と本権者の利益のバランスをとりながら，占有者に一定の法的保護を与えています。

それでは，民法はなぜ，物の占有があればそれだけで，一定の範囲とはいえ，占有権に基づき法的保護を与えているのでしょうか（上で述べた盗人の例からすると，盗人に占有権を認める必要などないではないか，とも思われます）。その理由づけはさまざまですが，古くから言われるのは，つぎの理由づけです。すなわち，物の権利関係をめぐる紛争があったとき，誰が権利者かは必ずしも明らかであるとは限らない。当事者の一方の主張のみに基づいて自力救済を許せば，公的な手続きによってその当事者の主張が正しいかどうかが確認されないため，相手方が承服しなければ，さらなる実力行使を招いて紛争が収まらず，社会秩序はいつまでも不安定なままとなる。そこで，物に対する事実上の支配（すなわち占有）を現状としてひとまず保護しつつ，物の権利関係をめぐる紛争は裁判などの公的な手続きで解決し，平穏な社会秩序を実現する。以上の理由づけは，秩序維持説と呼ばれます。

ただし，現在では，平穏な社会秩序は，実際には占有権よりもむしろ，刑事法や刑事手続によって実現されており，秩序維持説だけで占有権の存在意義を説明しつくすことはできないと考えられています。このため，占有権の存在意義については，他にいくつかの理由づけが主張されています。

❸ 物権的請求権とは

▶*1* 物権の内容の実現が妨げられたら

　物権の内容は，通常，その内容通りに実現します。皆さんが土地を所有していれば，たいていは，問題なく，その土地を自ら使用したり，他人に賃貸して利益を得たり，他人に売り渡して代金を得たりすることができるはずです。

　しかし，物権の内容の実現が何らかの事情で妨げられることがあります。たとえば，皆さんが土地を所有していて，その上で有料駐車場を経営していたとしましょう。ある朝，その駐車場の一角に，廃車同然の自動車が無断で放置されているのを皆さんは発見しました。その一角に限って言えば，その自動車が放置されているせいで，皆さんは土地を賃貸することができません。土地の所有権の内容のうち，土地の収益権能が妨げられているといえます。

　それでは，皆さんの土地の上に放置された自動車の所有者が誰かわかったとき，皆さんはその所有者に対して何を求めるでしょうか。おそらく，まずは自動車の撤去を求めるでしょう。そのとき皆さんがとりうる主な法的手段が，**物権的請求権**（この場合は，土地の所有権に基づく妨害排除請求権）です。

　物権的請求権とは，他人が，ある物権の内容の実現を妨害し，または妨害するおそれがある場合に，その物権を有する者（物権者）が，妨害の排除または予防のために必要な一定の行為をなすことを，その他人に対して請求する権利です。

▶*2* 物権的請求権の種類

　物権的請求権は，つぎの3つに分類されます。すなわち，物権的返還請求権，物権的妨害排除請求権，そして物権的妨害予防請求権です。

　まず，(物権的)返還請求権とは，他人が，物権の対象である特定の物を，その占有を正当化する権利（これを権原といいます）なく占有する（言い換えると，占有を奪った）場合に，その物権を有する者が，その他人に対して，その物の返還を求める権利です。

　所有権を例にとると，Bが，Aからその所有するノートパソコン1台（甲）を盗んだ場合，Aは，甲の占有を奪われるので，甲の所有権に基づき，盗人Bに対して，甲の返還を請求することができます。

　次に，(物権的)妨害排除請求権とは，他人が，占有を奪うこと以外の方法で

物権の内容の実現を妨害している場合に，その物権を有する者が，その他人に対して，妨害の除去を求める権利です。

やはり所有権を例にとると，Bが，その所有する建物（乙）を，その敷地との間の境界線を越えてAの所有する隣地（甲）の上にAに無断で建ててしまった場合，Aは，乙によって甲の占有は奪われていませんが，甲の用益権能を妨害されています。そこで，Aは甲の所有権に基づき，Bに対して，甲に対する妨害の除去（具体的には，乙のうち境界線を越えている部分を取り除くこと）を請求することができます。

最後に，（物権的）妨害予防請求権とは，他人が，物権の内容の実現を妨害するおそれがある場合に，その物権を有する者が，その他人に対して，妨害のおそれを生じさせている原因を除去して，妨害を未然に防ぐ措置をとることを求める権利です。

以上の3種の請求権にいう「物権的」とは「物権に基づく」あるいは「物権を根拠とする」を意味します。

ただし，各種の物権の内容に応じて，3種すべての物権的請求権が認められることもあれば，そうでないこともあります。たとえば，所有権には，3種すべての物権的請求権が認められます。物権的請求権は，各種の物権に基づく請求権のうちでも，とりわけ所有権に基づく請求権を典型例として説明されることが一般的です。上で紹介した例はどれも，所有権に基づく請求権の例です。

これに対して，抵当権については，抵当権者が目的物を占有することがその内容には含まれず（民法369条参照），抵当権に基づく返還請求は問題となりません。

なお，占有権については，その物権性が疑問視される上に，占有権の内容の実現に対する妨害を取り除く手段として占有の訴えがあるため，物権的請求権は認められません。

▶3　物権的請求権の根拠

ところで，民法典には，物権的請求権の直接の根拠となる明文の規定はありません。そこで，物権的請求権の根拠をどのように説明するかが，かつては問題とされてきました。

物権的請求権の条文上の根拠（間接的なものですが）を探すと，まず，民法202条は占有の訴えとは別に「本権の訴え」を認めていることが挙げられます。本権については先ほど触れました。ここにいう「本権の訴え」は物権的請求権

を意味すると説明されます。

　つぎに，占有権について見ると，その権利の内容実現に対する妨害を取り除くために，占有者に各種の占有の訴え（民法197条以下）が認められています。ここから，それよりも強力な，本権である物権についても，当然，その権利の内容実現への妨害を取り除くため，相応の法的手段が認められるべきであると説明されます。

　物権的請求権の理論上の根拠は，物権に基づく直接の物支配の実現にあります。すなわち，物権に基づく直接の物支配の実現が妨げられている場合には，物権者は，その妨害を排除したり，これを予防したりすることができなければなりません。なぜなら，物権者が，権利の対象である物を直接に支配することができず，使用収益を妨げられる結果，その目的物から利益を受けることもできないとなれば，物権の意味がなくなるからです。そこで，物権の対象である物に対する直接の支配を回復するための権利として，物権者に物権的請求権が認められなければなりません。

▶4　物権的請求権の法的性質

　物権的請求権の法的性質としては，次のことが一般的に認められています。

　まず，物権の内容の実現が妨害されている状態，またはその状態が発生するおそれが，客観的にありさえすれば，物権的請求権は成立します。それゆえ，物権の内容の実現を妨害し，または妨害するおそれのある者に故意または過失があろうとなかろうと，物権的請求権は成立します。したがって，物権的請求権の相手方が，自分としては妨害するつもりはなかった，あるいは，自分としては取引上や社会通念上要求される一切の注意を払ったが，天災などが原因で妨害の防止自体がそもそも不可能であった，と反論しても，物権的請求権は成立します。

　つぎに，物権的請求権は，その根拠とされる物権と，常に運命を共にします。それゆえ，物権が譲渡されれば，物権的請求権も譲渡されます。また，物権的請求権は，物権から独立して消滅時効にかかりません。このことを所有権に基づく請求権について見れば，所有権は時効によって消滅しない（民法166条2項参照）ので，所有権に基づく請求権もまた，時効によって消滅しません。

【小松昭人】

★トピック06　法務局ってなにをするところ？

　法務局の前身である「司法事務局」は，1947（昭和22）年5月3日，日本国憲法および裁判所法の施行と同時に，裁判所から独立して発足しました。その後，1949（昭和24）年6月1日，現在の「法務局及び地方法務局」に名称を改め，法務省の地方支分部局の1つとして現在に至っています（法務省設置法15条，18条〜20条）。法務局が担当する主要な事務のうち，民法と関わりが深いのは，つぎの3つです。

　①登記事務　　登記とは，取引にかかわる一定の重要な事項を，「登記官」と呼ばれる法務局職員が「登記簿」と呼ばれるファイルに記録し，一般に公開すること，またはその記録そのものをいいます。取引にかかわる一定の重要事項で民法と関わりが深いのが，不動産（土地および建物）です。不動産を対象とする登記を「不動産登記」といいます。法務局は，「登記所」として，不動産登記に関する事務を担当します（不動産登記法6条1項）。不動産登記については，09章で説明します。

　②戸籍事務　　戸籍とは，日本国民の一人一人についての，出生してから死亡するまでの身分関係（親子関係や夫婦関係など）を公的に記録したものをいいます。戸籍に関する事務は市区町村が担当しています（戸籍法1条・4条）。民法は，一定の身分関係（たとえば，夫婦関係）の発生や消滅の原因の成立要件の1つとして，当事者に届出を義務づけています（たとえば，婚姻の成立につき，民法739条）が，その届出事項や手続きは戸籍法が規定しています（たとえば，婚姻届につき，戸籍法74条）。法務局は，戸籍の副本を保存する（戸籍法8条2項）ほか，事務が全国で統一的に処理されるように，管轄区域内の市区町村に対して助言や勧告，指示などを行います（戸籍法3条2項）。

　③供託事務　　供託とは，法令の規定により，金銭，有価証券その他の物品を供託所または一定の者に寄託することをいいます。法務局は，「供託所」として，供託に関する事務を担当しています（供託法1条）。供託をする場合は，各種の法令により定められています。

　しばしば利用されるのが，債務の消滅のためにする弁済の目的物の供託（民法494条以下）です。債務者が，債権者に対して債務の履行のため弁済の提供（たとえば，売主への売買代金の持参や賃貸人への賃料の持参）をしたところ，債権者が何らかの理由でその受領を拒んだとします。そのまま債権者に受領してもらえない状態が続くと，債務者は債務不履行の責任を問われてしまいます。そのような事態を避けるため，債務者は，弁済の目的物（売買代金や賃料相当額の金銭）を供託所である法務局に供託することができ，供託をした時に，その債権（売買代金債権や賃料債権）は消滅します（民法494条1項）。これにより，債務者は債務不履行の責任を免れることができます。他方で，債権者は，供託された弁済の目的物の還付を請求することができます（民法498条1項）。

　このように，法務局は，われわれの暮らしに密接に関わっています。卒業後の進路の1つとして，国家公務員となって法務局で働くことを目指してみてはいかがでしょうか。

【小松昭人】

09章 物権変動

わたしの家では今度，念願のマイホームを買うのだけど，いろいろな手続きがあって，お父さんもお母さんも大変そう。そもそも土地や建物の所有権は，どうやって取得するんだろう？

❶ 物権変動とは

▶1 物権変動の定義

　物権変動とは，権利を主語として表現すれば，物権が発生したり，変更したり，消滅したりすることをいいます。権利の主体を主語として表現し直せば，人が物権を取得したり，変更したり，喪失したりすることといえます。

　やや表現は異なりますが，民法177条にいう「物権の得喪及び変更」は，上で述べた定義の権利の主体を主語とする表現からすると，まさに物権変動を意味します。

　物権変動の最もわかりやすい例は，物の売買を原因とする目的物の所有権の移転です。例を2つ，挙げておきます。

【例1：AB間の不動産の売買契約】　Aは，1個の不動産（甲）を所有している。Aは，甲をBに1億円で売り渡す旨の契約を，Bと締結した。
【例2：AB間の動産の売買契約】　Aは，1台のノートパソコン（乙）を所有している。Aは，乙をBに3万円で売り渡す旨の契約を，Bと締結した。

　【例1】は不動産の売買の事例，【例2】は動産の売買の事例ですが，どちらも所有権という財産権の移転を目的としています（民法555条参照）。したがって，1筆の土地（甲）にしても，1台のノートパソコン（乙）にしても，物の売買契約がAB間で有効に成立すると，どこかの時点（たとえば，契約が成立した時点か，BがAに代金を支払った時点か，あるいはAがBに目的物を引き渡した時点か）において，土地またはノートパソコンの所有権という財産権が，売主Aから買主Bに移転します。このとき，一方では，Aは移転により所有権を喪失し，他方で，Bは移転により所有権を取得しますが，これらはまさに物権変動です。ただし，物権変動においては，目的物をめぐって誰にその物権が属するのかが争われることがほとんどであるため，取得（権利を主語とした表現を採れば「発生」）の面

から問題とされるのが一般的です。以下では，物権変動の具体例として，所有権の取得（権利を主語とした表現を採れば「所有権の発生」）を主にイメージしてください。

物権変動のその他の例としては，すでに学んだところで探せば，用益物権（地上権，永小作権，地役権）や約定担保物権（質権，抵当権）の設定があります。すなわち，用益物権や約定担保物権の設定を目的とする法律行為（一般には設定契約）によって，用益物権者や約定担保物権者は，目的物について用益物権や約定担保物権を取得します。

なお，自己の所有物に用益物権や約定担保物権を設定した者は，設定行為によって用益物権や約定担保物権の負担は付きますが，目的物の所有権を有しています。

▶2　物権変動の原因

【1】 物権変動には必ず原因がある

物権変動は必ず，何らかの原因を法律要件とし，それに対する法律効果として生じます。言い換えると，何らかの原因がない限り，物権変動は生じません。

【2】 物権変動の原因はさまざま

物権変動の原因はさまざまです。ここですべてを取り上げることはできませんが，物権変動の分類を通じて，物権変動の原因にどのようなものがあるのか，以下，大まかに見通しをつけておきます。

物権変動は，その原因に応じて，つぎに見る通り，法律行為によるものと法律行為によらないものの2つに大別されます。

【3】 法律行為による物権変動

法律行為による物権変動のうち最も重要なのは，契約による物権変動です。ここでは，物権の取得（とりわけ，所有権の取得）の原因となるものを挙げておきます。すなわち，贈与（民法549条），売買（555条），交換（586条），消費貸借（587条），請負（632条）です。それぞれの契約の内容については，引用した条文を参照してください。

なお，物権変動の原因となる法律行為は，契約に限りません。取消し（民法120条以下），解除（540条以下），遺贈（964条）などの単独行為もまた，物権の取得の原因となります。注意しましょう。

【4】 法律行為によらない物権変動

法律行為によらない物権変動もまた，さまざまです。ここでは，法律行為以外の原因で，物権の取得の原因となるものを見ておきます。すなわち，取得時効（民法162条，163条），即時取得（192条），無主物の帰属（239条），遺失物の拾得（240条），埋蔵物の発見（241条），付合（242条〜244条），混和（245条），加工（246条），相続（896条）などです。それぞれの原因がどのようなものかについては，引用した条文を参照してください。

▶3　（物権変動における）意思主義

法律行為による物権変動，とりわけ契約による物権変動は，毎日の生活の中で皆さんが欲しい物を手に入れるときに，必ずと言ってよいほど生じています。それでは，皆さんは，何か物を買った際に，どのようにしてその所有権を取得しているのでしょうか。

ここでは，法律行為による物権変動のうち，とくに契約による物権変動を取り上げ，それがどのようにして生じると民法では考えられているのかを説明します。なお，契約以外の法律行為による物権変動および法律行為によらない物権変動がどのようにして生じるかは，それぞれの物権変動の原因ごとに異なります。物権変動の原因に即して学んでください。

まず，法律行為による物権変動については，原因となる法律行為が成立しかつ有効であればそれだけで物権変動が生じ，その他に何の形式も必要としない，という法律上の考え方があります。これを（物権変動における）意思主義といいます。わが国の民法は，この意思主義を採用しています。

すなわち，民法176条には，「物権の設定及び移転は，当事者の意思表示のみによって，その効力を生ずる」とあります。「物権の設定及び移転」とは，売買や地上権設定等の契約に基づく物権変動を意味し，「その効力を生じる」とは，実際に物権変動が生じることを意味します。この条文の重要な部分は，「当事者の意思表示のみによって」とあるところです。物の売買を例にとれば，売買における目的物の所有権移転は，当事者，すなわち売主と買主の有効な「意思表示」がありさえすればそれだけで，生じるとされます。

そこで問題となるのは，民法176条にいう当事者の「意思表示」が何を意味するか，です。見解は分かれていますが，判例および通説は，民法176条にいう「当事者の意思表示」とは物権変動の原因となる法律行為を意味するものと

解釈しています。上で述べた物の売買の例でいえば，売主と買主の間で締結された売買契約が，それにあたります。

なお，形式という意味では，目的物の所有権移転登記の手続や引渡し，代金の支払いなどは，売主から買主への目的物の所有権の移転を生じさせるためには必要ではありません。わが国の民法は，法律行為による物権変動について，その原因となる法律行為の成立に加えて，さらに法が定める形式まで備えなければ物権変動は生じない，とする考え方（**（物権変動における）形式主義**）を採用していません。このため，判例および通説によれば，上で述べた物の売買の例で，売買契約が成立し有効であれば直ちに，つまり，契約締結に続いて行われる目的物の所有権移転登記の手続や引渡し，代金の支払いを待たなくても，目的物の所有権移転が生じることになります。そこで，一部の学説は，そのような結論は，買主が売買代金債務を履行するまでは目的物の所有権は保持しておきたい，という売主の期待を妨げるものであり，取引の常識に反すると批判します。

もっとも，実際には，当事者は，必要に応じて，所有権移転の時期について特別の合意（特約）をすることで，契約の成立と同時に目的物の所有権が売主から買主に移転するという結果を回避しています。このため，判例および通説に対する批判は当たらず，実際上不都合はないと言われています。

❷ 物権取得の仕方

▶1 物権はどのような仕方で取得されるか

物権変動のうち，とりわけ物権の取得が実際には問題となることは，すでに述べました。ここでは，物権はどのような仕方で取得されるかを説明します。物権取得の仕方は，つぎの2つに大別されます。

▶2 承継取得

承継取得とは，他人（前主）が有する物権に基づいて，物権を取得することをいいます。承継取得の特徴は，ある物権が承継取得されると，その物権に付着している権利，負担，瑕疵なども一緒に引き継がれる点にあります。古代ローマ法のことわざに「何人も自己の有しない権利を他人に与えることはできない」（つまり，自己の有する権利の範囲内でなら，他人に権利を与えることはできる）というものがあります。このことわざからも窺えるように，承継取得は，物権

取得の正常かつ原則的な仕方といえます。

　承継取得はさらに，移転的承継と設定的承継の2つに大別されます。

　移転的承継とは，前主から後主に物権がそのまま移ることをいいます。民法176条にいう「移転」とは，移転的承継のことを意味します。移転的承継の原因には様々なものがありますが，これまで学んだところで探すと，その典型例は物の売買です。先の【例1】および【例2】では，1筆の土地（甲）にしても，1台のノートパソコン（乙）にしても，物の売買がＡＢ間で成立すると，その契約が有効であれば，判例および通説によれば，契約が成立した時点で，土地またはノートパソコンの所有権という財産権が，前主である売主Ａから，後主である買主Ｂにそのまま移転します。移転的承継を生じさせる物権変動の原因には，法律行為だけでなく，それ以外の原因も含まれます（たとえば，相続はこれにあたります）。なお，移転的承継のうち，売買に基づく売主から買主への所有権移転などのように，人の意思に基づいて物権が移ることを，とくに譲渡といいます。この言葉は，民法178条で用いられています。

　これに対して，設定的承継とは，前主の物権に含まれる権能の一部を，後主が取得することをいいます。民法176条には「物権の設定及び移転」とありますが，ここにいう「設定」とは，設定的承継のことを意味します。地上権，永小作権および地役権は，前主の土地所有権の用益権能の一部として，取得されます。抵当権は，前主の不動産について，その所有権，地上権や永小作権の処分権能の一部として，取得されます。設定的取得の原因のうち最も重要なものは，法律行為（特に設定行為と呼ばれます）です。たとえば，地上権や抵当権の設定行為（通常は，設定契約）は，地上権や抵当権の設定的取得の原因です。

▶3　原始取得

　原始取得とは，前主の権利とは無関係に，物権を取得することをいいます。原始取得の特徴は，ある物権が原始取得されると，これと内容が両立することのない権利が，反射的に消滅する点にあります。他の権利を反射的に消滅させる原始取得の原因にはさまざまなものがありますが，取得時効（民法162条，163条）や即時取得（192条）は，その有名な例です。ただし，原始取得の原因のうちには，他の権利を反射的に消滅させないものもあります（たとえば，無主物の帰属，民法239条）。

▶4　承継取得と原始取得を区別する意味

　皆さんがある人（前主）から物権を取得するにあたって，前主がそもそも権利者なのか，それとも無権利者なのか。そのこと自体，実際の紛争では最初から明らかであるとは限りません。物権取得の仕方が承継取得なのか，それとも原始取得なのかが問題となるのは，そのような場合です。前主が権利者であれば，皆さんは，権利者である前主から，その権利の範囲で物権を承継取得することができます。

　これに対して，前主が無権利者であれば，承継取得を前提とする限り，皆さんは，無権利者である前主から，物権を承継取得することはできません。そこで，問題となる事実関係に応じて，どのような原因に基づけば物権の原始取得が可能かを，さらに検討していく必要があります。このことについては，後に公信の原則との関係で，くわしく見ていきます。

❸　物権変動の公示とは

▶1　（物権変動に関する）公示の原則

　（物権変動に関する）公示の原則とは，物権変動は，その存在を外部に認識させるものを伴わなくてはならない，とする考え方をいいます。そして，物権変動があったことを外部に認識させるもののことを公示方法（もしくは公示手段）と呼びます。

▶2　物権変動の公示はなぜ必要か

　物権変動に公示が必要とされるのはなぜでしょうか。それは，物権が排他性という性質を備えている上に，そのような物権の変動をわれわれは直に目で見ることができないからです。以下，くわしく説明します。

　物権の排他性については，前章で説明しましたが，同一の物について同じ内容の物権が複数成立することはない，という性質をいいます。たとえば，先の【例1】において，Aがその所有する土地（甲）をBだけでなく，後にCにも売り渡したとしましょう。これにより，BからAが甲の所有権を取得すると，甲にはBの所有権が成立します。CがAから甲を買い受けようとしても，もはや甲にはBの所有権が成立しており，それと同じ内容であるCの所有権が成立する余地はありません。このような物権（ここでは，所有権）の排他性のために，

CはAから甲の所有権を承継取得することはできません。

　もっとも，物権の排他性を貫いていくと，別の問題が生じます。AからBへの甲の所有権移転は，通常は，その当事者であるAとB以外の者にはわかりません。このため，Cは，AからBへの甲の所有権移転の存在を知らずに甲の売買をAとの間で締結してしまうと，Aから甲の所有権を取得することができず，予想外の損失を被るおそれがあります。われわれは，どのような物についても，物権変動それ自体を直接目で見ることはできません。とりわけ物権変動の当事者以外の第三者にとっては，物権変動の存在がわからないままだと，誰が物権者で誰を相手に物権の取引をしてよいかわからず，安心して取引をすることができなくなってしまいます。

　そこで，民法は物権変動について公示の原則を採用しています。すなわち，民法は，物権取引の安全を確保するため，物権変動の当事者（とりわけ，物権取得者）に対して，物権変動が生じたときにはこれを法が定める方法で公示し，当事者以外の第三者が物権変動の存在を認識することができるようにしておくことを要求しています。

▶3　公示方法にはどのようなものがあるか

　その上で，民法は，物権変動が備えなくてはならない公示方法を，不動産と動産とで分けて定めています。

　すなわち，不動産物権変動の公示方法は「登記」です（民法177条）。**(不動産)登記**とは，不動産の客観的状況（所在地，地番，地目，地籍，建物であればさらに家屋番号，建物の種類，構造，床面積）と，不動産に関する一定の権利関係を不動産登記簿に記録すること，またはその記録自体をいいます。

　登記に関する事務は，登記所という国の行政機関（法務省に属します）および登記官という国家公務員が担当します。登記は，登記官が登記簿に登記事項を記録することによって，行われます。先の【例1】で，Bが，AからBへの甲の所有権移転登記の手続きをしたいのであれば，甲を管轄する登記所またはオンラインで，Aの協力を得て，AからBへの甲の所有権移転登記の申請をしなければなりません（実際には，AとBが双方とも同じ司法書士に申請手続きを委任するのが，一般的です）。

　登記手続きが完了すると，登記官は，権利に関する登記をすることによって登記上権利者として記録された者（登記名義人。【例1】でいえば，AB間の売買を

原因とする甲の所有権移転登記をすることによって，登記記録上，甲の所有者と記録された買主B）に登記識別情報（アルファベットとアラビア数字その他の符号の12文字の組み合わせ）を通知します。これは，従来の登記済証（いわゆる権利証）に代わるもので，登記名義人は，次回の登記申請の際に，自分が本当に登記名義人本人であるかどうかを確認するための証拠として提供しなければなりません。
【例1】でいえば，Bは，売買によるAからBへの甲の所有権移転登記の手続きをしたことによって，甲の所有権について登記名義人となっています。そのBが，たとえば，Xに甲を売り渡したときには甲についてBからXへの所有権移転登記の申請を，あるいは，Xのために甲に抵当権を設定したときにはXへの抵当権設定登記の申請を，Xと共同でしなければなりません。そのどちらの申請の際にも，Bは，AからBへの甲の所有権移転登記の際に通知を受けた登記識別情報を提供する必要があります。

　　ある不動産物件（ここでは「物」を指すので「物件」です。言うまでもなく，「権利」を指すときは「物権」です）について，もし皆さんがその権利関係を知りたいと思えば，手始めに登記から調べていくのが一般的です。皆さんは，どの不動産物件についても，登記所で所定の手数料を支払えば，登記事項証明書（→土地については108頁の**見本モデル1**を，建物については109頁の**見本モデル2**をそれぞれ参照）の交付を受けることができます。皆さんは，その記載事項を通じて，その物件について一定の権利関係の存在を知ることができます。ただし，制度の改善が進む一方で，後に述べますが，登記を完全無欠の公示方法であると絶対的に信頼するのは危険です。そもそも，ある不動産物件について登記を通じて権利関係の存在を知ることができるのは，あくまで登記されているものに限られることに注意しましょう。

これに対して，動産物権変動の公示方法は「引渡し」です（民法178条）。引渡しとは，当事者による占有権の譲渡（もしくは占有の移転）を目的とする行為をいいます。不動産物権変動の対抗要件である登記とは異なり，動産物権変動の対抗要件である引渡しは，動産物権変動の当事者によって行われ，国の行政機関や国家公務員はこれに関わりません。

占有権の譲渡については，民法は4つの方法を規定しています。

第一に，現実の引渡し（民法182条1項）です。皆さんが「引渡し」という言葉からまずイメージするのは，この方法でしょう。たとえば，【例2】でBがAから乙を手渡されたならば，乙に対する事実上の支配（所持）はBが行うようになるので，Aから乙の現実の引渡しがあったといえます。また，マンションの売買で売主が買主に玄関の鍵を引き渡した場合も，マンションに対する事

資料①　見本モデル1　不動産登記　全部事項証明書（土地）

＊　資料①，②は法務省HP掲載の様式見本を参考に作成し直した。

表　題　部（土地の表示）		調製	余白		不動産番号	00000000000
地図番号	余白		筆界特定	余白		
所　在	兵庫県神戸市中央区港町一丁目				余白	
① 地　番	② 地　目		③ 地　積　　m²		原因及びその日付	
101番	宅地		300｜00		不詳〔平成30年10月14日〕	
所有者	兵庫県神戸市中央区港町一丁目1番1号　有　瀬　次　郎					

権　利　部（甲区）（所　有　権　に　関　す　る　事　項）			
順位番号	登記の目的	受付年月日・受付番号	権利者その他の事項
1	所有権保存	平成30年10月15日第637号	所有者　兵庫県神戸市中央区港町一丁目1番1号　有　瀬　次　郎
2	所有権移転	平成30年10月27日第708号	原因　平成30年10月26日売買所有者　兵庫県神戸市中央区港町一丁目5番5号　神　院　太　郎

権　利　部（乙区）（所　有　権　以　外　の　権　利　に　関　す　る　事　項）			
順位番号	登記の目的	受付年月日・受付番号	権利者その他の事項
1	抵当権設定	平成30年11月12日第807号	原因　平成30年11月4日金銭消費貸借同日設定債権額　金4,000万円利息　年2.60％（年365日日割り計算）損害金　年14.5％（年365日日割り計算）債務者　兵庫県神戸市中央区港町一丁目5番5号　　　　　神　院　太　郎抵当権者　兵庫県神戸市中央区海岸通40　　　　　株　式　会　社　神　港　銀　行　　　　　（取扱店　港町支店）共同担保　目録(あ)第2340号

共　同　担　保　目　録					
記号及び番号	(あ)第2340号			調製	平成30年11月12日
番　号	担保の目的である権利の表示		順位番号	予　　備	
1	兵庫県神戸市中央区港町一丁目　101番の土地		1	余白	
2	兵庫県神戸市中央区港町一丁目　101番の土地家屋番号　101番の建物		1	余白	

　これは登記記録に記載されている事項の全部を証明した書面である。

平成31年3月27日
神戸地方法務局港町出張所　　　　　登記官　　　　法　務　太　郎

＊下線のあるものは抹消事項であることを示す。　　整理番号　D23990　（1/1）　1/1

資料② 見本モデル2 不動産登記 全部事項証明書(建物)

表　題　部 (主である建物の表示)		調製	余白		不動産番号	00000000000
所在図番号	余白					
所　在	兵庫県神戸市中央区港町一丁目　101番地					
家屋番号	101番					
①種　類	②構　造	③床　面　積		m²	原因及びその日付〔登記の日付〕	
居宅	木造かわらぶき2階建	1階 2階	80 70	00 00	平成30年11月1日新築〔平成30年11月12日〕	

表　題　部 (附属建物の表示)						
符号	①種類	②構　造	③床　面　積		m²	原因及びその日付〔登記の日付〕
1	物置	木造かわらぶき平屋建		30	00	〔平成30年11月12日〕
所有者	兵庫県神戸市中央区港町一丁目5番5号　神　院　太　郎					

権　利　部（甲区）(所有権に関する事項)			
順位番号	登記の目的	受付年月日・受付番号	権利者その他の事項
1	所有権保存	平成30年11月12日 第806号	所有者　兵庫県神戸市中央区港町一丁目5番5号　　　神　院　太　郎

権　利　部（乙区）(所有権以外の権利に関する事項)			
順位番号	登記の目的	受付年月日・受付番号	権利者その他の事項
1	抵当権設定	平成30年11月12日 第807号	原因　平成30年11月4日金銭消費貸借同日設定 債権額　金4,000万円 利息　年2.60％（年365日日割り計算） 損害金　年14.5％（年365日日割り計算） 債務者　兵庫県神戸市中央区港町一丁目5番5号　　　神　院　太　郎 抵当権者　兵庫県神戸市中央区海岸通40　　　株　式　会　社　神　港　銀　行 　（取扱店　港町支店） 共同担保　目録(あ)第2340号

共　同　担　保　目　録				
記号及び番号	(あ)第2340号		調製	平成30年11月12日
番　号	担保の目的である権利の表示	順位番号	予　　備	
1	兵庫県神戸市中央区港町一丁目　101番の土地	1	余白	
2	兵庫県神戸市中央区港町一丁目　101番の土地 家屋番号　101番の建物	1	余白	

これは登記記録に記載されている事項の全部を証明した書面である。

平成31年3月27日
神戸地方法務局港町出張所　　　　　登記官　　　法　務　太　郎

＊下線のあるものは抹消事項であることを示す。　　　整理番号　D23992　(1/1)　1/1

実上の支配（所持）を買主が行うようになったので，買主へのマンションの現実の引渡しにあたります。

第二に，簡易の引渡し（民法182条2項）です。【例2】で，Bが，Aから乙を無償で借りて使っているうちに乙を気に入り，Aから乙を買い受けたとします。Bはすでに乙に対する事実上の支配（所持）は得ています。このとき，Bは，簡易の引渡しにより，あとはAとの合意だけで，Aから乙の引渡しを受けたとされます。

第三に，占有改定（民法183条）です。【例2】で，Aが，乙をBに売り渡した後もしばらくの間，Bから乙を借りて使い続けることになったとします。このとき，Bは，占有改定により，Aが以後Bの占有代理人として乙に対する事実上の支配（所持）を行うことをAと合意するだけで，Aから乙の引渡しを受けたとされます。

第四に，指図による占有移転（民法184条）です。【例2】で，Aが乙をBに売り渡した時点でCに貸していたとします。このとき，指図による占有移転により，AがCに対して，以後，Bのために乙に対する事実上の支配（所持）を行うように指図をし，CがAの指図を承諾すれば，BはAから乙の引渡しを受けたとされます。

なお，動産物権変動については，公示方法として動産譲渡登記という仕組みも用意されています。しかし，それを利用できるのは法人に限られており，誰もが利用できる一般的な公示方法ではありません。

▶4　公示方法を備えていない物権変動はどのように取り扱われるか

物権変動に関する公示の原則によれば，物権変動は公示方法を備えなくてはなりません。つぎの問題は，公示方法を備えていない物権変動は，民法上どのように取り扱われるべきか，です。以下，不動産物権変動の場合を例にとって考えてみましょう。

先の【例1】で，売買によってAからBへの甲の所有権移転が生じたとして，これを公示しようとすれば，AからBへの甲の所有権移転についてその登記手続きをしなくてはなりません。AからBへの甲の所有権移転登記は，AB双方が，甲を管轄する登記所（またはオンライン上）で，共同で申請して行われます。しかも，登記を受ける際には，登録免許税という手数料を登記所に納めなければなりません。

このように，登記手続きは，司法書士に委任するにしても，ある意味めんどうで，時間とお金がかかります。そのような手続きを自発的に行うことを，甲の所有権移転の当事者であるAとBに当然のように期待することはできません（実際，登記制度が発足してから長い間，不動産物権変動の当事者が，上で述べた理由から，その登記をあえてしないという選択をした事例がかなりあったようです）。その結果，物権変動（【例1】では，AからBへの甲の所有権移転）が公示方法（【例1】では，AからBへの甲の所有権移転登記）を備えていないという，公示の原則の理想に反した状態が生じてしまうことになります。

　このように，公示の原則をたてに，物権変動は公示方法を備えなくてはならない，と要求してみても，物権変動の当事者がその要求に必ず従うとは限りません。そこで，公示方法を備えていない物権変動の効力を法律上不利に取り扱うことにより，物権変動の当事者にその公示を促そうという発想が出てきました。

　（物権変動に関する）**対抗要件主義**は，そのような発想に基づいています。

　（物権変動に関する）対抗要件主義とは，物権変動は公示方法を備えなくても契約当事者の間では生じるが，公示方法を備えなければ物権変動の効力を第三者に対抗する（主張する）ことはできない，とする考え方をいいます。民法は，不動産物権変動については177条で，動産物権変動については178条で，それぞれ対抗要件主義を採用しました。

　再び，不動産物権変動の場合を例にとって説明します。民法は，物権変動は公示方法を備えない限りその効力を生じないとする法律上の考え方（物権変動に関する成立要件主義）を採用していません。このため，【例1】で，AからBへの甲の所有権移転は，その登記を備えない限り全く生じない，ということはありません。それでは，BがAの協力を得て自分への甲の所有権移転登記を備えなければ，AからBへの甲の未登記の所有権移転は，民法上，どのように取り扱われるのでしょうか。

　【例1】で，たとえば，CがAと交渉し，Bよりも高い値段で甲を買い受けた場合，Cもまた，Aから甲の所有権を取得しようとします（ちなみに，1個の不動産をめぐりそれぞれ売買契約に基づく2つの所有権移転が主張される事例を**二重譲渡**といいます）。対抗要件主義に基づく民法177条によれば，「不動産に関する物権の得喪［＝AからBへの甲の所有権移転］……は」，不動産登記法その他の法律の定めるところに従い，「その登記［＝AからBへの甲の所有権移転登記］」をしなければ，「第三者［＝C］」に対抗（主張）することができません。その結果，

ここでは，CがAから甲を買い受けるにあたり，甲の不動産登記を調査し，AからBへの甲の所有権移転登記を確認することができなければ，Bは自分への甲の所有権移転をCに対抗することができない以上，Cとの関係では，AからBへの甲の未登記の所有権移転は存在しないものと扱われます。言うまでもなく，これは，Bにとっては不利な取り扱いです。しかし，登記を先に備えていない以上，Bとしてはそのような不利な取り扱いを甘んじて受けざるをえません。その反面で，Cは，安心してAから甲を買い受けることができます。さらに進んで，CがAからCへの甲の所有権移転登記を先に備えてしまえば，AからCへの甲の所有権移転がAからBへの甲の所有権移転に優先するので，最終的にはBは甲の所有権を取得することができなくなります。

このように，物権変動が対抗要件を備えているかどうかは，物権変動の当事者どうしの間よりも，むしろ物権変動の当事者（とりわけ，物権取得者）と当事者以外の「第三者」との間で意味を持つことに，注意しましょう。

▶**5** 公示方法に対応する物権変動が生じていない場合はどのように取り扱われるか

これまで，物権変動は生じているが公示方法を備えていない場合について説明してきました。これに対して，以下で取り上げるのは，公示方法はあるがそれに対応する物権変動が生じていない，という場合です。民法上，そのような場合はどのように取り扱われるのでしょうか。

たとえば，Aが所有する1筆の土地（甲）について，Bが，Aに無断でAからBへの甲の所有権移転登記の手続きを行い，自己の所有する土地と称してCに甲を売り渡したとします。このとき，「Bが甲の所有権を有する（Bが甲の所有者である）」という不動産登記による公示と，「Aが甲の所有権を有する（Aが甲の所有者である）」という真の権利状態との間に，食い違いが生じます。ここでもし，Cが，AからBへの甲の所有権移転登記を信頼して，Bから甲を買い受けていたならば，Cは甲の所有権を取得するでしょうか。

上で述べたように，甲についての真の権利状態に注目すると，Bは甲について無権利です。したがって，承継取得を問題とする限り，Cは，無権利のBから甲の所有権を取得することはありません。「何人も自己の有しない権利を他人に与えることはできない」からです。

しかし他方で，Cは，「Bが甲の所有権を有する（Bが甲の所有者である）」という不動産登記による公示を信頼して甲を買い受けており，公示に対する信頼

保護の必要性もまた，無視することはできません。公示を信頼することができなくなってしまったら，誰が物権者で誰を相手に物権の取引をすればよいかわからず，安心して取引をすることができなくなってしまうからです。

　上で述べた例のように，真の権利状態と異なる外形（公示）がある場合に，その外形を正当に信頼して取引をした者に，外形通りの権利状態があったのと同様の保護を与えようという法律上の考え方を，**公信の原則**といいます。

　公信の原則に従うと，上で述べた例では，CがAからBへの甲の所有権移転登記を正当に信頼してBから甲を買い受けていたならば，AとCとの関係では，登記通りにBが甲の真の所有者であったかのように扱われます。その結果，Cには，Bに甲の所有権があったのと同様の保護，つまり甲の所有権取得が認められますが，その反面で，Aは甲の所有権を喪失します（ちなみにこれは，先に述べた原始取得です）。不動産登記についてこのような効力が認められるとき，不動産登記には**公信力**がある，と言われます。ドイツやスイスでは，不動産登記に公信力が認められています。

　これに対して，わが国では，不動産物権変動の公示方法である不動産登記には公信力は認められていません。上で述べた例で，Cが，「Bが甲の所有権を有する（Bが甲の所有者である）」という不動産登記による公示を，たとえ正当に信頼してBから甲を買い受けたとしても，わが国では，不動産登記に公信力が認められない以上，Cは，真の権利状態と異なる不動産登記による公示を正当に信頼したことのみを根拠に，甲の所有権を取得することはできません。

　わが国の不動産登記に公信力が認められていないのはなぜでしょうか。不動産は，わたくしたちの生活や経済活動に欠かせないという意味で，とても重要な財産です。一般的にその個性に着目して利用され取引されるので（たとえば，皆さんが家を買うとき，場所や広さなどを無視して，家ならどんなものでもよいとは考えないでしょう），代替物も簡単には見つかりません。そこで，不動産についてもし権利者が権利を失うこととなれば，不動産の権利者の不利益は非常に大きいといえます。そのような不利益を不動産の権利者に強いる制度の導入には慎重でなければなりません。

　他方で，物権変動についての対抗要件主義からすると，わが国では不動産について物権変動が必ず登記されているとは限りません。このように，そもそもわが国では，制度上，不動産登記簿上の情報に絶対の信頼を置くことができません。このため，不動産を取引する者には，登記簿上の情報を鵜のみにせず，

むしろ権利関係を慎重に調査することが求められます。

　学説によれば，以上の理由から，わが国の不動産登記には公信力が認められていません（ただし，上で述べた例では，民法94条2項の類推適用により，例外的にCに甲の所有権取得が認められることがあります）。

　しかし，民法は，動産物権変動の公示方法である動産の引渡し（ひいては，その結果としての動産の占有）には，公信力を認めています。たとえば，Bが，Aから借りた1台のノートパソコン（乙）を，その真の所有者であるAに無断でCに売り渡したとします。このとき，AがBに乙を貸した段階で，AからBへの乙の現実の引渡しが行われ，Bに乙の占有が移転しています。ここで，AからBへの乙の占有の移転により作り出された「Bが乙の所有権を有する（Bが乙の所有者である）」という権利帰属の外形と，「Aが乙の所有権を有する（Aが乙の所有者である）」という真の権利状態との間に，食い違いが生じます。

　そこで，もしCが，Bによる乙の占有を正当に信頼して，つまりBが乙の真の所有者でないことにつき善意無過失で乙を買い受けてその占有を取得したならば，民法は，AとCとの関係では，Bによる乙の占有に基づき，Bが乙の真の所有者であったかのように取り扱います。その結果，民法は，Bから善意無過失で乙を買い受けその占有を取得したCに，乙の所有権取得を認めます（民法192条，即時取得）。Cは，Bが乙について無権利であっても，そのこととは無関係に新たに乙の所有権を取得します。その反面で，Aは，乙の真の所有者であるにもかかわらず，その所有権を喪失します。このように，即時取得は，原始取得の原因のひとつです。

　それでは，わが国の民法が，不動産登記の場合とは逆に，動産の占有に公信力を認めているのは，なぜでしょうか。動産は，物によって異なりますが，不動産と比べると，重要な財産とはいえません。動産については多くの場合，代替物も容易に見つかります。そこで，動産についてもし権利者が権利を失う結果になったとしても，動産の権利者の不利益は，不動産の権利者の不利益に比べると，はるかに小さいといえます。他方で，動産は頻繁に取引されることから，動産を取引する者に権利関係の慎重な調査を要求すると，かえって動産の円滑な取引が妨げられるおそれがあります。学説によれば，以上の理由から，民法は動産の占有に公信力を認めています。

【小松昭人】

10章 債権の実現を確実にする諸制度

なぜ担保というような仕組みが必要なんだろうか？
債権回収を確実にする仕組みがなかったとして，
なにか不都合がおきるだろうか？

❶ 債権の担保

　G銀行がS会社に1億円を貸し付けたとします。G銀行にとって最大の関心事は何でしょうか？それは，約束どおりにS会社がお金を返してくれる（「弁済（べんさい）する」といいます）ことでしょう。もちろん，G銀行は利益を得るためにお金を貸し付けているわけですから，貸し付けた1億円のみならず，約束した利息も支払ってもらう必要があります。しかし，本章では，煩雑さを避けるために「利息」については考慮の外において話をすすめていきます。

　さて，GがSに1億円を貸し付けたということは，既に学修したように，GはSに対して1億円を返せという「債権」を有するということです。もし，Sが任意に貸金を弁済しない場合には，これを強制することができます。実際には，例えば，Sが不動産を有していれば，S所有不動産に対して強制執行手続を執り（**05章**で学習したように，この場合には「債務名義」が必要となります），これを差押えて換価処分をして，その代金を弁済に充てることによって図られるのです。

　しかし，たとえば，Sが不動産を有していても，SはG以外からも借り入れていて借入金がSの財産を上回っていたり，Sに見るべき財産がないとどうでしょう。このような場合であっても，GのSに対する金銭債権の返済を確実にする（「担保する」）ためにはどのような方法が考えられるでしょうか。

▶1　債権者平等の原則

　上の問題を考える前に，「債権者平等の原則」を理解しておく必要があります。次の例を見てください；

　　例：G_1は，5月1日に，2ヵ月後の7月1日に返済するとの約定でSに1億円を貸し付

けた。この際，G_1 は，S が 1 億円を上回る価値のある甲不動産を有しているから，S が弁済しないときは，この甲不動産を法律（民事執行法）が規定する手続に従い強制的に売却して（「強制競売」）その代金から弁済を受ければよい，と考えていた。他方，S は，G_2 から同年 5 月 10 日に，2 ヵ月後の 7 月 10 日に弁済するとの約定で 5000 万円を借り受けた。ところが，S が約定どおりに G_1 に弁済しないので，G_1 は，同年 7 月 20 日に法律（民事執行法）が規定する手続に従い，S が所有する甲不動産に対して強制執行を申し立て，これが認められ，手続が進行して甲不動産が当初の G_1 の目論見どおりに 1 億 2000 万円で売却された。

S が G_2 にも約定どおりに弁済していなかった場合，G_1 は当然にこの売却代金から 1 億円を受け取ることができるでしょうか。

このような場合，G_2 も法律（民事執行法）が規定する手続に従い，G_1 の申し立てた強制競売により得られた代金の「配当」に加入することができます。G_2 の配当加入が認められると，1 億 2000 万円の売却代金が G_1 と G_2 の債権額に応じて配当されます。

この例では，G_1 の債権が G_2 の債権より先に成立し，弁済期も先に到来し，G_1 の申立により強制競売の手続が始まりました。しかし，仮に後で成立した G_2 の債権の弁済期が先に到来し（たとえば，「1 ヵ月後の 6 月 10 日に弁済する」と約束していた），G_2 が強制競売を申し立てたときでも，また，G_2 の債権額が G_1 のそれより大きくても，当該手続の中で G_1 と G_2 は「平等」に扱われるのです。これを「債権者平等の原則」といいます。

債権者が G_1 だけだと，なるほど，貸付けた 1 億円全額を回収できます。しかし，G_2 が配当に加入すると G_1 には 1 億 2000 万円の 2/3 ＝ 8000 万円が，G_2 には 1 億 2000 万円の 1/3 ＝ 4000 万円が配当されるにすぎなくなります。つまり，このような場合には，G_1 は貸付金の全額を回収できなくなるのです。

このような事態を避け，G_1 の債権，とりわけ金銭債権の回収を確実にするために必要とされるのが，債権の担保なのです。特に銀行にとっては，貸付金は預金者から預かっているお金ですから，貸付金の回収が覚束なくなるのはどうしても避けなければなりません。

▶2　債権の担保

先の例で，G_1 が，甲不動産の売却代金 1 億 2000 万円から G_2 に優先して自己の債権（1 億円）の弁済を受け得る権利が認められるとしたらどうでしょうか。もしこのような権利が認められれば，G_1 は，S の現在の財産を調べ，財産の

評価を誤らず，財産の価格が貸付額を上回ってることを確認できれば，その後にSがG₂から金銭を借り入れても自己の債権の弁済を確保できるわけです。そこで，取引の必要上，民法は，このように債権の優先弁済を受けることができる権利を設けました。これが「物的担保」であり，民法典では「物権編」に規定され，これを「担保物権」(民法295条以下) といいます。その他に民法が規定する「担保物権」だけでは必ずしも十分ではなかったことから，取引慣習の中で発生してきた担保もあります。このような担保を「非典型担保」といいます。

ところで，ここでは金銭の支払が問題となっています。金銭の支払ですから，G_1の立場で考えると，Sではなくて第三者DがSに代わって弁済しても，何ら不都合はないはずです。そこで，上のような優先する権利と並んで，Sが弁済できない（弁済しない）場合に，Dが，Sの代わりに弁済することをG_1と合意する（契約する）ことができる制度を民法は認めました。このような制度は，何によりも貸付金の弁済を請求することができる人（債務者）が増えるわけですから，債権者G_1にとっては自己の債権の実現をより確実にする担保として機能するのです。このように「人」によって債権を担保することから「人的担保」といわます。この例は「保証」といわれるもので，Sを「主たる債務者」といい，Dを「保証人」(「保証人」も債務者です) といいます。これまでに「日本学生支援機構」から「奨学金」という名の貸付を受けたことがある人は，例えば，父や母に「保証人」となってもらっていることがあるでしょう。これは，みなさんに身近な保証の例です。

❷ 物的担保

▶1 典型担保と非典型担保

民法典は，債権の担保のための物権，つまり「担保物権」として（担保される債権を「被担保債権」といいます）として，①留置権 (民法295条以下)，②先取特権 (民法303条以下)，③質権 (民法342条以下)，④抵当権 (民法369条以下) を設けました。民法典に規定があるということから「典型担保」といわれます。しかし，実際の取引ではこれらの担保物権だけでは債権者にとっては決して十分とはいえないことから，民法に規定された他の権利（「所有権」や「金銭債権」）の「譲渡」の形式を借りて，債権の担保を図ることが行われてきました。民法

典に規定がないことから「非典型担保」といわれ，具体的には，⑤「譲渡担保」，⑥「仮登記担保」（もっともこれについては，「仮登記担保契約に関する法律」があります），⑦「所有権留保」といわれるものがあります。

典型担保は，民法典に規定されていますから，典型担保とはどのようなものかを理解するためにはまずはなによりも民法の条文を正確に理解することが重要です。その際は，

① 担保目的物が限定されているかどうか
② 担保目的物の所有者は債務者に限られるか
③ 債権者＝担保権者に優先弁済権能がみとめられるかどうか（これを認められるのが，担保物権の本来的な意義ですが，典型担保のすべてに認められているわけではありません）
④ 担保権が設定された物の「占有」はどこにあるか（設定後も目的物所有者の下にあるのか，債権者＝担保権者の下にあるのか）

に気をつけて条文を読むことが必要です。

非典型担保については，仮登記担保を除いて直接の条文はありませんが，典型担保に関する民法規定が参考にされています。

▶2 約定担保物権と法定担保物権

物的担保には，当事者の合意で設定される「約定担保物権」と，沿革的政策的な理由から法律の規定する要件が充たされると当然に成立（発生）する「法定担保物権」があります。▶1の③から⑦までが約定担保物権，▶1の①②が法定担保物権です。現実の取引においては，「約定担保物権」が重要な位置を占めます。

▶3 約定担保物権

約定担保物権は▶2で説明したように民法典に規定される典型担保と民法典には直接には規定はない非典型担保の双方が含まれます。以下，少し詳しく見てみます。

【1】民法典に規定される約定担保物権

▶1の③質権，④抵当権がこれにあたります。

《例ａ》ＳがＧからお金を借りるにあたり，ＧとＳとが，貸金の担保としてＳ所有のブランドものの時計に質権を設定することに合意し，Ｓが時計をＧに引き渡した（質権）。

《例b》SがGからお金を借りるにあたり，GとSとが，貸金の担保としてSが所有する土地にGのために抵当権を設定することを合意した（抵当権）。

《例a》，《例b》の何れにあっても，まず，SがGからお金を借りるということを前提として，GとSとの間で改めて質権または抵当権の設定の合意がなされています。この《例a》《例b》では債務者Sの所有物が目的物となっています。ところで，民法324条・369条ともに「債務者又は第三者」と規定しています。この規定は，第三者DとGとの間でDの所有物について，GのSに対する貸金債権を担保するために質権や抵当権の設定を合意することもできることを意味しているのです。これは先の▶1の②に関します。このような他人の債権のために自己の物を担保に供した第三者を「物上保証人(ぶつじょうほしょうにん)」といいます（なお，DはSから依頼を受けて物上保証人となるのが通常でしょうが，かような「依頼」は必ずしも必要ではありません）。

《例a》，《例b》ともに，もしSが約定どおりにお金を返さない場合には，Gは質権・抵当権に基づき，担保目的物である時計や土地を法律の規定に従って「換価処分」ができます（この方法による以外の方法もありますが，ここでは省略します）。Sに他に債権者G_2がいてもGはG_2に優先して，換価処分によって得られた代金から弁済を受けることができるのです。GとG_2との債権額に応じて案分してGが弁済をうけるものではないのです。民法342条・369条ともに「他の債権者に先立って弁済を受ける権利を有する」と規定されている部分が，このような「優先弁済権能」を表しています（これについては次に詳しく説明します）。

ところで，質権・抵当権のそれぞれの冒頭規定を読むと，いくつかの違いに気がつきます。質権では，「受け取った物を占有し」（民法342条）とされているのに対して，抵当権では「占有を移転しないで」「不動産について」（民法369条）とされています。これは▶1の①と④に関わる問題です。

つまり，質権は，《例a》のような「動産」だけではなく，次の《例c》のように「不動産」にも設定できるのに対して，抵当権は，動産には設定できず，「不動産」にだけしか設定できないのです。

《例c》GがSからお金を借りるにあたり，GとSとが貸金の担保としてS所有の甲土地に質権を設定することに合意し，Sが甲土地をGに引き渡した（これを「不動産質権」といいます。もっとも，実際にはほとんど用いられません）。

では，何故このように設定できる物に違いがあるでしょうか。これを解く鍵

は，これら先の▶1④に関する，「受け取った物を占有し」（質権）と「占有を移転しないで」（抵当権）にあります。

「占有」とは何でしょうか。民法180条は「占有権は，自己のためにする意思をもって物を所持することによって取得する」と規定しています。09章でも触れられたようにこの条文の内容についてもいろいろと検討しなければならない問題はあります。しかし，ここでは，「物を所持する」ということだけに触れておきます。「物を所持する」とは極めて大雑把に言えば，物を自分の手元に置いているということを意味します。質権者は「物を占有し」ますから，質権の目的物は，質権者＝債権者の手元に置かれることになります。これに対して，抵当権は「占有を移転しないで」と規定されていますから，抵当権の目的物は，その所有者であり抵当権設定者である債務者または第三者の手元に置かれているのです。このような違いは何よりも権利の公示に違いをもたらすのです。

抵当権は，目的物の「占有を移転しない」ので，抵当権を設定する旨の合意だけ《例b》で設定されます（民法176条）。すでに09章で学んだように登記は対抗要件であり，物権の設定という物権変動の成立要件ではありません。これに対して，質権は質権者が目的物を設定者である債務者または第三者から受け取る必要がありますから（民法342条），《例a》《例c》のように設定することを合意し，かつ，Gに，時計や土地を引き渡して初めて質権が効力を生じ（民法342条），質権者は弁済を受けるまでは質物を留置する（手元に留めて置く）ことができます（民法347条）。抵当権と異なり，目的物の「占有」は質権者のもとにあるのです。皆さんにはほとんど馴染みはないかもしれませんが，「質屋さん」を思い起こしてください。「質屋さん」にブランドものの時計やハンドバック等何か価値がある動産を持っていき，これを質屋さんに預けてお金を借りるのです。

すでに09章で学んだように物権の得喪変更（「物権変動」）が生じた場合には，これを公示しないと「第三者」に対抗することができませんでした（民法177条178条）。抵当権の設定も例外ではありません。抵当権は，占有が移転されないので，抵当権の設定があったかどうかを「第三者」に知らしめるには，「登記」によって公示するほか手段はないのです（「登記」制度は，「抵当権」の公示の必要性から発生したものです）。動産については一般的な登記制度はありませんから，占有を移転しないで成立する抵当権は「登記」という公示制度がある不動産についてのみ設定できるとされるのです。これに対して，質権は，目的物の占有を質権者に移転します。動産については占有の移転が公示の役割を果たす（民

法178条)ので,必ずしも登記制度と結び付く必要はなく,動産上にも設定できるのです。なお,目的物の占有が担保権者である債権者Gのもとにあるのか(質権),担保権設定者である債務者Sや物上保証人Dのもとにあるのか(抵当権)で,目的物の使用収益権能に違いが生じます。例えば,不動産質権に関する民法356条と,抵当権に関する民法395条とを,すぐに規定の意味を理解するのは難しいでしょうが,読み比べてください。

ところで,質権・抵当権ともに「優先弁済権能」が認められていました。ここでは抵当権の競売について例を挙げて「優先弁済権能」について少し詳しく説明します。

《例d》 GがSに貸し付けた1億円を担保するためにSが所有する甲不動産に抵当権が設定され,設定登記が経由されていたところ,Sが弁済しないためにGが競売を申し立て,1億2000万円で売却された。

この場合は,たとえば,次の①②のような【事実】があっても,Gは売却代金から1億円の「配当」を受けることができます。

【事実①】 Sに5000万円を貸し付けていたG_2がいて,G_2が民事執行法の手続に従い,この競売によって得られた代金の「配当」に加入した。この場合,仮にG_2の貸付けのほうがGのそれよりも早かったときでも,また,G_2への弁済期がGのそれより先に到来するときでも,まずGに1億円が配当され,その残額がG_2に配当されます。

【事実②】 Gより先にG_2がSに5000万円を貸し付けていても,G_2の抵当権設定登記が,Gの抵当権設定登記に遅れた場合には,Gの抵当権が第一順位,G_2の抵当権が第二順位となります(民法373条)。換価処分によってえられた代金は,抵当権の順位に従い配当されます。この例では,まず第一順位の抵当権者であるGに1億円が配当され,その残額が第二順位の抵当権者であるG_2に配当されます。

このようにして,「優先弁済権能」が実現されるのです。

なお,質権は,たとえば債務者が第三者に対して有する金銭債権のような譲渡可能な「財産権」を目的とすることもできます。これを「権利質」(民法362条〜366条)といいます。「権利」自体は眼に見えないし,手に取ることもできませんから,民法342条に言う「占有を移転し」に関しては,特別の規定が設けられています(民法363条)。

また,抵当権には,特定の債権を担保する「普通抵当権」(これまで説明してきた「抵当権」はこれにあたります)と「一定の範囲に属する不特定の債権を極度額の限度で担保する」「根抵当権」があります(民法398条の2以下。例えば,

問屋の小売店に対する売掛代金債権がこのような債権にあたります)。

【2】民法典に規定されない約定担保物権：非典型担保

▶1に挙げた⑤「譲渡担保」⑥「仮登記担保」⑦「所有権留保」がこれにあたります。取引の必要上，実際の取引慣行のなかで形成されてきたものです。これらは，「債権の担保のため」という「実体」を実現するために「権利の移転」という法形式が採られます。従って，かように実体と法形式が乖離していることに留意して，非典型担保の内容を理解することが必要となります。

<u>1</u> まず，⑤譲渡担保から見ていきます。譲渡担保とは，債権の担保のために，設定者＝債務者または第三者（物上保証人）が所有する物その他の財産権を一旦債権者に譲渡し，債務者が弁済すれば，設定者にこれを返し，弁済しなければ確定的に債権者＝担保権者が権利を取得するという形式の担保です。特定の不動産・動産・債権を目的とすることができるのはもちろん，例えば，債務者がある倉庫に保管している特定の商品を全体して目的物とする（これを「集合〔流動〕動産譲渡担保」といいます）ことや，債務者が第三者に対して有する不特定の債権（たとえば，売掛代金債権）を全体として目的とする（「集合債権譲渡担保」といいます）ことも認められています。

ところで，民法に，抵当権や質権が規定されているのに，なぜこのような担保が必要とされたのでしょうか。ここでは「特定動産の譲渡担保」と「不動産の譲渡担保」とについてのみ考えます。

Sの手元に動産しかなく，この動産がSの収入に不可欠の物であったところ，SがGから金銭を借りようとしてGから担保を要求された場合を考えましょう。「質権があるだろう」という解答はあり得べき解答であり決して誤りではありません。しかし，もしSがその収入に不可欠の物をGに引き渡したらどうなるでしょうか？　Sが大工さんで，手元にある物は「ノミ」や「かんな」という場合を考えてみてください。「ノミ」や「かんな」をGに引き渡したらSは収入の途が絶たれ，ひいてはGに弁済できなくなります。これでは金銭を借り入れた意味がなくなります。つまり，質権は，このような場合には，担保として役に立たないということになるのです。そこで，質権による不都合を回避するために生じたのが「動産譲渡担保」といわれる担保なのです。つまり，Sは自己が有する収入に不可欠の物をGに譲渡（所有権を移転）します。そして，Gからこの物を「借りた」形式をとって，Sはこの物を使用するのです。Sが弁済すれば，Gは所有権をSに戻し，Sが弁済しない場合は，この物の所有者

としてSから引渡しをうけて,換価処分しその代金から弁済を受けることになります。

では,不動産の譲渡担保はどうでしょうか。債務者が不動産を有している場合は,債権者は抵当権の設定をうけることはもちろん可能です。しかし,抵当権ではいくつかの問題がありました。その問題の多くは,その後の判例や法律改正等により大部分が解消されてはいますが,現在でもなお残っている問題があります。次の例を見てください。

《例e》 G_1銀行がSに3000万円を貸し付けて,Sが有する甲不動産に抵当権の設定をうけ,抵当権設定登記を経由した。その後SがさらにG_2銀行から金員を借入れ,Sは甲不動産にG_2のためにも抵当権を設定し,抵当権設定登記を経由した。

この《例e》ではG_2も抵当権者ですから,G_2への弁済期が到来したにもかかわらず,Sが弁済をしないときには,自己の抵当権の実行としての競売を申し立てることができます。

ではこのとき,G_1の抵当権はどうなるのでしょうか? G_1のSに対する貸金債権の弁済期が到来していなくても,G_1は売却された不動産の売却代金の配当を受け(G_1の抵当権が先に登記されているので,G_2に優先して),G_1の抵当権は消滅します(民事執行法)。このように「後順位」の抵当権(G_2のために抵当権)があると「先順位」の抵当権者(G_1)は自己が望まない場合であっても,抵当権が実行されてしまいます。

これに対して,不動産の譲渡担保では,甲不動産について所有権がSからG_1に移転したとの登記を経由しますから,G_2から借入をしても,甲不動産に

【ミニコラム05】 請負契約における報酬の支払

大工さんSが建物を建築するという「請負契約」を締結したとします。Sは当然契約の相手方である注文者から請負の報酬を受け取ることができます。しかし,当事者に別段の合意がない限り,仕事の報酬は後払い,建物の建築では,仕事の目的物である建物の引渡しと同時に支払うことになります(民法633条)。したがって,請負人であるSはまず原則的には自分の費用で建物建築に必要な資材等を購入して,建物を完成させた後にしか報酬を得られないのです。Sがこのような資材等を購入するために必要な資金をGから借り入れるというような場合があるのです。

G_2のために抵当権を設定できないのです。そうすると，G_1はSが弁済期に弁済しない場合に自己のイニシアティブで譲渡担保権を実行し，目的不動産の所有権を確定的に取得し，優先弁済を受けることになるのです（目的不動産の価値が被担保債権額を上回る場合は，「清算」をしなければなりません）。この点で，現在も不動産譲渡担保は，抵当権と比べるといくらかのメリットがあるのです（しかし，銀行等の金融機関は殆ど不動産譲渡担保は利用しないともいわれています）。

なお，ここでは「集合〔流動〕動産譲渡担保」「個別債権譲渡担保」「集合債権譲渡担保」の必要性については省略します（担保物権法の講義で学修してください）。

3　次いで，⑥の仮登記担保について考えます。不動産が目的物である場合，所有権移転の形式が採られる点では，譲渡担保と似たところがあります。不動産の譲渡担保の場合は，所有権を一旦，担保目的物の所有者から債権者に移転し，これに応じて，所有権の登記（本登記）も移転します。これに対して，仮登記担保は，債務者が借りたお金を弁済できないときは，債務者が所有する不動産で支払ってもらう（これを「代物弁済」といいます，民法482条）という合意をした上で，所有権の移転についての「本登記」を経由せず，所有権の移転に関して担保目的の「仮登記」（不動産登記法105条）をしておくのです。「仮登記担保」については，現在では「仮登記担保契約に関する法律」が制定されていて，担保目的仮登記の効力について規定しています。

4　約定担保の最後として「所有権留保」について簡単に説明しておきます。これは，商品を代金後払いで買う，あるいは，商品は受け取るが，代金を複数回に分けて支払う，という場合に，代金を支払うまでは，あるいは，代金を完済するまでは，買主に商品の所有権は移転せず，売主に所有権が留保されるという，売主と買主との特約によって行われます。このようにしておくと，買主が約定どおりに代金を支払わない場合には，売主は，留保された所有権に基づいて，商品を買主の元から引き上げて，引き上げた商品を売却することにより残りの商品代金を確保することができるのです。売主に所有権が留保されているとうことから「所有権留保」といわれます。なお，割賦販売法7条は，「割賦販売の方法により販売された指定商品の所有権」は代金支払がなされる時まで，「割賦販売業者に留保されたものと推定する」旨規定しています。

▶4　法定担保物権

▶1の①留置権②先取特権がこれにあたります（なお，この二つの担保物権は，民法以外の法律にも規定されています，例えば，商事留置権について商法31条・521条等）。この二つの担保物権は，歴史的・政策的理由から規定されているものです。ここでも▶1①から④までに述べた観点に留意しましょう。

【1】留置権

まず，①留置権から見ていきます。留置権とは，民法295条によれば，「他人の物」（従って，債務者所有の物には限定されません）を「占有している者」（この者が「留置権者」になります）が，「その物に関して生じた債権を有しているとき」に，「その債権の弁済を受けるまでその物を留置する」ことができる権利です。

例えば，Aが自動車の修理をBに依頼したところ，1週間後に修理ができ，AがBに赴いたものの修理代金10万円の持ち合わせがなかったとします。このとき，BはAが10万円を支払うまでこの自動車を留置する（留め置く）ことができるのです。

ところで，質権・抵当権の効力についてはそれぞれ「他の債権者に先立って弁済をうける」ことができると規定されていました（民法342条・369条）。ところが，同じ担保物権であっても留置権について規定する民法295条にはこのような「優先弁済権能」を示す文言が含まれていません。何故でしょうか。これは，この例のような場合，Aは自動車が必要だというのであれば，どうにかして修理代金を支払うはずですから，「留置権」という担保物権は，債務者に，どうしても債権を弁済しなければならないという心理的な圧迫を加えることによって債権の弁済を促すことを狙っているのです。そして，更にこのような場合に，Aの修理代金の支払と引換えにBの目的物の引渡しを行わせることは公平にも適うと考えられたのです（すでに学んだ民法533条に規定される「同時履行の抗弁権」と同じ趣旨です）。

【2】先取特権

次いで，②先取特権についてみていきます。この権利はこれまで学んできた質権・抵当権・留置権に比べるとわかりづらい権利かもしれません。

先取特権の冒頭の規定である民法303条は「債務者の財産」について，先取特権者は「法律の規定に従って」「他の債権者に先立って自己の債権の弁済をうける権利を有する」（「優先弁済権能」があるのです）と規定しています。

先取特権には，債務者所有の総財産のうえに成立する「一般の先取特権」（民

10章——債権の実現を確実にする諸制度

法306条以下)，債務者所有の特定の動産について成立する「動産先取特権」(民法311条以下)，債務者所有の特定の不動産について成立する「不動産先取特権」(民法325条以下) があります。いずれの先取特権も，担保される債権については民法が規定しています。

たとえば，

《例 f 》BはA電力から電気の供給をうけているが，過去3か月分についてその代金を支払っていない。

《例 g 》BはAから動産を買い受けて引渡しをうけたが，約定どおりに代金を支払わない。

《例 h 》Bは自己が所有する建物について修繕が必要となったので，Aにこれを依頼し，Aが必要な工事を行ったが，BはAに代金を支払わない。

《例 f 》は民法310条が規定しているケースで，AのためにBの総財産のうえに「最後の6箇月間」の代金について「日用品供給の先取特権」が成立します。これは生活必需品の供給者Aが，資力の乏しい者にも安心して供給ができるようにするという政策的な配慮から認められたものです。

《例 g 》は民法321条が規定しているケースで，AのためにBに売却したその動産のうえに「その動産の代価及び利息について」「動産売買先取特権」が成立します。これは当事者間の公平を考慮して認められたものです。

《例 h 》は民法326条が規定しているケースで，BのためにAが工事をしたその不動産のうえに「保存のために要した費用に関して」「不動産保存の先取特権」が成立します。これは，工事をしたAの負担で，現在の状態が保持されていることからAの貢献を考えてAに優先権を与えるのが公平にかなうとして認められた。

法律の規定によって生じる物権ですから，「第三者」に対する「対抗要件」は必要とはしません。しかし，不動産先取特権については，権利を「保存する」ために登記が要求されます (民法337条・338条・340条)。また，例えば，不動産賃貸の先取特権について313条1項，旅店宿泊の先取特権について民法317条が規定するように目的物の場所が制限されます。さらに《例 g 》の動産売買先取特権では，Bが目的動産をCに売却するともはやその動産について先取特権を行使できなくなります (民法333条。なお，この場合にAは，304条に規定される手続により売却代金を確保することは可能です。これを「物上代位」といいます)。

留置権と異なり，先取特権には「優先弁済権能」が認められていて，他の担

保権との関係で，あるいは，先取特権相互での順位が法定されています（民法329条以下）。

❸ 人的担保——保証と連帯保証

▶1 保証契約とはどのような契約か

債権の担保を考える際には，「人的担保」としての「保証」を避けて通ることはできません。

《例ⅰ》Sは，Gから金員を借り入れるに際して，Dに対して保証人になってくれるように依頼したところDはこれを承諾した。そこで，Dは，Sが持参したGに差し入れる「借用書」の保証人欄に署名・押印してSに交付した。SはGに借用書を提出し，Gから100万円の貸付をうけた。

通常はこの《例ⅰ》のように，保証は，保証人が借用書の保証人欄に署名・押印することによって行われます。しかし，保証契約は，❶▶2で述べたように保証人と債権者との間で締結されるのです。保証契約は必ず「書面」によって締結されなければならないことに気をつけてください（民法446条2項）。この例ではSがDに保証人になるように委託していますが，このような委託がなくても保証契約は成立することにも気をつけてください（民法459条と462条とを読み比べて下さい）。

保証契約が「書面」で締結されると，保証人Dは，「主たる債務者」であるSがその債務を履行しないときは，「補充的に」その債務を履行する責任を負います（民法446条1項）。保証人の地位はあくまでも「補充的」なものです。つまり，債権者が主たる債務者に履行を請求せずに保証人に履行を請求しても，保証人は「まず主たる債務者に催告すべき旨を請求」できます（民法452条「催告の抗弁権」といいます）。債権者が主たる債務者に履行を催告をした後であっても「保証人が主たる債務者に弁済をする資力があり，かつ，執行が容易であることを証明した」ときは，債権者はまず主たる債務者の財産について執行をしなければなりません（民法453条「検索の抗弁権」といいます）。

これに対して，連帯保証人は，債権者に対してこのような主張ができません。例えば，主たる債務者に催告せずにいきなり連帯保証人に履行を請求しても，連帯保証人はこれに応じなければならないのです（民法454条）。近時，保証といえば，そのほとんどが「連帯保証」です。《例ⅰ》に即して言えば，「保証人欄」

ではなくて「連帯保証人欄」となっていると，債権者との間で「連帯保証」の契約をしたということになります。

　もっとも，保証であれ，連帯保証であれ，主たる債務の範囲でしか保証人・連帯保証人は債務を負いません。具体的には，保証人の負担が債務の目的又は態様において主たる債務より重いときは，主たる債務の限度に縮減され（民法448条1項），保証契約後に主たる債務の目的又は態様が加重されたときであっても保証人の負担は加重されません（民法448条2項。これは学説で異論をみなかった考え方が2017年改正法で明文化されたものです）。

　保証契約の当事者が債権者と保証人であることからいくつかの問題が生じます。その一つが《例 i 》で，SがDに対して，「決して迷惑はかけません」と言っていたり，「他にも担保があるから，保証人になっても支払う必要はありません」と説明していたところ，Sは弁済できなくて，Dに「迷惑がかかった」とか，実は「他の担保」はなかったというときです。GのDに対する弁済請求に対して，Sからの説明とは違うと主張してGへの弁済を免れることは当然には認められません。このような場合は，すでに学んだ民法95条（この場合には，1項2号が問題となります），あるいは，民法96条2項の要件が充たされないと，保証契約の取消しは認められないのです。

　保証でも，根抵当権と同様に，「一定の範囲に属する不特定の債務を主たる債務」とする保証（根保証といわれます）があります。このような保証をしてしまうと，保証人は予想もしていなかった債務を負ってしまうことになりかねません。実際，過去にこのような事態に類する事件が起こって社会問題化しました。そこで，2004年民法現代語化の際に，「個人」（「法人」に対する意味で用いられています）が保証人となるような保証について「貸金等根保証契約」として保証人が債務を負う限度額である「極度額」を定めなければならないなど特別の規律が設けられました（2017年改正前民法465条の2以下）。2017年改正が議論された際には，そもそも個人保証を認めないとの考えも示されていました。しかし最終的には「貸金等根保証契約」は「個人根保証契約」と名称が改められ民法に規定が置かれています。そして「事業のために負担した貸金等債務を主たる債務とする保証契約」または「主たる債務の範囲に事業のためにする負担する貸金等債務が含まれる根保証契約」について民法465条の6以下に「事業等に係る債務についての保証契約の特則」が設けられ，このような保証契約の成立（民法456条の6）や主たる債務者の委託する保証における保証人への情報

提供義務（民法465条の10）などについて新たな規定が設けられました。

▶2　保証人による弁済と求償・弁済による代位

　保証人（連帯保証人）Dが主たる債務者Sに代わって債権者Gに弁済すると，GのSに対する債権は消滅します。しかし，このことはSが債務から解放されることを意味しません。DはSに対して，Gに払った金員を弁済するように求めることができます。これを保証人の主たる債務者に対する<ruby>求償権<rt>きゅうしょうけん</rt></ruby>といいます。保証人が債権者に弁済したときに，保証人が主たる債務者に求償することができるのはもちろんのこと，一定の場合には，保証人は，弁済する前であっても事前に求償することもできます（民法460条）。保証人が弁済をしたときには，主たる債務者は，保証人に対して求償債務を弁済して初めて完全に債務から解放されるのです。もっとも主たる債務者Sに財産がなれば，保証人は求償権を実現できません。実際の取引では，SのG銀行に対する債務を保証人が保証（連帯保証）するとともに，Sまたは第三者の所有する不動産にGのSに対する債権を被担保債権とする抵当権が設定されることがあります。このような場合に保証人Dが弁済すると，G銀行の主たる債務者Sに対する債権が保証人Dに移転し，これに伴い抵当権も保証人Dに移転します。これにより，事実上，求償権の実現も確実になるのです（「弁済による代位」といい，民法499条以下に規定されています。詳しくは「債権総論」で学修します）。

【田中康博】

★トピック07　よく聞くファイナンス・リースってなに？

「リース」という言葉を聞いたことがある人もいるでしょうか。言葉は知っていても，中身がよくわからない言葉かもしれません。「リース」lease を英和辞書で調べると「土地の賃貸借契約」というように書かれています。確かに，「リース」という言葉のもともとの意味は「賃貸借」を指します。しかし，「ファイナンス・リース」というのは，確かに，「賃貸借」ですが，通常の賃貸借とは随分違った姿をしています。そもそもどのような場合に，ファイナンス・リースが利用されるのでしょうか。

ある会社Uが，その事業のために機械を必要であるとします。Uはこの機械を購入してもよいのですが，手持ちの資金が足りないとします。そこで利用されるのがファイナンス・リースなのです。Uは機械の販売業者Sに赴き，これを「リース」で調達することにします。具体的には，UとSとの間にリース会社Lが入り，LがSからこの機械を購入し，LとSはこの機械についての「賃貸借契約」を締結するのです。なお，機械は，SからUに直接に（Lを経由せずに）引き渡されます。

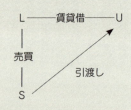

この場合は，賃料は，Lの購入代金（正確にいえば，これにLの「儲け」の分を加算します）を機械の使用期間で割った額とされます。つまり，実質的に見れば，UはLから機械の購入代金を借りて，機械を購入したと同じになります。通常の賃貸借契約では，目的物の修繕義務は，原則として賃貸人が負い（民法606条１項），また契約期間の途中でも解約できるのに対して，ファイナンス・リースでは賃借人であるUが自分の費用で修繕するとされ（修繕代金は，「賃料」決定の際に考慮されていません），途中で賃貸借契約を解除できないとされています（中途解除を認めるとLは購入代金を回収できません（ここでの「機械」が特殊なものである場合は，特にそうです））。

「ファイナンス・リース」でのLとUとの関係を「リース」＝「賃貸借契約」というのは「法形式」に着目したものです。しかし，実質的に見れば，まさしく「金融」＝「ファイナンス」なのです。また，新しい金融担保のかたちといえましょう。くわしくは，「契約法」や「担保物権法」で学修しましょう。

【田中康博】

11章 不法行為

台風で隣のカーポートの天板が飛んできた。
わが家の車に直撃したけど，責任をとってもらえるの？

❶ 不法行為とは

　民法では，個人の意思が尊重され，各自は，自己の自由な意思に基づいて自由に法律関係を形成していくのが基本だと学びました（私的自治の原則）。しかし，それぞれが自由に活動すると，他人に損害を及ぼすかもしれません。例えば，誰かをけがさせてしまったり，他人の権利を侵害したりする場合です。この場合，わざと（故意に）そうした行為に及ぶこともあれば，思いがけず（過失で）そうなってしまった，という場合もあるでしょう。あるいは，お互いに自分の利益を追求しようとすれば，相手方の権利を侵害してしまうということもあるかもしれません。このような場合，法はどのように規律するのでしょうか。

　民法709条は，「故意又は過失によって他人の権利又は法律上保護される利益を侵害した者は，これによって生じた損害を賠償する責任を負う」と定めています。この条文から少なくとも，①加害者が故意または過失によって，②被害者の権利または法律上保護される利益を侵害し，③被害者に損害が発生すれば，加害者はその損害賠償をしなければならないのだな，ということが読み取れるでしょう。この加害者に課される損害賠償責任のことを不法行為責任と呼びます。そして，「刑事責任」との対比で，債務不履行責任（民法415条）と不法行為責任（民法709条以下）を合わせて，「民事責任」と呼びます。

❷ 刑事責任と民事責任

　具体例を挙げて考えてみましょう。A君（大学1年生）は，とある飲食店でバイトをしていました。この就業中に，酔っ払い客Bに殴られて全治2週間のけがをしました。A君は，この治療費を支出しましたし，けがが治るまで働くことができず，本来ならば得られるはずであった2週間分のバイト代を稼ぐこ

とができませんでした。一方Bは，警察の取り調べを受け，結局，傷害罪で罰金20万円の支払いを裁判所より言い渡されました。

　A君は，この20万円を受け取ることができるでしょうか。答えは，否です。なぜならば，この20万円は，刑法204条（傷害罪）に基づいて科される刑事責任だからです。人が集団となって社会生活を営めば，このように何かしら紛争が生じます。被害者が加害者に仕返しをする，復讐をするという実力行使を通じて，被害感情を緩和したり，相手方から何らかを受領することによって，発生した損害分を填補することが可能でしょう。実際，歴史的に見れば，世界各地でそのような慣習があったことが分かります。しかし，それでは，復讐が復讐を呼び，いつまでも紛争は解決せず，社会生活を平和に送ることができません。そこで，近代法では，犯罪者を処罰する刑罰権は，国民に付託された国が独占することにし，私人間での自力救済を原則として禁止することにしたのです。つまり，人に傷害を負わせるという罪を犯した犯罪者に対して，刑罰を科すことができるのは，刑罰権を独占している国家であり，その刑罰権の行使の結果として，Bに罰金20万円の支払いが命じられたのです。したがって，この20万円は，国庫に帰属し，Aの手元に渡ることはありません。

　とはいえ，Aも，Bに殴られたことによって治療費や逸失利益（不法行為がなかったならば得られたであろう利益。この場合，得られるはずであったバイト代がそれに当たります）といった損害を被っており，これをBに負担してほしいと思うかもしれません。この場合，AはBに対して，民法709条に基づく不法行為責任を追及することになります。具体的には，当事者間の話し合いで解決しない場合，AはBに対して民事裁判をおこし，裁判所がAの損害を填補するのに適当であると算定した金額を，損害賠償として支払うようBに言い渡すことになります。そして，この損害賠償金は，Aに対して支払われることになります。

　罰金も損害賠償も，一見すると裁判所によって金銭の支払いを命じられているので，似たようなものに映るかもしれませんが，その性質や目的は大きく異なります。刑罰は，国家の刑罰権の発動によって刑事裁判所によって命じられるものであり，その主な目的は犯罪者に対する懲罰や犯罪の抑止です。これに対して損害賠償（不法行為責任）は，被害者に生じた損害を埋め合わせる，填補することが主な目的であるといわれます。つまり，不法行為以前の財産状況に被害者を回復させましょう，というのが不法行為責任の果たす主たる目的だというわけです。このように被害者に生じた損害の回復を主たる目的とするこ

ともあって，不法行為では，金銭による賠償が原則とされています（722条1項）。これに対して，刑事責任では，罰金や科料といった金銭の支払いだけではなく，懲役や禁固といった自由をはく奪する刑罰も存在するのも，民事責任と刑事責任の大きな違いの一つと言えるでしょう。

このように，刑事責任と民事責任は全く性質の異なる責任ですから，1つの事実について，場合によっては，両方の責任が成立する場合があります。つまり，今回の事例では，BがAを殴ってけがをさせたという一つの事実に対して，Bは刑事責任（20万円の罰金の支払）と民事責任（不法行為に基づく損害賠償の支払）の両方の責任を負う可能性があるのです。

一般的には，刑法は原則として故意犯のみを処罰することや，刑事と民事で要求される違法性の程度について差があること，罪刑法定主義の下で刑事責任が厳格に解されること等から，刑事責任の方が成立範囲は狭いといわれます。したがって，刑事裁判では無罪だったけれど，民事裁判では不法行為が成立して損害賠償責任を課されるということも，めずらしくはありません。

❸ 不法行為の成立要件

❶で，少なくとも，①加害者の故意または過失によって，②被害者の権利または法律上保護される利益が侵害され，③被害者に損害が発生すれば，加害者は損害賠償責任を負う，ということが民法709条の条文から読み取れる，と述べました。実は，もうひとつ重要な要件があります。それは709条の「これによって」という文言から引き出されます。すなわち，「これ」とは加害行為をさし，これに「よって」ということは，「加害行為と損害との間の因果関係」があるということが必要なのです。

709条に限ったことではありませんが，法律は，それが成立するために必要な要件（成立要件）があり，その要件すべてを充たした場合に，ある法律効果が発生するという仕組みとなっています。709条に即していえば，①加害者の故意または過失，②権利または法律上保護される利益の侵害，③損害の発生，④侵害行為と損害との間の因果関係，という4つの成立要件をすべて充足してはじめて，「加害者は損害賠償責任を負う」という法律効果が発生するのです。では，これら4つの要件をひとつずつみていきましょう。

▶*1*　加害者の故意または過失
【1】　帰責の根拠としての過失
　加害者は，故意または過失によって侵害行為をした場合に，不法行為責任を問われます。これには，いくつか重要な意味があります。
　第1に，加害者が不法行為責任を負うのは，自分の故意または過失のせいである，ということです。つまり，帰責（責任を負わせること）の根拠は，加害者の故意または過失であるということです。近代私法の大原則の一つに，過失責任主義というのがありましたが，民法709条も，これに基づいているということが分かります。
　「加害者の行いに過失があったのだから，加害者が責任を負うのは当たり前だ」と感じるかもしれませんが，歴史的には必ずしもそうではありませんでした。というのも，もともと，自分に何らかの損害が生じた場合，その損害は自分が負担するしかない，というのが出発点だからです。例えば，Cさんが重傷を負った場合を考えてみましょう。重傷の理由はいくつも考えられます。①寝ぼけていて階段を踏み外した，②雷に当たって受傷した，③野良犬に咬まれて受傷した，④Dさんの運転する自動車にひかれて受傷した，等です。この場合，Cは，誰かに損害賠償を請求できるでしょうか。
　①は，誰のせいでもありませんし，そもそも加害者がいませんね。②も自然災害によるものですから，どうしようもありません。③は，加害行為をしたのは野良犬ですが，これを管理する者がいませんから，やはり請求すべき相手方がいません。こうしてみると，Cには受傷によっていろいろな損害が発生しているかもしれませんが，その損害を転嫁できる者がおらず，発生した損害を自分で負担するしかない場合も多いのです。そして，このような不運な事故によって高額な負担が突然降りかかってくることに備えるために，医療保険や生命保険といった各種保険が発達してきました。しかし，こうした保険は，契約をして掛け金が支払われている場合に保険会社から支払われるものですから，Cが保険を契約していないならば，支払われません。別の見方をすれば，このように自分に降りかかった災難や損失は結局自分で負担しなければならないからこそ，あらかじめ保険に加入することによって，人はこうしたリスクに備えているということができるでしょう。
　では，④はどうでしょうか。この場合も，出発点となるのは，本人が自ら損害を負担するのが原則であるという考え方です。つまり，法が何も存在しなけ

れば，①〜③と同じように，その損失は自分で甘受するしかありません（民法709条がなかったならばどうなるだろうか，と考えてみてください）。ローマ法は，この本人損害負担の原則から出発しました。しだいに，結果責任主義又は原因責任主義といって，行為と損害の間に原因結果の関係があれば，その行為者（原因者）が賠償責任を負うという考え方が有力になりました。しかし，この考え方では，自分に原因があればその結果について全て責任を負わなければなりませんから，私的自治の原則により個人の自由な活動が保障されたとしても，自由な活動を委縮させてしまうかもしれません。そこで，一定の範囲ではたとえ自己の行為の結果として損害が発生したとしても責任を負わないとして，要するに責任範囲を制限することによって，個人の自由な活動を保障することが必要となったのです。この役目を果たしたのが，過失責任主義と呼ばれる考え方です。すなわち，自由な活動の結果他人に損害を発生させた場合，自己に過失があれば責任を負う，という考え方です。これによれば，万が一損害を発生させてしまったとしても過失がなければ損害賠償義務を負わなくてよいのですから，過失を犯さないように注意深く行動すればよいことになります。近代私法は，私的自治の原則を支えるものとして，この過失責任主義を採用したのです。わが国の民法は，明治維新を経て近代法典の編纂作業の中で明治29年に制定されました。その際，フランスやドイツ等多くのヨーロッパ諸国の近代法典が参照されましたが，日本でも，原因主義では自由な活動を保障することができないとして，過失責任主義が採用されたのです。したがって，④の場合，Dに過失があれば，DはCに発生した損害につき賠償責任を負うことになります。つまり，Cは，709条が存在するからこそ，本来自己が甘受せざるを得なかった損害を，Dに損害賠償してもらうことにより，Dに転嫁できるのです。Dがなぜ他人の損害を転嫁されるのかといえば，それは自己に過失があるからです。つまり，不法行為法は，過失を帰責の根拠として，損害賠償という形で，本人（被害者）に生じた損害を他人（加害者）に転嫁する制度なのだということができます。

第2に，709条は，故意と過失を区別せず，どちらも加害者に損害賠償義務が発生すると規定している点も重要です。刑法では，故意と過失で発生する刑事責任は異なります。例えば，故意で人を殺した場合は，殺人罪（刑法199条）で「死刑又は無期若しくは5年以上の懲役」ですが，過失で人を殺してしまった場合は過失致死罪（210条）で，「50万円以下の罰金」です。「人を殺してはな

らない」という規範に直面しているのにあえて（故意で）それを犯すという反規範的人格態度が問題とされるので，このように故意犯の方が過失犯よりも重く処罰されるのです。

これに対して民事責任は，被害者に生じた損害を元通りに回復させること（「原状回復」といいます）が主たる目的とされます。この場合，加害者が故意であっても過失であっても，被害者に発生する損害は変わりません。例えば，EさんがFさんの大事にしていた壺を割ってしまったとしましょう。Eがわざと落として壺を割ったとしても，掃除をしていてうっかり手を滑らせて割ってしまったとしても，発生する損害は，その壺1個の滅失です。したがってEが負うべき損害賠償義務は，その壺1個を填補するのに適当であると算定された金額を支払うことです。損害額の算定に当たっては，その物の交換価値（中古市場価格）や，同等の物を入手するのに必要な価格（市場流通価格）等が参照されるでしょう。

【2】 過失とは何か

では，過失とはどのようなものでしょうか。過失の本質をどう見るかについては，次の2つの考え方があります。第1は，過失を不注意ないし意思の緊張の欠如という行為者の内心の心理状態における責められるべき態度とみる考え方です。これは，近代私法が私的自治の原則を採用したこととも深くかかわります。つまり，私的自治の原則においては，全ての人は自由な意思を持ち，意思のみが自己を法的に拘束する，すなわち，ある者が義務を負うのはその者の意思に根拠がある，と考えられます。このように意思を重視すれば，帰責の根拠である過失も主観的に捉えられることに親和的になります。

第2は，注意を欠いた行為の仕方をしたという行為の態様，ないし，注意して行動すべき義務に反すること（注意義務違反）を過失とする見解です。判例においては，当該状況において行為者がとるべきであった注意義務の違反をもって過失とするものが多いです。学説も，かつては過失を主観的に捉える説が多数でしたが，最近では，過失を注意義務違反と捉える見解が有力になっています。このように，過失を行為者の主観的な心理状態ではなく，注意義務（客観的に指定される行為義務）違反と捉えられるようになることを「過失の客観化」と呼ぶことがあります。

過失を注意義務違反とした場合，ここでいう注意義務とはどのようなものでしょうか。単に，他人に損害を及ぼさないようにする慎重に行動すべき義務，

と捉えることもできます。しかし，これでは，あまりに義務の範囲が広すぎて行動の自由を保障するには不十分でしょう。もちろん，人は自己の自由な意思に基づいて自由に行動できますが，その際に他人に損害を及ぼしてはならず，その意味で，上記のような慎重注意義務とでもいうべき一般的な義務を負っています。ここで考えなければならないのは，他人に損害が生じてしまった場合に，それを加害者に転嫁すべき帰責の根拠としての「過失＝注意義務違反」があるのか，ということを考える際の「注意義務」をどのように指定すべきかということです。そうすると，自己の自由な意思に基づいて自由に行動する際に，「自分がこのように行動すれば，誰かに○○という損害を及ぼしてしまうかもしれないな」という予見可能性がある場合に，そうした損害が発生しないように行動すべき義務があったのに，そのようにふるまわなかった，ということが加害者に帰責すべき根拠になるのではないでしょうか。というのも，そうした損害が発生することがあらかじめ予見できて（＝予見可能性がある），かつ避けようと思えば避けることができた（＝回避可能性があった）のに，その回避すべき義務に違反して損害を発生させてしまったのだから，その責任は加害者に負わせてもよい，というふうに思われるからです。そうすると，ここでいう注意義務とは，基本的に，「予見可能性に基づく結果回避義務」ということになるでしょう。

【3】 過失の判断基準

　過失の判断基準をめぐっては，それを具体的な加害者とするのか，一般的・平均的な通常人の能力・技量を想定して標準的な基準を設定するのか，という問題があります。前者を具体的過失，後者を抽象的過失と呼びます。判例・通説は，民法709条のいう過失は，抽象的過失であると解しています（大判明治44年11月1日民録17輯617頁）。抽象的過失を基準とすると，当該加害者の能力が平均人よりも低かった場合，平均人の能力から見て可能な注意を怠れば過失があるということになるので，自己の能力以上のことを要求されて酷な結果となる可能性があります。にもかかわらず，判例・通説が抽象的過失を基準とするのは，社会生活において人は他人が平均人としての注意を払って行動してくれるものと期待して行動しており，その期待に反して平均人の能力からは可能な注意が払われなかった場合に過失を認めるべきであると考えるからです。このように解しても，能力的に非常に劣る者（自己の行為の法的な結果を認識できないような者）は，責任無能力制度（714条）で保護されます。

> 【ミニコラム06】 責任能力という考え方と制度
>
> 　民法712条は，未成年者が自己の行為の責任を弁識するに足りる知能を備えていなかった場合に，その行為について賠償責任を負わないと規定しています。また，713条は，「精神上の障害により自己の行為の責任を弁識する能力を欠く状態にある間に他人に損害を加えた者」は，その賠償責任を負わないと規定しています。このように，行為の責任（→自己の行為の結果，賠償義務という法的結果が生じること）を弁識（→理解）する能力のことを責任能力といい，この責任能力がない者が引き起こした損害については，714条により，その監督義務者が賠償責任を負います。

▶2　権利または法律上保護される利益の侵害

【1】「権利侵害」要件

　実は，民法は，2005年に現代語化のための大改正がなされています。今皆さんが勉強している民法は現在の日本語表記ですが，2005年以前は，文語体といって，カタカナ混じりの難解な文章でした。明治29年に制定されたのだから当然です。2005年改正は，この文語体を口語に改め，難解な漢字や表現も易しくするために行われました。その際，単なる現代語化ではなく，ごく一部ですが，判例・学説の到達点である解釈論も明文化されました。民法709条は，この明文化が行われた数少ない条文の一つです。具体的には，「他人ノ権利」が「他人の権利又は法律上保護される利益」へと改正されたのです。

　709条を起草する際の立法者の議論によると，単なる利益の侵害でよいとすると，ありとあらゆる利益の侵害が不法行為となってしまい，歯止めがきかなくなってしまうことが懸念されています。要するに，不法行為責任の成立する範囲が広くなりすぎてしまうことを危惧しているのです。

　言い方を少し変えると，他人の何を侵害した場合に不法行為責任を問われるのかという予測がつかなければ，自由に行動できませんから，「利益」というあいまいなものではなく，「他人の権利」というふうに明確に定めたのだ，とも言えるでしょう。例えば，自分の行動によって侵害してしまうかもしれない，と予測できれば，他人のそうした権利を侵害しないように注意深く行動すればよいということになります。つまり，「権利侵害」要件は，行動の自由を確保する機能を果たすということですね。

　ただし，立法者は，不法行為の成立を必ずしも厳格な意味での「権利侵害」

の場合だけに限定するという意思であったとは思われません。つまり，「権利」というのを，例えば所有権とか著作権といったように，「○○権」と名前のついた権利に限る，と考えていたわけではないようです。単なる「利益」ではあまりに広すぎる，というだけです。また，710条は，「他人の身体，自由若しくは名誉」を侵害した場合にも，709条と同様に加害者に損害賠償義務を課すとしていますが，権利の主体である人の「身体」に対して権利が成立するのか，あるいは，「名誉権」とまで言うのか，と考えてみると，名前の付く「○○権」を侵害した場合にだけ不法行為が成立するのでは決してない，ということが分かるでしょう。

【2】 「権利侵害」から「違法性」へ

しかし，こうした立法者意思とはうらはらに，大審院（戦前の最上級裁判所）は，この権利侵害要件を厳格に解しました。有名な桃中軒雲衛門事件（大判大正3年7月4日刑録20輯1360頁）は，浪曲のような瞬間芸について著作権は成立しない（要するに，著作権法が規定する「著作権」に当たらない）として，不法行為の成立を認めませんでした。しかし，大審院自体が当該加害行為を「正義の観念に反する」とまで言いながら不法行為責任を認めなかったことは，学説からもかなり批判されました。その後，大審院は，大学湯事件（大判大正14年11月28日民集4巻670頁）では，「老舗」の侵害について不法行為の成立を認めました。「老舗」というのは，厳格な意味での「権利」ではありません。大審院は，民法709条は，「故意又は過失により法規違反の行為に出で，もって他人を侵害したる者は，これに因りて生じたる損害を賠償する責めに任ず」といった広範な意味を有するものであり，その侵害の対象は，所有権のように具体的な権利の場合もあれば，いまだ権利とは言えないが，法律上保護された利益という場合もあり，名称は関係がない，と判示しました。要するに，「老舗」は，○○権という名前の付いた権利ではないけれども，法律上保護される利益であり，これが侵害されたのだから不法行為が成立する，としたのです。709条の「権利侵害」要件は，この判決がターニングポイントとなりましたが，以下の2点が重要です。第1に，権利侵害に限らず，法律上保護される利益の侵害であっても，この「権利侵害」要件を充たすとして，要件を緩和したこと，第2に，その緩和とバランスを取るために，「法規違反の行為」という，709条の文言にはない新たな要件を付加したという点です。この「法規違反の行為」は，学説によって，「違法性」概念として精緻され，不法行為法の一般理論の中に組み込まれていくことになり

ます。

▶3　損害の発生

【1】「損害の発生」要件

　わが国では，損害が発生しなければ，不法行為は成立しないとされます。生じた損害の填補が主たる目的ですから，損害が発生しなければ賠償義務は必要ないと考えられるためです。

　具体例を挙げて考えてみましょう。大学生Eは，大学の駐輪場に自己の自転車を止めて授業を受けていました。Eの友人Fは，近くのコンビニに行くのに，こっそりEの自転車を拝借し，元の場所に駐輪しておきました。この間，Eは授業を受けており，自転車を使う必要はありませんでした。Eは，Fに対して不法行為に基づく損害賠償を請求することができるでしょうか（要するに，Fの行為は不法行為になるでしょうか？）。

　EがFに不法行為責任を追及するためには，「損害の発生」という要件も充たさなければなりません。損害は発生しているでしょうか。確かに，Fは他人の自転車を無断で使用しており，その行為自体は咎（とが）められるべき行為であると言えます。しかし，このFが勝手に自転車を使用していた期間，Eは授業を受けており自転車を使用する必要も可能性もないわけですから，Eにとっては何の損害も発生していないとも言えます。もしこの期間にEが帰宅したいのに置いておいたはずの自転車がなく，やむなく近くの駅までバスに乗ったということであれば，その支出したバス代を損害ということができます。しかし，自転車を使用する必要がなかったのであれば，その自転車は，駐輪場に止まっていてもFが勝手に拝借しても，Eにとっては同じこと，要するにEの財産状態には全く変化がなく，「賠償すべき損害」がない，ということになります。そして，不法行為の成立要件のひとつである「損害の発生」という要件を充たさない以上，EはFに不法行為責任を追及できないという帰結になります。

【2】損害概念——差額説と損害事実説

　実は，上述の結論は，「損害」の解釈につき，伝統的な「差額説」という考え方に基づいています。差額説では，損害とは，不法行為によって実際に生じている財産状態と，不法行為がなかったとすればあったであろう財産状態の差であると解します。「財産状態の差」と言っている点がポイントです。すなわち，差額説は，財産的損害についての議論であり，財産状態の差ですから，金

○○円というふうに金額で表されるということです。例えば、太郎が交通事故に遭って、治療費として30万円支出し、治療期間中働くことができなかったので、その間の収入が100万円下がったとしましょう。太郎が交通事故に遭わなかったであればあったであろう財産状態とは、この30万円の支出がなく、かつもう100万円収入が多い状態ですから、その差額は130万円です。そうすると、差額説に基づいて算定される損害は、130万円ということになります。この差額説の考え方を、上記のEとFの事例に当てはめてみてください。Eがやむを得ずバスを利用した場合には、支払う必要のなかった支出（バス代）が損害になりますが、自転車を使用する必要がなかった場合、財産状態の差はゼロということになりますね。したがって、損害がない、ということになるのです。判例や従来の通説的見解は、この差額説をとっているといわれています。

　この差額説という考え方は、歴史的に見て、個別的でバラバラであったそれまでの損害賠償論に代えて統一的な損害賠償論を形成する上で大きな役割を果たしましたが、いくつか問題点も指摘されています。第1に、差額説はこのように損害を財産状態の差と捉えるので、財産的損害には当てはまっても、精神的損害には当てはまらないのではないかということ、第2に、たとえ財産的損害であっても、例えば生命・身体のような金銭に換算不能な利益が侵害された場合に、それを財産状態の差として適正に算定できるのかということです。

　そこで、「損害事実説」という、損害のもうひとつの捉え方が提唱されるようになりました。損害事実説と一口にいっても、バリエーションはいくつかあるのですが、平たく言うと、損害事実説は、損害とは被害者に生じた不利益それ自体を意味する、と捉えます。例えば、不法行為によって死亡した、負傷した、物が壊された、といった場合に、「死亡」や「負傷」、「物の毀損」自体を損害と捉えるのです。そうすると、先程のEとFの事例は、「FがEの自転車を無断で使用した」という事実自体、すなわちEの自転車に対する所有権を侵害したという事実を損害と捉えることになり、「損害の発生」という要件を充たすことになります。あとは、その損害額をいくらだと算定するかという別の問題で、Eに使用可能性がなかったのならば損害額がゼロと算定される場合もある、というだけだということになります。このように、Eに使用可能性がなかった場合、差額説でも損害事実説（すべての場合ではありませんが）でもFの損害賠償はゼロとなります。しかし、差額説ではそもそも不法行為が成立しない（つまりFに損害賠償義務が発生しない）のに対して、損害事実説によれば、F

に不法行為が成立するのが大きな違いです（たまたま，負うべき損害賠償額がゼロ円になる場合もあるというだけです。責任自体は成立します）。少し大げさな言い方をすれば，先程Fが勝手に自転車を拝借した行為は「咎められるべき」行為だと表現しましたが，差額説では民事責任上は咎められない（道徳的には咎められるかもしれないけれど）に対して，損害事実説では，民事責任上咎められうる（不法行為責任を課せられうる）ということになるでしょう。

　このように考えてくると，利益状態・財産状態の差として損害を捉えるという差額説は，必ずしもすべてに妥当する考え方ではなく，また，そのように狭く損害を捉えて，「損害が発生していないから不法行為が成立しない」という硬直的な結論を導くことは，一般の法感情にも合わないので，損害事実説の方がよいのではないかとも思えてきます。とはいえ，損害事実説だと，損害として捉えられる「事実」は，すでに「権利侵害」要件の中で判断されており，別途「損害の発生」という要件は不要ではないか，という疑問もわいてきます。先程のEとFの事例で言えば，損害事実説が損害と捉えるのは「Eの自転車に対する所有権の侵害」ですから，既に「権利又は法律上保護される利益の侵害」という要件を充たしており，別途「損害の発生」という要件で改めて検討する必要はないので，そもそも「損害の発生」という要件自体不要ではないのか，という疑問です。

　確かに，損害事実説においては，「損害の発生」という要件は，あっても悪くはないものの，必要不可欠な要件ではないということになりそうです。ところで，比較法的に見れば，この「損害の発生」というのは，必ずしも必要な要件ではありません。英米法においては，損害の証明がなくても認められる「名目的損害賠償」や，加害者に対する制裁や抑止を目的として，実際に生じた損害の賠償とは別に課される「懲罰的損害賠償」という制度が存在するからです。

【3】　損害の種類

[1]　**財産的損害と非財産的損害**　　財産的損害とは，被害者の財産上の利益状態に生じた不利益の額です。財産に対して侵害があった場合だけでなく，身体へ加害があった場合にも，財産的損害は生じます（例えば，治療費や逸失利益）。非財産的損害とは，被害者の財産以外の利益状態に生じた不利益の額です。非財産的損害の代表例としては，精神的損害が挙げられます。精神的損害に対する賠償のことを，慰謝料といいます。民法710条は，財産的損害のみならず，非財産的損害についても，加害者に賠償義務を課しています。

[2] 積極的損害と消極的損害　　財産的損害は，さらに，積極的損害と消極的損害に分類されます。積極的損害とは，例えば治療費といった積極的に支出した損害や，被害者の自動車が壊れた場合のように，既存の利益が失われたことにより生じた損害のことです。消極的損害とは，将来における財産の増加が妨げられることです。「得べかりし利益の喪失」又は「逸失利益」とも言います。例えば，負傷したために働けなかった期間に本来ならば得られたであろう賃金や，転売目的で仕入れた物が毀損された場合に，転売していたならば得られたであろう転売利益などです。

▶4　加害行為と損害の間の因果関係
【1】　不法行為の成立要件としての「因果関係」

　自分の引き起こした結果についてのみ責任を負うのが近代民事責任法の原則なので，不法行為責任が発生するためには，加害行為と損害の間に因果関係がなければならないことは，理解できます。仮に自分が何か不注意な行為をしてしまったとしても，それが誰かの損害の原因とは無関係であれば，その損害が発生したのは自分のせいではないからです。では，ここでは，どのような因果関係が必要でしょうか。

　「その損害が発生したのは，加害者の過失行為のせいだ」と言えるような原因・結果の関係が最低限なければ，加害者に損害を転嫁することはできません。この原因・結果の関係，すなわち「あれ（加害者の過失行為）なければこれ（損害の発生）なし」のことを，条件関係又は事実的因果関係とよびます。しかし，この「あれなければこれなし」の関係さえあれば，すべて加害者が責任を負わなければならないとすると，加害者の負う損害賠償責任は過酷なものとなります。それこそ「風が吹けば桶屋が儲かる」というふうに，すべての結果が最初の加害行為につながりうるからです。例えば，Ｇは車を運転していたところ，赤信号を無視して交差点に突っ込んだために歩行者のＨを負傷させてしまいました。Ｈの負傷はそれほど重大なものではありませんでしたが，その入院中に肺炎にかかって死亡してしまいました。この場合，ＧはＨの死亡に対してまで不法行為責任を負うでしょうか。「あれなければこれなし」という条件関係だけでよいとすると，Ｇの加害行為と損害（Ｈの死亡）には条件関係があります。Ｇの加害行為がなければ，Ｈは負傷して病院に入院することもなく，肺炎にかかって死ぬこともなかったというふうに，「あれなければこれなし」で説明で

きるからです。しかし、これでは、あまりにGにとって過酷に思われます。通常であれば、Gが負うべき責任は、Hの負傷についてまでだと思われるからです。したがって、条件関係だけでは不法行為責任を画することはできず、やはり一定の基準に基づいて賠償範囲を画する作業が必要となります。

この点につき、判例は、債務不履行責任の範囲を定める民法416条を類推適用します。つまり、賠償すべきは不法行為から通常生ずべき損害であり、通常生ずべき損害かどうかは、加害者が予見できた事情をも含めて判断すべきだということになります。結局、加害者は、自らが惹起した損害のうち、予見可能な損害を賠償すべきであり、加害者にとって予見できなかったような特別の事情による損害については賠償する必要がない、ということになります。このように判例は、416条類推適用に基づいて、加害者の予見可能性等をもとに不法行為責任の範囲を制限しているのですが、この加害者が賠償すべき範囲を「相当因果関係」とよんでいます。すなわち、判例によれば、416条は相当因果関係を定めた規定であり、同条は、債務不履行責任に適用されるだけではなく、不法行為責任に対しても類推適用されると解するのです。

【2】 成立要件としての「因果関係」と「賠償範囲確定」の区別

しかし、判例の採る相当因果関係説は、理論的にいくつもの矛盾をはらんでいます。まず、予見可能性の存否によって責任範囲を画するという手法そのものについてです。債務不履行責任においては、ある契約を締結した当事者同士は、その交渉過程等において、お互いに債務不履行をすればどのような損害が自分や相手方に発生するかということが予見できます。そのため、民法416条が定めるように、当事者の予見可能性の存否によって賠償責任の範囲を確定することには合理性があります。しかし、不法行為の場合、通常は被害者・加害者には不法行為前に接触はなく、したがって予見可能性もありません。それなのに、加害者に予見可能性がなかったからその損害は賠償しなくてもよい、ということになれば、場合によっては被害者が救済を受けることができず、被害者にとって酷な結果になることがあります。そうすると、行動の自由を確保し、加害者にあまりに過酷な責任を負わせないために、条件関係とは別の基準で不法行為責任の範囲を確定するための基準は必要ですが、それは、416条の述べる予見可能性ではない、ということになります。

そもそも、わが国の民法には、債務不履行責任とは異なり、不法行為責任の賠償範囲を定める規定がありません。そして、立法者も、416条が不法行為責

任に類推適用されないことを前提に，不法行為責任の場合，賠償範囲を確定する基準を規定するのは難しいので，基本的に問題を裁判官の裁量に委ねるべきであると考えていたようです。この立法者意思とはうらはらに，大審院は，富喜丸事件判決（大連判大正15年5月22日民集5巻386頁）で，416条は不法行為責任にも類推適用されるという，いわゆる相当因果関係説を採ることを明らかにし，この立場は現在も踏襲されています。かつての学説も，この相当因果関係説が通説的見解でした。しかし，その後，そもそも判例は，不法行為の成立要件としての因果関係を「相当因果関係」に制限しているのか，賠償範囲を画する基準として「相当因果関係」を用いているのか——賠償範囲が「相当因果関係のある損害」に制限されるのか，混同が見られると批判されました。現在の学説は，この不法行為の成立範囲としての因果関係と賠償範囲を区別して検討する見解が一般的です。すなわち，不法行為の成立要件としては条件関係または事実的因果関係が存在することで足りる——成立要件としては，加害行為が当該損害の原因となっていたこと（条件関係または事実的因果関係の存在）で足りる——が，このことは，逆に，加害行為と事実的因果関係のあるすべての損害に対して加害者が損害賠償をしなければならないことを意味するのではなく，事実的因果関係の存在を前提に，さらに法的価値判断を加えて，賠償すべき損害を一定の範囲に限定しなければならない，と解するのです。

　この賠償範囲を画するための基準には，いくつもの見解がありますが，ここでは代表的な2つの見解を紹介します。一つは，義務射程説とよばれる見解です。この説は，損害賠償の範囲は，加害者が怠った注意義務が当該損害の発生を回避すべきことを目的としていたか否か，すなわち，当該義務の射程に入るかどうかによって決まるとします。もう一つは，危険性関連説とよばれる見解です。この説は，損害を，加害行為の直接の結果として発生した損害（第一次損害）と，第一次損害が原因となって派生した損害（後続損害）に分けて考察します。そして，後続損害については，加害者に損害回避義務があったか否かという視点は機能しえないとして，危険性関連又は危険範囲という別の基準を設定して判断するのです。先程のGとHの事例では，肺炎にかかって死亡したことが「一般生活上の危険」とみれば，Gの負うべき賠償範囲には入らないことになりますが，負傷により抵抗力が落ちていたために肺炎にかかって死亡につながったのだとすれば，危険性関連が肯定され，Gに損害賠償義務が課されることになります。

❹ 特殊の不法行為

　本章では，過失責任に基づく行為者本人の不法行為責任について説明しました。民法では，これ以外に特殊の不法行為として，①他人の行為による責任，②物の関与による特別の責任，③複数責任主体の不法行為責任が定められています。

　①は，責任無能力者の監督義務者責任（民法714条）と，使用者責任（民法715条）です。使用者責任は，被用者が事業執行中に犯した不法行為について使用者に賠償責任を課するものです。この使用者責任は，報償責任（他人を使用することによって自己の社会的活動領域を拡張し利益を享受している者は，その事業活動に関連して他人に与えた損害について賠償すべきである，という考え方）と危険責任（人を使用して活動領域を広げている者は，それだけ社会に対して危険性を増大させており，その危険性の現実化に責任を負うべきである，という考え方）に基づく，無過失の損害賠償責任であると，解されています。

　②は，土地工作物責任（民法717条）と動物占有者の責任（民法718条）です。民法717条は，損害が「土地の工作物」の設置・保存の瑕疵から生じた場合，まず占有者が責任を負い（717条1項本文），占有者が損害の防止に必要な注意をしていた場合は，所有者がその責任を負う（同項ただし書）と規定します。この責任の性質については，主として危険責任原理に基づく無過失責任であると解釈されています。民法718条は，動物が加えた損害につき，動物の占有者や占有者に代わって管理する者に，動物の種類，性質に従って相当の注意をはらって管理したことを立証しない限り，賠償義務を課しています。これは，動物の持つ危険性ゆえに民法709条よりも厳しい責任を，動物の占有者・管理者に課したものということができます。このように，特殊の不法行為では，民法の原則である過失責任主義がさまざまに修正されているのです。

　③は，共同不法行為責任です。民法719条は，数人が共同の不法行為によって他人に損害を加えた場合や，共同行為者のうちいずれの者がその損害を加えたかを知ることができない場合，各自は連帯して損害賠償責任を負うと規定しています。民法709条の成立要件のうち，特に因果関係の緩和に関わります。

【廣峰正子】

★トピック08　もしも被害者になってしまったら……

　あなたが，信号無視をした自動車にはねられて怪我をしたとしましょう。自動車の運転手は，自動車運転過失傷害罪という刑事責任を負うことになります。そして，運転手がきちんと保険に加入していれば，あなたの被った損害（治療費や慰謝料など）は保険会社が支払ってくれることになります。その場合，保険会社が保険金を査定し，その額で加害者・被害者が折り合えば示談が成立することになります。しかし，運転手が任意保険に加入していなかった場合は，どうなるのでしょうか。

　加害者は，犯した罪に応じて傷害罪などで刑事責任は追及され，刑事裁判にかけられますが，この過程で，警察官や検察官，裁判官が被害者のために加害者と賠償交渉をしてくれることは絶対にありません。一般的には，罪を犯した加害者は，自身の刑事責任を軽くしてもらうために被害者の許し（宥恕（ゆうじょ））を得ようと，示談交渉を持ちかけてくることがあります。これは，加害者が自主的に行うものです。

　しかしながら，加害者がそれすら行わない場合，被害者は，自分自身で加害者を訴えるしかありません。つまり，加害者の犯した行為を不法行為として，被害者自らが民事訴訟を提起してその賠償を請求するほかないのが，原則です。昨今，話題になっている犯罪被害者の訴訟参加制度は，刑事裁判において，あくまでも刑事責任を追及するに際しての被害者の思い・感情を吐露し，これを量刑に反映させることが専らであり，被害者の損害を満足させるものではありません。

　なお，特にヨーロッパ諸国では，刑事責任を追及する過程において被害者の賠償をも求める制度（附帯私訴（ふたいしそ））が存在します。附帯私訴とは，刑事事件において，刑事被告人に対する民事上の損害賠償を求める訴えを，公訴を審理する刑事裁判所に附帯して提起する制度です。刑事事件を担当した裁判官が損害賠償についても審理を行うので，新たに民事訴訟を提起するのに比べて，被害者の立証の負担が軽減されるという利点があります。戦前には，わが国の刑事訴訟法にも附帯私訴の規定がありましたが，現行の刑事訴訟法には規定がありません。しかし，「犯罪被害者等の権利利益の保護を図るための刑事手続に付随する措置に関する法律」（平成12年法律第75号）17条以下に，附帯私訴に類似する「損害賠償命令制度」が定められました。これにより，一定の重大犯罪の被害者は，刑事裁判の手続の中で，民事の損害賠償命令を申し立てることができるようになりました。ただし，殺人・傷害等，法が定めた一定の犯罪のみで，しかも故意犯だけですので，過失犯の場合は，損害賠償命令の申立ては行えません。

【廣峰正子】

12章　親族

神戸太郎と神戸花子（旧姓は港島）は，現在離婚調停中である。ほんの数年前はあんなに仲が良かったのに，一体どうしてこうなってしまったのか？

❶　まえナビ

　12章では「親族法」について学びます。結婚をして子どもができて…幸せな事柄に法律は無縁です。しかし，深刻な問題が生じるのも家族の中です。そして，辛い目に遭うのは弱い立場の者です。だからこそ，家族に関する法律が必要なのです。

　日本の民法では「第4編　親族」に家族に関する規定が設けられています。民法の目次を眺めながら全体像を確認しましょう。第1章の総則の後，第2章は婚姻に関する規定です。婚姻の成立や効力，離婚について規定されています。第3章は親子に関する規定です。実子と養子の2本立てになっています。第4章は親権に関する規定です。親の未成年子に対する権利義務について規定されています。第5章は後見，第6章は保佐および補助，第7章は扶養に関する規定ですが，第5章から第7章は本章ではとりあげません。

　以下本章では，❶で婚約について簡単に触れた後，❷で婚姻の要件と効果について学びます。離婚は後回しにして，❸では親子について，❹では親権について学びます。最後に❺で離婚について学びます。

　なお，この章では「神戸太郎と神戸花子」夫婦が登場します。幸せな2人が民法の第4編を読んだとしても，その規定の意味などよく分かりませんでした。むしろ他人行儀で違和感さえ覚えたものです。しかし，2人が「離婚」に直面したとき，民法の規定が現実味を帯びてきます。この2人が遭遇する問題を手がかりに，あなたも具体的なイメージを持って読み進めてください。

❶ 婚約

　そういえば、2人が出会ったのは大学生の頃。同じ大学の法学部で出会い、一緒にキャンパスライフを楽しんだ。就職を機に2人は結婚を考えるようになった。25歳で婚約。太郎は高価な指輪を花子に贈り、花子は高級ブランドの時計を太郎に贈った。

　いわゆる「恋愛結婚」を想定してみましょう。プロポーズの翌日に早速婚姻届を提出することはあまりなく、「婚約」を間に挟むことが多いでしょう。指輪等の金品を交換することもあるかもしれません。ところで、婚約をしたからといって婚姻が強制されるわけではありません。とはいえ、婚約にも法的な意味があります。それが意識されるのは婚約が破棄された場合です。

　一般的な「おつきあい」が破綻した場合とは異なり、婚約が破棄された場合、法的な問題が生じます。まず、婚約の証として指輪等の金品が授受されていた場合、婚約が破棄されるとその返還の問題が生じます。ただし、破棄した側が返還請求をしても、信義則（民法1条2項）に反して許されないと考えられています。次に、婚約が不当に破棄された場合、破棄された側は相手方に対して損害賠償を請求することができます。

❷ 婚姻

　神戸太郎と港島花子は2019年4月1日に婚姻届を提出することにした。

▶1　要件
【1】　積極的要件
　積極的要件として届出と意思が必要です。
　①　届出　婚姻をするためには届出をすることが要求されています（民法739条1項）。届出の詳細は戸籍法に規定されています。婚姻届が受理されると、（特に両者とも初婚の場合は）その夫婦について新戸籍が編製されます（戸籍法16条1項本文）。

資料③　婚姻届見本

婚姻届

平成31年4月1日届出

| 市区町村使用欄 | 受付日時 平成　年　月　日　午前・午後　時　分 |

| 受理 平成　年　月　日　第　　号 | 発送 平成　年　月　日 |
| 送付 平成　年　月　日　第　　号 | / 　長印 |

　　　　　　　　　　　長　殿

| 書類調査 | 戸籍記載 | 記載調査 | 調査票 | 附票 | 住民票 | 通知 |

字訂正　字削除　字加入　印印

		夫になる人	妻になる人
(1)	(よみかた)　氏名	こうべ　たろう　神戸 太郎	みなとじま　はなこ　港島 花子
	生年月日	平成5年 5月 3日	平成5年 8月 15日
(2)	住所（住民登録をしているところ）	○○県○○市○○区○○一丁目2番地3号	左に同じ　番地 番号
	世帯主の氏名	神戸 太郎	世帯主の氏名
(3)	本籍（外国人のときは国籍だけを書いてください）	○○県○○市○○区四丁目5番地	○○県○○市○○区678番地
	筆頭者の氏名	神戸 港次郎	港島 五郎
	父母の氏名　父母との続き柄（他の養父母は他の欄に書いてください）	父 神戸 港次郎　母　島子　続き柄 長男	父 港島 五郎　母 海子　続き柄 長女
(4)	婚姻後の夫婦の氏・新しい本籍	☑夫の氏　□妻の氏　○○県○○市○○区○○一丁目2番地	
(5)	同居を始めたとき	平成26年 4月	（結婚式をあげたとき、又は、同居を始めたときのうち早いほうを書いてください）
(6)	初婚・再婚の別	☑初婚　□再婚　□死別 □離別 年 月 日	☑初婚　□再婚　□死別 □離別 年 月 日
(7)	同居を始める前の夫妻のそれぞれの世帯のおもな仕事と	夫 妻　1.農業だけ又は農業とその他の仕事を持っている世帯　2.自由業・商工業・サービス業等を個人で経営している世帯　3.企業・個人商店等(官公庁は除く)の常用勤労者世帯で勤め先の従業者数が1人から99人までの世帯(日々又は1年未満の契約の雇用者は5)　4.3にあてはまらない常用勤労者世帯及び会社団体の役員の世帯(日々又は1年未満の契約の雇用者は5)　5.1から4にあてはまらないその他の仕事をしている者のいる世帯　6.仕事をしている者のいない世帯	
(8)	夫妻の職業	（国勢調査の年…　　年の4月1日から翌年3月31日までに届出をするときだけ書いてください）　夫の職業	妻の職業
	その他		
	届出人署名押印	夫 神戸 太郎 ㊞神戸	妻 港島 花子 ㊞港島
	事件簿番号		住所を定めた年月日　夫□平成　年 月 日　妻□平成　年 月 日

150　12章——親族

記入の注意

鉛筆や消えるボールペンなどで書かないでください。

婚姻後の新住所地に住民登録をしていないときは，前住所地の役所の発行する転出証明書をそえて転入届をしてください。
ただし，転入届は役所の窓口の開いている時間でないと届出をすることはできません。なお，○○市内で住所がかわるときは転出証明書はいりません。
この届と同時に転入届を出すときは，住所欄には新しい住所を書いてください。

	証	人
署名押印	兵庫 船六 ㊞(兵庫)	西神 山子 ㊞(西神)
生年月日	昭和43年 11月 3日	昭和32年 2月 10日
住所	○○県○○市○○二丁目 34 番地(番) 5号	○○県○○市○○ 二丁目 5 番地(番) 6号
本籍	○○県○○市○○二丁目 34 番地(番)	○○県○○市○○ 二丁目 5 番地(番)

→ 「筆頭者の氏名」には，戸籍のはじめに記載されている人の氏名を書いてください。

→ 父母がいま婚姻しているときは，母の氏は書かないで，名だけを書いてください。
養父母についても同じように書いてください。
なお，養父母は「その他」欄に書いてください。

→ □には，あてはまるものに☑のようにしるしをつけてください。
外国人と婚姻する人が，まだ戸籍の筆頭者となっていない場合には，新しい戸籍がつくられますので，希望する本籍を書いてください。

→ 再婚のときは，直前の婚姻について書いてください。
内縁のものはふくまれません。

○○市内の区役所（支所・出張所）へ届けるときに必要なもの
届書1通と夫及び妻になる人の戸籍謄本（戸籍全部事項証明書）をそれぞれ1通ずつ添付してください。ただし，婚姻前の本籍が○○市内にある人については，添付は不要です。

届出人や証人の印はそれぞれ別のものを使用し朱肉で押印してください。

届け出られた事項は，人口動態調査（統計法に基づく基幹統計調査，厚生労働省所管）にも用いられます。

市区町村使用欄

	本人確認		
届出人	確認内容		通知
夫	来・済（免・旅・　　）		要・不要
妻	来・済（免・旅・　　）		要・不要
不受理申出の提出がないことを確認済			
届出人	確認先		
夫	（　　　　　）役所・役場 担当者（　　　　　）		
妻	（　　　　　）役所・役場 担当者（　　　　　）		
通知	年　　月　　日		
本人確認	不受理申出確認	通知	

→ 婚姻前の氏名で必ず本人が書いてください。

連絡先		持参するもの	使者	住所		
夫 電話（　）－ 自宅・携帯・勤務先・呼出（　）	妻 電話（　）－ 自宅・携帯・勤務先・呼出（　）	届出人の印鑑		氏名	確認	済（免・旅・　）・未

② 意思　届出用紙さえ提出すれば婚姻が成立するわけではありません。当事者が婚姻をなす意思（婚姻意思）を有しなければなりません。明文の規定はありませんが，婚姻の無効に関する民法742条1項1号がこの点を裏側から規定していると解釈されることもあります。さらに，婚姻意思だけでなく，届出意思（婚姻の届出をなす意思）も必要であると考えられています。

【2】　婚姻障害

民法には婚姻が禁止される場合についていくつかの規定があります。

① 婚姻適齢　婚姻は，18歳にならなければすることができません（平成30（2018）年の民法改正による民法731条）。成年に達しているわけですから（同改正による民法4条），その父母の同意は不要です。

② 重婚　配偶者のある者は，重ねて婚姻をすることができません（民法732条）。

③ 再婚禁止期間　「女は，前婚の解消又は取消しの日から起算して100日を経過した後でなければ」再婚をすることができません（民法733条1項）。このように，女性に対してのみ再婚禁止期間が設けられているのは，嫡出推定（民法772条）が重複することを避けるためだと説明されています。嫡出推定については後で学びます。

④ 近親婚　一定の範囲内の近親婚は禁止されています（民法734条〜736条）。

▶2　効果

婚姻の効果は主に民法750条以下に規定されており，人格的効果と財産的効果に分けて論じられています。

【1】　人格的効果

① 夫婦同氏　夫婦は，婚姻の際に定めるところに従い，夫または妻の氏を称することが規定されています（民法750条）。現実には夫の氏を称することが多いですが，民法は夫の氏を称するように求めているわけではありません。

② 夫婦間の義務　夫婦は同居し，互いに協力し扶助することが求められます（民法752条）。

さらに，民法770条1項1号を根拠に夫婦には貞操義務があるといわれることもあります。

【2】 財産的効果

[1] **財産の帰属，婚姻費用の分担**　次に，夫婦間の財産関係です。夫婦財産制については民法755条以下に規定があり，冒頭の規定は夫婦財産契約に関するものです。しかし，夫婦財産契約はほとんど用いられておらず，法律の定めによる財産関係（法定財産制：民法760条以下）が広く用いられます。その内容は次の通りです。

第1に，民法762条は，夫の物は夫のものであり妻の物は妻のものであること（1項．夫婦別産制），どちらのものかが分からない場合は共有と推定すること（2項）の2点を定めています。夫の給料は夫のものであり，妻の給料で買った物は妻のものだというわけです。

第2に，夫婦は，その資産，収入その他一切の事情を考慮して，婚姻から生ずる費用を分担することが定められています（民法760条）。多くの夫婦はこのような規定がなくても，必要な話し合いを経た上で，それぞれの資産や収入に応じて生活費用を出し合うことでしょう。民法760条は，そのような話し合いがなしえなくなった時（婚姻関係の破綻による別居時等）に機能します。

[2] **日常家事債務の連帯責任**　民法761条本文は「夫婦の一方が日常の家事に関して第三者と法律行為をしたときは，他の一方は，これによって生じた債務について，連帯してその責任を負う。」と規定します。例えば，妻Wが代

【ミニコラム07】「婚姻」に関する多様な選択

本章は「異性カップル」が「婚姻」することを念頭においています。しかし，第1に，婚姻をしていないカップルの存在を無視することはできません。伝統的には婚姻を選択「できない」カップルに関する法理が判例や学説において発達してきました（内縁）。可能な限り，内縁カップルにも法律婚カップルと同様の保護を与えようとするものです。これに対して，現在ではあえて婚姻を選択「しない」カップル（自由結合）も多いのです。あえて婚姻を避けたカップルの法的な関係はどのように考えるべきでしょうか。

第2に，「同性カップル」にも目を向ける必要があります。現時点では同性カップルの婚姻は認められていません。だからといって，同性カップルは全く法的な保護の対象とならないという結論にはなりません。それでは，同性カップルは現行の法秩序の中にどのように位置づけられるべきでしょうか。

法律だけでなく様々な観点から考えてみてください。

金後払いでクリーニング店に衣服のクリーニングを依頼した場合，代金の支払義務を負うのは原則としてWです。しかし，クリーニング店はこの規定を根拠に，夫Hに対してクリーニング代を請求することができます。さらに，この規定を根拠にして，日常家事の範囲内では，配偶者の一方は他方を本人とする代理権を有すると解されています。

❸ 親子

> 結婚…ではなくて「婚姻」から2年後，太郎・花子夫婦は子を授かったことがわかった。その半年後，無事に子どもが生まれ，夫婦はその子を「一郎」と名付けた。

❸では親子関係の成立について学びます。まず，血縁上の親子関係です。例における太郎・花子と一郎の関係はまさに血縁上の親子関係の問題です。次に，養子をとりあげます。これは，「意思」に基づく親子関係です。

▶1 実子

子を誰が育てるか。その答えは場所や時代によって多様です。民法の立場は，父母が子を育てるというものです。実際，民法は子の父母に対して子育てに必要な一定の権利義務を与えています（詳しくは❹で学びます）。しかし，そもそも誰が親なのかが不明瞭な場合もあるでしょう。

まず，母子関係です。その成立について明文の規定はありませんが，分娩の事実によって当然に発生するというのが判例の立場です。多くの場合，分娩する女性の卵子によってその子が生まれるのですから，この点は当然であると考えられています。

問題は父子関係です。もしかすると，太郎が一郎を抱く姿を見た時に，「一郎は太郎の子ではないかもしれない」という疑念が生ずることもあるかもしれません。だからこそ，民法は父の決定方法を用意しています。第1は嫡出推定制度です。これは母が婚姻をしている場合に問題となります。第2の認知は，嫡出が推定されない場合に問題となります。この二つを順に説明します。

なお，ここでは生殖補助医療を念頭においていません。まずは民法上の原則を理解しましょう。

【1】 嫡出推定

1 **2段階の推定** 一郎の父親は誰でしょうか。幸せな3人にこのような質問を投げかけるのは無粋かもしれませんが，法的には重要です。なぜなら，一郎の父が誰なのか（太郎以外の男性ではないのか）は，外観上わからないからです。そこで，民法は父を「定める」基準を用意しました。第1に，妻が婚姻中に懐胎した子は，夫の子と推定します（民法772条1項）。通常，夫婦は夫婦間のみにおいて性関係を持つでしょうから，妻が懐胎した子は夫の子であろうということです。ところで，懐胎した時期も外観上分かりません。そこで，第2に，「婚姻の成立の日から200日を経過した後又は婚姻の解消若しくは取消しの日から300日以内に生まれた子は，婚姻中に懐胎したものと推定する。」（民法772条2項）という規定が設けられています。出生の時期は明瞭にわかりますね。つまり，出生の日が一定の期間内であれば，その子は婚姻中に懐胎したものと推定され，婚姻中に懐胎した子は夫の子と推定されるという二段階の推定になっているわけです。

2 **嫡出否認** 父子関係の成立は「推定」に基づくものですから，推定を破る制度も必要です。嫡出推定をくつがえして父子関係を否定するためには嫡出否認の訴えを提起しなければなりません（民法775条）。訴えを提起しうるのは夫のみです（民法774条）。嫡出否認の訴えには期間制限があり，夫が子の出生を知った時から1年以内です（民法777条）。但し，その期間内でも，夫が子の出生後においてその嫡出であることを承認したときは，夫は否認権を失います（民法776条）。そして，夫が否認権を失ったとき，父子関係は覆すことができなくなります。

3 **再婚禁止期間** 再婚禁止期間（民法733条）については既に学びましたが，その100日という数字の根拠は嫡出推定制度の中にあります。次の例を考えてみましょう。例えば，妻Wと夫Hとの離婚が成立した翌日に，Wと男性Mとの婚姻が成立しました（再婚禁止期間に抵触するが，どういうわけかチェックが働かなかったとします）。そして，Mとの婚姻が成立してから210日後に子Aが生まれたとします。この例について嫡出推定制度を前提に考えると，AはWの離婚後300日以内に生まれているので，前夫Hの子であると推定されます。他方で，AはWの再婚後200日経過後に生まれているので，後婚の夫Mの子であると推定されます。つまり嫡出推定が重複しておりAの父が定まりません。そこで，嫡出推定が重複しないようにするべく，100日間の再婚禁止期間が設けられて

いるのです。

　ところで，再婚禁止期間は過去には6か月とされていました。しかし，最高裁において，再婚禁止期間の内100日を超える部分は違憲であるとの判断がなされ（最大判平成27年12月16日民集69巻8号2427頁），その後の民法改正において現在の姿に改められています。

　④　**推定されない嫡出子**　　例えば，夫Hと妻Wとの婚姻が成立したのは2月10日で，Wから子Bが生まれたのは同年3月10日だとします。いわゆる「授かり婚」です。この例において，Bは婚姻成立の日から200日以内に生まれています。したがって，嫡出推定制度の下では，Bの父が定まらないことになります。条文上はHの認知によって父子関係が成立することになりますが，婚姻前の男女間に性関係があることは珍しくありません。そこで，Bは戸籍実務上嫡出子として扱われています。

　とはいえ，嫡出推定制度に基づくものではないため，HとBの間の父子関係を否定するためには嫡出否認の訴えによる必要はありません。推定されない嫡出子につき，父子関係を争うためには親子関係不存在確認の訴えを用います（人事訴訟法2条2号）。親子関係不存在確認の訴えは嫡出否認の訴えとは異なり，出訴権者や出訴期間の制限がありません。つまり，父子関係が覆される可能性が高まります。

　⑤　**推定の及ばない子**　　例えば，夫Hと妻Wの婚姻が成立した後，Hが単身で海外赴任をしていました。そのため，2016年4月から2018年3月まで2人は全く会うことができませんでした。ところが，2018年2月にWから子Cが出生したとします（生殖補助医療についてはここでは考えません）。

　嫡出推定制度を前提とすると，Cの父はHです。したがって，Cは真実の父に対して認知を求めることが原則としてできません。なぜなら，認知は「嫡出でない子」に対してするものだからです。しかし，この例の場合，WがHの子を懐胎する可能性はありません。このように「婚姻の成立の日から200日を経過した後又は婚姻の解消若しくは取消しの日から300日以内に生まれた子」（民法772条2項）であったとしても，その子の懐胎時期において，夫婦間の性交渉がないことが明らかな場合は「推定が及ばない」ことが認められています。例えば，Cが「推定の及ばない子」とされると，Cは真実の父に対して認知を求めることができます。

【2】 認知

婚姻していない母から生まれた子を「嫡出でない子」といいます（「非嫡出子(ひちゃくしゅつし)」ということもあります）。嫡出でない子の父子関係は認知によって成立します。

1 任意認知　任意認知は届出または遺言によって行います（民法781条）。ところで、認知の際、父は血縁関係を証明する必要はありません。そのため、不実の認知がされる危険性があります。そこで、一定の場合は利害関係人の同意が要求されています。その場合を挙げましょう。

第1に、成年の子を認知する場合は、その子の承諾が必要です（民法782条）。第2に、父は胎児を認知することができますが、その場合は母の承諾が必要です（民法783条1項）。最後に、父は死亡した子に直系卑属がいる場合に限り、その死亡した子を認知することができますが、その直系卑属が成年者である場合は、その承諾が必要です（民法783条2項）。

2 強制認知　血縁上の父子関係があったとしても、父が任意認知をしないことがあります。その場合、子、その直系卑属またはこれらの者の法定代理人（例えば、親権者である母）は、父を相手方として（人事訴訟法42条1項）、認知の訴えを提起することができます（民法787条）。認知の訴えにおいて勝訴すれば、認知の効果が生じます。認知の訴えは、父の死亡後であっても3年間は提起することができます（同条但書）。

3 認知の効果　認知は出生の時に遡ってその効力を生じます（民法784条）。つまり、認知した父と認知された子の間には、その子が生まれた時から法的な父子関係が存在したものと扱われます。したがって、認知された子は父の相続人になります（民法887条1項）。

これに対して、認知によって影響を受けない事柄があります。まず、嫡出でない子は母の氏を称しますが（民法790条2項）、その氏は認知によって変化しません。ただし、認知された子は、家庭裁判所の許可を得て、父の氏を称することができます（民法791条1項）。次に、認知された子の親権は母が行います。ただし、認知された子は、父母の協議によって父を親権者と定めた場合、父がその親権を行います（民法819条4項）。この場合、母は親権を失います。

なお、父の認知と父母の婚姻によって、その子は嫡出子として扱われるようになります（準正(じゅんせい)：民法789条）。その結果、その子は父母の氏を称し、父母の共同親権に服することになります。

▶2 養子

　出生による親子関係の他に意思による親子関係も存在します。養子は意思によって生じる親子であり，多様な目的で用いられています。例えば，親が未成年の子の身上監護をする，成年子が親の扶養をする，子が親の氏を称する，子が親の相続人になる，といった効果の全部または一部を求めて，親子関係を創出するわけです。養子には普通養子と特別養子の2種類があります。

【1】 普通養子

　① 養子縁組の成立　養親子関係を創出することを「縁組」と呼びます。婚姻の際に婚姻意思，届出意思および届出が要求されたように，普通養子を成立させるためには当事者の縁組意思，届出意思および届出が必要です（届出については民法739条を準用する民法799条）。

　② 縁組の制約　縁組に対しても制約が課される場合があり，そもそも縁組ができない場合や同意等が必要な場合があります。順に見ていきましょう。第1に，養親となる者は，20歳に達していなければなりません（2018年（平成30年）の民法改正による民法792条）。第2に，養親となる者の尊属または年長者を養子とすることはできません（民法793条）。

　第3に，配偶者のある者の縁組です。配偶者のある者が未成年者を養子とする場合，その者は原則として配偶者と共同で縁組をしなければなりません（共同縁組：民法795条本文）。他方で，配偶者のある者が成年者を養子とする場合，または配偶者のある者が他の者の養子となる場合，民法795条の範囲外なので共同縁組は不要ですが，民法796条により配偶者の同意が必要です。

　第4は，15歳未満の者を養子とする場合です。その場合，法定代理人が養子となる者に代わって縁組をします（代諾縁組：民法797条1項）。養子となる者が15歳以上の場合は，法定代理人の同意は不要です。

　最後に，未成年者を養子とする場合です。未成年者を養子とするには，原則として家庭裁判所の許可が必要です（民法798条本文）。

　③ 縁組の効果　養子縁組の効果は民法809条と民法810条に規定されています。まず，養子は嫡出子の身分を取得します（民法809条）。したがって，養子は養親の相続人になります。次に，養子は養親の氏を称します（民法810条）。

　他にも縁組の効果に関する規定があります。民法727条によると，養子と養親，養子と養親の血族との間に親族関係が発生します。

　なお，養子と実方との関係は維持されます。したがって，実親の死亡時には，

養子はその実親の相続人です。

　4　離縁の類型　　養親子関係は離縁によって終了することができます。民法を参照して離縁の類型を調べると，協議上の離縁（協議離縁）と裁判上の離縁（裁判離縁）があります。当事者は最初に協議離縁を試み，それがうまくいかない場合は裁判離縁の手続に進みます。しかし，当事者が裁判離縁を求めても，その前に調停が試みられます（調停離縁）。場合によっては，審判手続に付されることもあります（審判離縁）。離婚の手続と対比しながら学びましょう。

　まず，協議離縁です（民法811条1項）。協議離縁の要件は，当事者が離縁しようとする意思，離縁の届出をなす意思，離縁の届出（民法739条を準用する民法812条）の3つです。

　次に，協議離縁が調わなかった場合（「整う」ではありません），当事者は裁判所に離縁を求めることができます。とはいえ，家庭裁判所はまず調停を試み（調停前置主義），場合によっては審判手続に付されます。それでもなお離縁が成立しなかった場合，当事者は判決による離縁を求めることができます。裁判所が離縁の判決をなすことができるのは，民法814条1項が規定する離縁事由に該当すると認められる場合です。詳細は条文を確認してください。

　5　離縁の効果　　第1に，養子の氏は，離縁によって縁組前の氏に戻ります（民法816条1項本文）。ただし，離縁の時点で縁組が7年継続していた場合，離縁の日から3か月以内に届け出ることによって，縁組中の氏を称することができます（民法816条2項）。第2に，「養子及びその配偶者並びに養子の直系卑属及びその配偶者と養親及びその血族との親族関係は」離縁によって終了します（民法729条）。

【2】　特別養子

　特別養子は，普通養子と異なり，養親が未成熟子の身上監護をすることに特化した制度です。実親が何らかの理由で子を育てることができない場合に，その子に適切な環境を提供することが目的です。したがって，成立要件は厳格ですし，関係の解消は原則として認められません。また，特別養子の場合，実方との親族関係は終了します。なお，児童福祉の現場の指摘に応え，特別養子の利用を促進するため，2019年に民法等の規定が一部改正されました。

　1　成立　　特別養子縁組を成立させるには，家庭裁判所に申立てをした上で，家庭裁判所の審判を得なければなりません（民法817条の2）。家庭裁判所では，以下の要件が備わっているか否かを審査します。

第1に，養親となる者は配偶者のある者が共同でしなければなりません（民法817条の3）。また，養親となる者は，原則として25歳に達していなければなりません（民法817条の4本文）。

　第2に，養子となる者は，原則として，申立ての時点で15歳未満でなければなりません（2019年（令和元年）の民法改正による民法817条の5）。

　第3に，養子となる者の父母の同意が必要です（民法817条の6本文）。ただし，「父母がその意思を表示することができない場合又は父母による虐待，悪意の遺棄その他養子となる者の利益を著しく害する事由がある場合」は，父母の同意は不要です（民法817条の6但書）。

　最後に，特別養子縁組を成立させるには，子の利益のために特に必要があると認められなければなりません（民法817条の7）。家庭裁判所では，以上の要件が備わっているか否かを審査します。

　ところで，特別養子縁組が成立すると子と実親との親族関係が終了するため，養子と養親との関係が良好であるか否か慎重に見極める必要があります。そこで，特別養子縁組を成立させる前に最低6か月の試験養育期間が設けられており，その状況も考慮されることになっています（民法817条の8第1項）。

　② 効果　　まず，普通養子縁組と共通する効果です。第1に，養子は養親の嫡出子として扱われ（民法809条），養子は養親の氏を称します（民法810条）。第2に，特別養子と養親の血族との間に親族関係が生じます（民法727条）。

　次に，特別養子縁組にのみ認められる効果です。特別養子の場合，特別養子と実方の父母およびその血族との親族関係は原則として終了します（民法817条の9本文）。

　③ 解消　　特別養子縁組は未成熟子に適切な環境を用意することを目的と

【ミニコラム08】　民法上の「扶養」とは？

　本章では扱わなかった「扶養」について，補足します。近親者間に扶養の権利義務が生じうることが民法877条以下に規定されています。ここで注意してほしいのは，民法上の扶養においては，あくまでも経済的な扶養を必要とする者が，資力に余裕のある者に対して経済的な給付を求めることができるに過ぎないということです。つまり，精神的な孤独を満たすものでも，身体上のお世話（引取扶養）を当然に求めうるものでもありません。

しています。したがって，離縁は原則として認められません（民法817条の10第2項）。しかし，一定の要件を満たす場合に限り，家庭裁判所の審判によって離縁をさせることができます。その要件は，「養親による虐待，悪意の遺棄その他養子の利益を著しく害する事由があること」および「実父母が相当の監護をすることができること」の双方に該当すること，養子の利益のため特に必要があると認められること，です（民法817条の10第1項）。

❹ 親権

> 神戸太郎は，一郎と離れて暮らすことなど想像したこともなかった。誰が一郎の親権を持つのだろう？親権者となる側が一郎を実際に育てるのか？そもそも親権って何なのだろう？

多くの場合，親は誰かに言われなくても自身が生んだ子を育てます。法律上の権利義務を語る必要はありません。しかし，離婚に直面した夫婦には深刻な問題です。❹では，婚姻している夫婦が嫡出子を育てている場合を念頭において，養育に関する民法の規定を説明します。ここで軸になる単語は「親権」です。民法820条は「親権を行う者は，子の利益のために子の監護及び教育をする権利を有し，義務を負う。」と規定します。❹で学ぶのは親権の内容です。

ところで，親権を有するのは誰でしょうか。父母が婚姻している間は共同して未成年の子に対する親権を行使します（民法818条1項）。子が成年に達すると親権は終了します。離婚後については，❺までお待ちください。

▶1 身上監護
【1】 民法の規定によるもの
　民法は民法820条の具体化として，居所指定権（民法821条），懲戒権（民法822条），職業許可権（民法823条）に関する条文を用意しています。内容は条文を読んで確認してください。
【2】 民法に規定のないもの
　民法の条文はないけれども重要な点について学びましょう。
　① 教育　　教育をなし，教育を受けさせることも親権者の権利であり，義務でもあります（憲法26条2項）。
　② 命名　　嫡出子の氏は父母の氏ですが（民法790条1項），名は父母（出生

届の届出義務者：戸籍法52条1項前段）が定めます。ただし、命名が親権に基づくのか否かについては学説上争いがあります。

　③　医療行為　子に適切な医療を受けさせることは親権者の義務です。また、医療行為に対して（適切な）同意を与えることも親権の範囲に含まれます。ところで、高熱にうなされる子を病院に連れて行くことに、法的な問題はなさそうです。これに対して、外科的処置（特に輸血）が必要な場合や、子が妊娠した場合などを想定すると微妙な問題が生じます。子が一定の年齢に達しているならば、「自己決定権」が尊重されます。しかし、親権者の意向（場合によっては宗教的信念）がそれに対立することもあります。さらに、医療従事者の立場からみて合理的な選択とは言えない場合はどうでしょうか。実は難しい問題なのです。

▶2　財産管理
【1】　代理権等

　民法824条は、「親権を行う者は、子の財産を管理し、かつ、その財産に関する法律行為についてその子を代表する」と規定しており、親権者に包括的代理権を認めています。しかも、民法第1編の総則には法律行為の同意権および取消権（民法5条）が規定されています。

【2】　利益相反行為

　親権者は「自己のためにするのと同一の注意をもって」子の財産管理を行わなければなりません（民法827条）。しかし、適切な監督がなされないと子の財産を好き勝手に使ってしまったり、複数の子の1人を不当に扱ったりすることもあるかもしれません。例えば、父が子の不動産を購入しようとする場合、父は代価を安く抑えて自身の利益を増やそうとするかもしれません。あるいは、父母の間に2人の男の子がいるとして、父が死亡した場合、母は2人の子の代理人として、長男が遺産の全てを取得するという遺産分割協議を成立させるかもしれません。そこで、親権者と子の利益、子相互間の利益が相反する行為をなす場合は特別代理人の選任が要求されています（民法826条）。特別代理人が選任されない場合は無権代理となります。

❺　離婚

　神戸太郎は花子から離婚届の用紙を差し出され，それに署名と押印をするように迫られた。太郎は一枚の紙の重みに押し潰されそうだったが，仕方なく署名と押印をして花子に手渡した。しかし，花子はあえて用紙を提出せず，その後半年ほどの時間が経過した。太郎は離婚届がいつ提出されるのかと思うと気持ちが落ち着かない。

▶1　離婚の類型

　民法を参照して離婚の類型を調べると，協議上の離婚（協議離婚）と裁判上の離婚（裁判離婚）があることがわかります。当事者は最初に協議離婚を試み，それがうまくいかない場合は裁判離婚の手続に進みます。しかし，当事者が裁判離婚を求めても，その前に調停が試みられ，審判手続に付されることもあります。以下では，これらの手続について順に学びます。

【1】　協議離婚

　① 協議離婚の要件　　夫婦は協議によって離婚をすることができます（民法763条）。協議離婚の要件は，当事者が離婚しようとする意思，離婚の届出をなす意思，離婚の届出（民法739条を準用する民法764条）の3つです。

　② 不受理申出　　本章では意思と届出が必要な行為をいくつかとりあげました。いずれにおいても，届出時においてその行為をする意思と届出意思の双方が備わっている必要がありますが，窓口の職員はその意思を審査しません。届出の用紙に不備がなければそのまま受け付けられ，法的な問題が認められなければ受理されるでしょう。そして，その旨が戸籍情報として記録されます。多くの場合はそれで問題ないのですが，❺の冒頭の例の場合はどうでしょうか。たとえ離婚届に太郎の意思が反映されていないとしても，一度離婚届が提出されてしまうと，あとで太郎がその有効性を争うことは困難です。そこで，戸籍法には「届出がなされた場合にはその届出を受理しないでほしい」という要求を実現する制度が存在します（戸籍法27条の2第3項―離婚届の他に養子縁組届，離縁届，婚姻届，認知届も対象です）。原則として，本籍地の市区町村長に申し出ることになっています。

【2】 調停離婚

　太郎の必死の説得により，花子は離婚届の提出はあきらめた。しかし，花子の離婚の意思は固く，舞台は裁判所に移されることになった。

　夫婦の一方が離婚を求めているが他方がそれを拒否している場合，または，双方とも離婚には同意しているが具体的な条件で折り合いがつかない場合，当事者は家庭裁判所に離婚に関する調停を申し立てることができます（家事事件手続法255条1項）。仮に，当事者が離婚の訴えを提起したとしても，事件は職権で調停に付されます（調停前置主義：家事事件手続法257条1項・2項）。裁判官1名および家事調停委員2名以上で構成される調停委員会（家事事件手続法248条1項）において調停がなされます（家事事件手続法247条1項本文）。離婚について当事者間に合意が成立し，それを調書に記載したときは，離婚調停が成立します（家事事件手続法268条1項）。

【3】 審判離婚

　離婚について当事者間に争いはないが具体的な条件について折り合いがつかないという状況において，家庭裁判所が「相当と認める」場合，審判に付されることがあります（家事事件手続法284条1項）。ただし，当事者は審判に対して2週間以内に異議を申し立てることができます（家事事件手続法286条1項・2項）。異議申立てがあった場合，その審判は効力を失います（同5項）。

【4】 裁判離婚

　離婚調停が調わず，審判離婚も成立しなかった場合，当事者は判決による離婚を求めることができます。裁判離婚の手続も家庭裁判所の管轄です（人事訴訟法4条）。裁判所が離婚の判決をなすことができるのは，民法770条1項の離婚事由に該当すると認められる場合です。

　一方で，民法770条1項には具体的離婚事由が4つ挙げられています（第1号～第4号）。第1は配偶者の不貞行為，第2は配偶者による悪意の遺棄，第3は配偶者の3年以上の生死不明，第4は配偶者が強度の精神病にかかり回復の見込みがないことです。ただし，これらの事由があったとしても，一切の事情を考慮して婚姻の継続が相当と認められる場合は，裁判所は離婚の請求を棄却することができます（民法770条2項）。

　他方で，民法770条1項5号には「その他婚姻を継続し難い重大な事由があるとき」と規定されています（抽象的離婚事由）。先ほど挙げた4つの具体的離

婚事由はこれの具体化であり，民法770条は夫婦生活が破綻している場合は離婚を認めるという主義（破綻主義）を採用していると考えられています。

▶2　効果

　夫婦は離婚をすると他人に戻ります。同居協力義務は消滅し，再婚が可能となります。ただし，女性には再婚禁止期間があります。以下では離婚の効果として特に規定されている事柄について学びます。

【1】　親権

　離婚後も「親子の絆」は変わらないかもしれません。しかし，民法上親権者は父または母の一方のみとなります（単独親権）。したがって，父母が離婚をする場合は親権者を定めなければなりません（民法819条）。親権者と具体的に監護をする者は異なる可能性があり，その場合は監護をすべき者（監護権者）を定めます。他にも，親子の面会交流，子の監護費用についても定めなければなりません（協議離婚につき民法766条，裁判離婚については民法771条が同条を準用）。

【2】　復氏

　婚姻によって氏を改めた夫または妻は，離婚によって婚姻前の氏に復します。ただし，復氏した者は離婚から3か月以内に届け出ることによって，婚姻中の氏を称することができます（民法767条，民法771条）。

【3】　財産分与

　離婚をする夫婦の一方は他方に対して財産分与を求めることができます（民法768条，民法771条）。その内容は3つに分析されています。第1に夫婦財産の清算です。民法の法定財産制は原則として夫婦別産制でした。夫片働き夫婦を考えると夫の給料は法律上夫のもの，夫の給料で買った物は夫のもの，夫の給料による貯金は夫のものとなります。専業主婦は夫の仕事に貢献したにもかかわらず，1円も手元に残すことができません。そこで，夫の財産の（例えば）半分を妻に与えるのです。第2に扶養です。離婚した夫婦には最早扶養義務は存在しませんが，それでは専業主婦が離婚するとたちまち経済的に困窮します。そこで扶養を目的とする財産移転をなすのです。第3に損害賠償です。例えば，相手方配偶者の不貞行為が原因で夫婦関係が破綻した場合，精神的苦痛の慰謝を求めて損害賠償を求めることがあるかもしれません。損害賠償請求権の判断基準は民法709条によります。

【4】 姻族関係の終了

姻族関係は離婚によって終了します（民法728条）。条文番号が離れていますので注意してください。

　結局，神戸太郎は調停において離婚に応じることにした。夫婦関係は破綻しているため，最後まで争ったところで離婚という結論を避けることはできないだろうと考えたからだ。一郎の親権は花子が行い，身上監護も花子が行うことになった。とはいえ，太郎には1か月に2回は一郎と会うことが定められた。

【足立公志朗】

資料④　親族・親等図

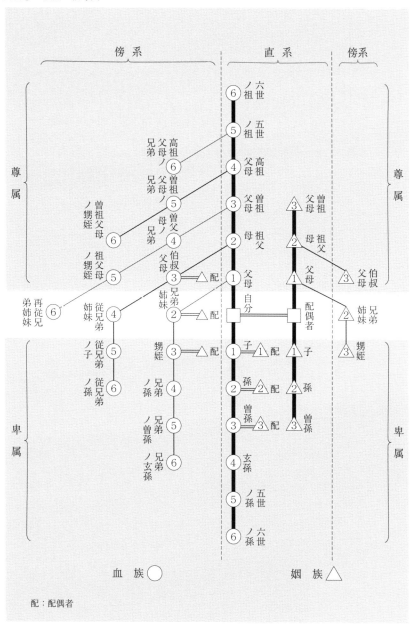

12章——親族 | 167

★トピック09　民法上の「親族」とは？

　民法上の「親族」に関する語句について説明します。12章と13章で頻繁に登場します。文字の説明だけでは難しいので、資料④の図を見ながら読んでください。
　「親族」とは6親等内の血族，配偶者および3親等内の姻族を指します（民法725条）。それぞれについて説明します。第1に，「血族」は，出生による血のつながりがある者です（例えば，本人－父母）。ただし，養子と養親およびその血族との間には（血のつながりはありませんが）血族間と同一の親族関係が生じます（民法727条）。第2に，「配偶者」です。ここでいう「配偶者」は婚姻の相手方を指します。内縁や自由結合の相手方は含まれません。配偶者は血族でも姻族でもありませんが，親族には含まれます。第3に，「姻族」は，配偶者の血族（例えば，本人－配偶者の父母），または血族の配偶者（例えば，本人－兄の配偶者）です。
　これに関連する用語を説明します。第1に「直系」と「傍系」です。「直系」は，血統が縦につながる関係（例えば，本人－父母・祖父母），「傍系」は，血統が共通の先祖から分岐する関係（例えば，本人－兄弟姉妹）です。第2に「尊属」と「卑属」です（「尊族」・「卑族」ではありません）。「尊属」は本人よりも前の世代にある血族，「卑属」は本人よりも後の世代にある血族です。親等図では尊属は本人よりも上，卑属は本人よりも下に記載されています。
　最後に，「親等」は親族関係の遠近を示す単位です。親子一代を「1親等」と数えます（民法726条1項）。例えば，本人と父母は1親等です。傍系血族の場合，共通の先祖まで遡り，また下りるという計算をします（同条2項）。例えば，本人と甥は3親等です（本人→父母→兄弟姉妹→甥，と計算します）。本人と配偶者は0親等です。
　細かく説明しましたが，民法の条文を眺めると「親族」であるということだけでは関係者の範囲が決まらないことが多いのです。関係者の範囲は，各規定の趣旨に合わせて定められています。例えば，いとこ同士の婚姻は認められるでしょうか。実は一定の近親婚は禁止されていますが，「親族」間の婚姻の全てが禁止されるわけではないのです。ここで問題になるのは民法734条です。同条1項は直系血族または3親等内の傍系血族の間における婚姻のみを禁じています。いとこは親族ですが，4親等の傍系血族ですので婚姻は認められます。図を参照したりこの説明を確認したりしながら，条文を読み解きましょう。

【足立公志朗】

13章　相続

神戸太郎と神戸花子が離婚する前の話である。
神戸島子（神戸太郎の母）が亡くなった1年後，
神戸港次郎（神戸太郎の父）が後を追うように亡くなった。
太郎は葬儀を済ませると，緊張や疲労でフラフラだった。
しかし，次美（太郎の妹）が相続の話を持ち出し，
太郎もじっとしていられない。

❶　まえナビ

　13章では「相続法」について学びます。誰かが死亡した時に，その人の財産を誰がどれだけ承継するのでしょうか。国家が死者の財産をすべて召し上げるという制度もあり得ます。しかし，そのような制度に直面すると，死期の迫った人は自身の財産を贈与によって身内に渡すでしょう。そこで，多くの国では一定の近親者を相続人としています。それでは，相続人を決定するのは誰でしょうか。死者でしょうか。法律によって自動的に定まるのでしょうか。

　日本の民法では「第5編　相続」に相続の規定が設けられています。そこでは，法律によって相続人が定められており，法定相続人に相続財産を帰属させるという仕組みになっています（「法定相続」：第1章〜第6章）。他方で，死者による一定の財産処分も認められています。「自分が死んだらこの財産はこの人にあげたい。」この欲求は「遺言」によって満たされます（第7章）。ところが，遺言によって全財産を処分できるとするならば，近親者は困った状況に陥るかもしれません。そこで，一部の相続人には「遺留分」として相続財産中の一定の価値が割り当てられています（第8章）。

　以下本章では，❶で法定相続について，❷で遺言(いごん)について，❸で遺留分(いりゅうぶん)について学びます。最後に❹で，相続の最終局面としての遺産分割について学びます。相続に関する規定は2018年の民法改正及び2019年の民法改正により，大きく変化しました。本章では改正法を基準に説明していますが，紙面の都合上改正箇所を一々指摘していません。

　さて，**12**章に引き続き，この章でも「神戸太郎と神戸花子」夫婦が登場します。この2人が遭遇する問題は誰もが直面しうる問題です。具体的なイメージを持

って読み進めてください。

❶ 法定相続

▶1　相続人

　民法第5編の「第2章　相続人」を見ると，相続人の資格が与えられる者に関する規定と相続人の資格を失う者に関する規定の2種類があることがわかります。まず，相続人資格が与えられる者は誰でしょうか。

【1】　相続人資格の取得

　海外のドラマを見ると「遺言によってあなたが相続人に指定されました」というシーンがありますが，日本では法律によって自動的に相続人が定まります（法定相続人）。相続の開始時は被相続人（相続される者）の死亡時です（民法882条）。したがって，被相続人の死亡時を基準にして，以下に掲げる者が相続人になります。なお，相続が開始した場合に相続人となる予定の者を「推定相続人」（民法892条）といいます。

　1　配偶者　　被相続人の配偶者は常に相続人です（民法890条）。

　2　血族相続人　　一定の血族も相続人になります。血族相続人には順位があり，順位の高い者に該当者がいる場合は，それより下の順位の者は相続人になりません。第1順位は被相続人の子です（民法887条1項）。第2順位は被相続人の直系尊属で，第3順位は被相続人の兄弟姉妹です（民法889条1項1号・2号）。

　3　代襲相続人　　例えば，Zに2人の子（AとB）がいて，Aには2人の子（CとD），Bにも2人の子（EとF）がいるとします。Aが死亡した後にZが死亡

【ミニコラム09】　財産上の格差を補う制度

　12章で見た通り，日本の夫婦の大半は夫婦財産制として別産制（法定財産制）をとります。要するに夫の物は夫のもの，妻の物は妻のものです。一見公平なようですが，夫片働きの夫婦を念頭におくと夫婦間の財産上の格差を助長します。これに対して，夫死亡時における妻の相続人の地位と離婚時における財産分与の2点が夫婦間の財産上の格差を補うものと考えられています。これに加えて，被相続人死亡後における配偶者の住居を確保するための制度も用意されています（2018年の民法改正によって設けられた配偶者居住権：民法1028条以下）。

した場合，被相続人Ｚの相続人は誰でしょうか。上記のルールをあてはめると，Ｚの子であるＢのみです。Ａは相続人になりません。なぜなら，相続人になるためには被相続人の死亡時にその者が存在していなければなりませんが（同時存在の原則），ＡはＺの死亡時に存在していないからです。しかし，Ａの子（ＣとＤ）がＺの財産による恩恵を受けることができないのは不公平です。そこで，民法887条2項により，ＣとＤはＡを代襲してＺの相続人（代襲相続人）になります。したがって，Ｚの相続人は，Ｂ，ＣおよびＤの3名です。

【2】 相続人資格の喪失

> 神戸港次郎は生前，「三郎（太郎の弟）には散々迷惑をかけられた。あいつには遺産はびた一文やらん！！」と言っていた。

相続人が相続人の資格を失う場合があります。一定の要件を満たした場合に法律上当然に資格を失う場合（相続欠格）と，被相続人の意思に基づいて資格を失う場合（推定相続人の廃除。「排除」ではありません）の2種類です。

① 相続欠格　民法891条に欠格事由が列挙されているので条文を読んでください。例えば，被相続人を殺したり，殺そうとしたりした場合（同条1号），詐欺または強迫によって被相続人に遺言をさせた場合（同条4号）に相続人でなくなることは容易に理解できるでしょう。

② 推定相続人の廃除　「被相続人に対して虐待をし，若しくはこれに重大な侮辱を加えたとき，又は推定相続人にその他の著しい非行があったとき」において，被相続人が生前に家庭裁判所に廃除を申し立てること（民法892条），または遺言において廃除の意思を示した上で遺言執行者が廃除を申し立てること（民法893条）によって行います。いずれにせよ家庭裁判所による審判が必要です。

【3】 相続人資格の承認と放棄

> 父には借金があったはずだ。わずかな額であれば遺産から支払うことができるかもしれない。そういえば，怪しげな風体の人間が父を訪れるのを何度か見た。父の死後は姿を見ないがどういうことだろう。

相続人は被相続人の積極財産も消極財産（借金等）も全て承継するのが原則です（単純承認：民法920条）。「父には借金なんてないので，心配はいらないよ」と思うかもしれません。しかし，住宅ローンやクレジットカードの支払い等，消極財産があることは普通のことです。それでは，被相続人の借金が相当な額

である場合に，相続人が自ら相続人資格を拒否することはできないのでしょうか。民法には，相続人資格を拒否する制度，承継する積極財産の限度で負債も引き受ける制度が用意されています。

[1] 相続放棄　相続人は相続開始を知った時から3か月以内に，相続放棄をなすことができます（民法915条）。相続放棄のためには家庭裁判所における申出が必要です（民法938条）。相続放棄をなすと積極財産も消極財産も承継しないことになります（民法939条）。

[2] 限定承認　被相続人の資産状態について，3か月では十分な調査がなしえない場合があります。「できれば積極財産を承継したいが，莫大な負債が判明した場合は，遺産の範囲内での支払いに留めたい（自身の固有財産でもって支払うのは勘弁してほしい）。」という要求も生じるでしょう。それに応えるのが限定承認です（民法922条）。ただし，複数の相続人（共同相続人）が存在する場合は，共同相続人全員で限定承認をしなければなりません（民法923条）。

[3] 単純承認　一切の留保なしに相続人になることを単純承認といいます。「単純承認をする」と宣言する必要はありません。相続開始を知った時から3か月以内に相続放棄も限定承認もなさなかったならば，単純承認をしたものと扱われます（民法921条2号）。したがって，この3か月の期間は相続人の意思決定のために重要な期間です（熟慮期間）。なお，3か月が経過していなくても，単純承認をしたとみなされる場合があります。民法921条1号と3号を読んでください。

▶2　相続分

次美は，太郎が遺産を独り占めするのではないかと警戒しているらしい。心配しなくてもそんなつもりなどない。そもそも，次美にも相続分があるはずだ。

相続人が1人であれば，その相続人が遺産の全てを承継します。これに対して，相続人が複数の場合，被相続人の遺産は相続分の割合に応じて共同相続人の共有になり（遺産共有: 民法898条），遺産分割において帰属が定まります（民法906条以下）。ここでは「相続分」について学びます。

【1】法定相続分

[1] 配偶者のみ　相続人が配偶者のみの場合，相続人は1人ですから，こ

の者が全ての遺産を承継します。

⑵　血族相続人のみ　　共同相続人が血族相続人のみの場合，原則として各自の相続分は相等しいものとされています（民法900条4号本文）。過去には，嫡出でない子の相続分は嫡出子の2分の1とされていましたが（旧900条4号但書），この規定は最高裁の大法廷によって違憲であると判断され（最大決平成25年9月4日民集67巻6号1320頁），現在では削除されています。

⑶　代襲相続人が存在する場合　　代襲相続人の相続分は「その直系尊属〔被代襲者〕が受けるべきであったものと同じとする。ただし，直系卑属が数人あるときは，その各自の直系尊属が受けるべきであった部分について，前条の規定に従ってその相続分を定める。」（民法901条1項）と規定されています。

例を挙げます。Zに2人の子（AとB）がいて，Aには2人の子（CとD），Bにも2人の子（EとF）がいるとします。Aが死亡した後にZが死亡した場合，Zの相続人はZの子Bと代襲相続人のC・Dです。相続人は3名ですので，相続分は3分の1ずつでしょうか。そうではありません。次のように考えます。

・Bの相続分は，1/2です。
・AがZの死亡時に生存していたならば受けるべきであった相続分は，1/2です。
・したがって，CとDの相続分はそれぞれ，1/2×1/2＝1/4です。

⑷　配偶者と子　　次に，共同相続人の中に配偶者と血族相続人の双方が含まれる場合です。第1に，相続人が被相続人の配偶者と子である場合，配偶者の相続分は2分の1，子全体の相続分は2分の1です（民法900条1号）。子が複数いる場合，2分の1の相続分を頭数で割ります（民法900条4号）。

例を挙げます。Zには配偶者Wと2人の子（AとB）がいるとします。各自の相続分は次の通りです。

・配偶者Wの相続分は，1/2です。
・AとBの相続分はそれぞれ，1/2×1/2＝1/4です。

⑸　配偶者と直系尊属　　共同相続人が被相続人の配偶者と直系尊属である場合，配偶者の相続分は3分の2，直系尊属全体の相続分は3分の1です（民法900条2号）。直系尊属が複数いる場合，3分の1を頭数で割ります（同条4号）。

⑹　配偶者と兄弟姉妹　　共同相続人が被相続人の配偶者と兄弟姉妹である場合，配偶者の相続分は4分の3，兄弟姉妹全体の相続分は4分の1です（民

法900条3号)。兄弟姉妹が複数いる場合，4分の1を頭数で割ります(同条4号)。
【2】 相続分の修正

> 太郎は大学院の修士課程を出ている。港次郎の収入はつつましやかだったが，太郎に対する期待もあって港次郎は太郎の学費を捻出したのだった。ところが，港次郎は成績優秀な次美の大学院進学を認めなかった。次美は，大学院の学資をもらった太郎と自身とで遺産の取り分が同じなのはおかしいと言う。

　民法には相続分に関する規定がありますが，被相続人は遺言によって相続分を変更することができます。また，被相続人が共同相続人の1人に対して生前に経済的な利益を与えていた場合，利益を受けなかった相続人との不公平を解消するために，相続分を調整することになっています。

　① 相続分の指定　被相続人は遺言によって相続分を指定することができます(民法902条1項)。

　② 特別受益の処理(具体的相続分)　身近な例から入りましょう。冷蔵庫にケーキが2つ入っています。小学生2人姉妹のおやつです。学校から最初に帰宅したのは妹でした。自宅で仕事をしていた父親がケーキの1つを差し出すと，妹はぺろりと平らげました。姉が帰ってきました。父親がもう1つのケーキを差し出します。それを見た妹が「私も半分ほしい！」と言いました。さあ，父親はどのようにすればよいでしょうか。

　相続法に戻ります。共同相続人のある者が，生前の被相続人から贈与を受けていた場合，または遺贈(詳細は❷▶3を見てください)を受けた場合，その財産(特別受益)は相続財産の前渡しだと考えられます。したがって，その価値を踏まえて相続分を修正する必要があります。太郎のケースだと，港次郎死亡時の遺産を単純に頭割りにすると，太郎は大学院の学資分だけ多くの財産を港次郎から受け取ったことになります。その結果，他の相続人との間に不公平が生じるため，相続分を修正する必要が生じるのです。修正の手順は民法903条に規定されており，これによって算出される相続分を「具体的相続分」といいます。手順を示します。

　①相続開始時の財産(現存財産)の価額に，「共同相続人に対する」贈与の価額を加算し，これを相続財産とみなします(みなし相続財産)。遺贈の価額は現存財産に含まれるため加算しません。

　②みなし相続財産に各自の相続分を乗じます。

③②の相続分から特別受益の価額を減じます。

例を挙げます。Zには3人の子（A，BおよびC）がいるとします。現存財産の価額は1億2000万円です。Zは生前Aに対して3000万円分の贈与をしており，Zは遺贈によってBに2000万円を与えたとします。

- みなし相続財産は，1億2000万円＋3000万円＝1億5000万円です。
- Aの具体的相続分は，1億5000万円×1/3－3000万円＝2000万円です。
- Bの具体的相続分は，1億5000万円×1/3－2000万円＝3000万円です。
- Cの具体的相続分は，1億5000万円×1/3＝5000万円です。

つまり，Zの手元にある1億2000万円のうち2000万円が遺贈としてBに支払われ，残りの1億円につき，Aには2000万円分，Bには3000万円分，Cには5000万円分の取り分（具体的相続分）がある，ということです。Aは生前のZから3000万円の贈与を，BはZから2000万円の遺贈を受けているため，全員が平等に5000万円の利益を得ることになります。

なお，この処理は被相続人が反対の意思を表明することによって回避することができます（民法903条3項）。例えば，「Aに対する贈与はAの将来に期待してなされたものだから，遺産分割において考慮してはならない。」といった意思が表明された場合，Aに対する贈与は現存財産に加算されません（同条4項も読んでください）。

③　寄与分の処理　　共同相続人の中に，被相続人の財産の維持または増加に貢献した者がいる場合，その価値を踏まえて相続分を修正する必要があります。例えば，共同相続人のある者が，被相続人の家業を手伝い，被相続人の財産を増加させたならば，その増加分（「寄与分」）をその相続人に与えるのが公平でしょう。詳細は民法904条の2に規定されています。

▶3　相続財産

【1】　包括承継

各相続人は，自身の取り分（相続分）を基準にして遺産分割に臨みますが，そもそも何が相続財産となるのでしょうか。原則は，被相続人に属した全ての財産です（民法896条本文）。もちろん消極財産も含みます。

【2】　一身専属権・一身専属義務

しかし，扶養請求権が承継されるのはおかしいでしょう。なぜなら，要扶養状態にあるか否かはその人ごとに判断しなければならないからです。このよう

に，その人が有して初めて意味のある権利を一身専属権，その人が負担して初めて意味のある義務を一身専属義務といいます。一身専属権と一身専属義務は承継されません（民法896条但書）。

【3】　生命保険金

被相続人の死亡によって相続人が取得する権利の中には，相続とは異なる根拠でもって取得されるものがあります。生命保険金はその典型で，生命保険契約によって取得されます。

❷　遺言

太郎が港次郎の遺品の整理をしていると港次郎の遺言らしきものが見つかった。そこには「私が所有する自宅の土地と建物は神戸太郎に相続させる。神戸港次郎。20××年5月吉日」と記載されていた。

人は生まれた時に権利能力を取得し（民法3条1項），死亡した時に権利能力を失います。それでは，死亡を契機とする財産処分は認められるでしょうか。例えば，自身が死亡するまでは所有する建物に住み続けるが，自身が死亡したら子に与えたい，という要求は実現できるでしょうか。現在の日本においてこれが可能であることは常識でしょう。しかし，死者の意思の実現には難しい問題があります。

例えば，あなたが賃貸マンションを借りているとして，マンションに関するトラブルが生じた場合，あなたはどうしますか。管理人（管理会社）か貸主に問い合わせをしますね。契約の場合相手方が存在しますから，トラブル時には確認や交渉が可能です。

これに対して，死者の意思を実現しようとする場合，実行時に本人はこの世にいません。したがって，生前に示された意思が不明瞭であったとしても，その内容を確認をすることができません。だからこそ，死亡時に実現しうる事柄（遺言事項）をあらかじめ定めた上で，一定の要式を満たしたもの（遺言）のみを本人の真意として取り扱うことにしたのです（一般的に「遺言」は「ゆいごん」と読みますが，法律家のあいだでは「いごん」と読むことが多いようです）。

▶1　遺言事項

遺言事項の中には，遺言のみにおいてなしうること（遺贈，相続分の指定，遺言執行者の指定等）と，生前の行為においても遺言においてもなしうること（嫡出でない子の認知，推定相続人の廃除，特別受益の処理に関する反対の意思の表明等）の2種類があります。

▶2　遺言の方式

遺言の方式には普通の方式（民法967条以下）と特別の方式（民法976条以下）があり，普通の方式には，自筆証書遺言，公正証書遺言，秘密証書遺言の3つがあります。ここではよく使われる自筆証書遺言と公正証書遺言をとりあげます。

【1】　自筆証書遺言の要件

自筆証書遺言は遺言者が自筆で作成する遺言です。その要件は，「遺言者が，その全文，日付及び氏名を自書し，これに印を押さなければならない」と規定されています（民法968条1項）。自書が必要ですので，パソコンを使って作成した文面をプリントアウトしても意味はありませんし，代筆した場合も効果はありません（但し，財産目録の自筆は不要です（民法968条2項））。忘れがちなのが日付です。内容の抵触する遺言が複数発見された場合，後の遺言によって前の遺言が撤回されたものとみなされます（民法1023条1項）。つまり，後の遺言が優先されるため，遺言の作成日が明記される必要があります。例えば「5月吉日」と記載された場合，日付を特定することができないため，その遺言は効力を生じません。

【2】　公正証書遺言の要件

公正証書遺言は公証人に作成してもらう遺言です。公証人は公証役場に勤める特殊な公務員で，公正証書遺言を作成してもらうためには手数料等が必要です。したがって，費用はかかりますが，公証人という専門家が関与するため，確実に遺言をする場合に用いられます。公正証書遺言作成の手順は民法969条の1号から5号に記されていますので条文を読んでください。なお，作成された遺言書の原本は公証役場に保管され，遺言者には正本（写し）が交付されます。

【3】　自筆証書遺言と公正証書遺言の比較

自筆証書遺言と公正証書遺言の長所と短所を挙げましょう。まず，自筆証書遺言の長所は，簡単に作成できて費用がかからないことです。これに対して，

短所は，偽造や変造が容易で，しかも，他人に隠されたり捨てられたりする可能性があること，死亡時に見つからない可能性があること，遺言者が法的な不備に気づかない可能性があることです。但し，自筆証書遺言は法務局等の「遺言書保管所」に保管を求めることができます（法務局における遺言書の保管等に関する法律）。保管をすれば自筆証書遺言をめぐるリスクの一部は軽減されるでしょう。

公正証書遺言の長所は，専門家を介するため偽造や変造の恐れがなく，法的な不備が生じにくいことです。これに対して，短所は，専門家を介するため費用がかかること，証人の立ち会いを求めるため遺言の内容が漏れてしまう可能性があることです。

▶3　遺贈

自身の死亡時に財産を与える手段として，民法は2つの手段を用意しています。1つは死因贈与，もう1つは遺贈です。死因贈与（民法554条）は贈与の一種ですから，相手方（受贈者）の承諾が必要です。これに対して，遺贈は遺言の中で行います。遺贈の効力が生じるのは，原則として遺言が効力を生じる遺言者死亡時（民法985条1項）で，相手方の承諾は不要です（単独行為）。以下では遺贈の種類を2つ挙げた後，遺贈と類似する処分を紹介します。

【1】　特定遺贈

「Gに甲不動産を与える」というのが遺贈の典型例です。このような特定財産の遺贈を特定遺贈といいます。

【2】　包括遺贈

これに対して，「Hに私の財産の3分の1を与える」という遺贈も考えられます。このように割合でもって指定された財産の遺贈を包括遺贈といいます。

【3】　特定財産を「相続させる」遺言（特定財産承継遺言）

相続人に財産を与えようとする場合に「相続人Aに乙不動産を相続させる」という表現が用いられることがあります。特定遺贈と同じように見えますが，「相続させる」遺言による財産の移転は「遺贈」ではなく「相続」によるもの（遺産分割方法の指定：民法908条）であると考えられており，遺贈とは効果が異なります。現在における主要な効果の差は，不動産の登記手続です。不動産の特定遺贈の場合，所有権の移転登記の手続は受遺者と相続人（遺言者の地位を承継）との共同申請によります。これに対して，「相続させる」遺言による不動産の

承継の場合，移転登記の手続は受益相続人の単独申請で足ります。したがって，「相続させる」遺言は遺産承継を円滑に進めるために有効であると考えられているようです。

▶4　遺言の実現

契約を締結した後は，その履行に進みます。遺言も同じです。遺言者の死亡によって適式な遺言が効力を生じると，それを具体的に実現させる作業が必要です。ところが，遺言者は死亡しているので遺言者本人が遺言内容を実現させることはできません。そこで，代わりの人間が遺言内容を実現する（執行する）ことになるのです。

【1】　遺言書の検認

死亡した祖父の遺品を整理しているときに遺言書が見つかったとします。内容が気になりますね。しかし，自筆証書遺言は，遺言書保管所に保管されている場合を除き，家庭裁判所における検認を受けなければなりません（民法1004条1項）。開封作業も家庭裁判所にて実施します（同条3項）。ただし，検認の手続を経なかったとしても，遺言の効力に影響はありません。なお，公正証書遺言の場合，検認は不要です（同条2項）。

【2】　遺言の執行

遺言の内容を実現するのは，原則として（遺言者の地位を承継した）相続人です。遺贈がなされた場合，遺贈の目的物を受遺者に引き渡さなければなりません。目的物が不動産であれば，相続人は登記義務者として不動産の所有権移転登記の手続に協力します。

これに対して，遺言事項の中には，相続人ではなく遺言執行者によって実現するべき事柄があります。例えば，推定相続人の廃除が遺言によってなされた場合，遺言執行者が家庭裁判所に請求しなければなりません（民法893条）。他方で，相続人が遺言の執行を拒む場合など，相続人に代わって遺言執行者が遺言内容を実現するべき場合もあるでしょう。遺言者は遺言によって遺言執行者を指定することができます（民法1006条1項）。利害関係人の請求を受けて，家庭裁判所が遺言執行者を選任することもあります（民法1010条）。

❸ 遺留分

その後、港次郎の別の遺言が見つかった。そこには「私の預貯金の内、△△銀行に預けている2000万円は隣人の三宮四郎に譲る。」と記載されていた。この遺言は特に要式の不備が見当たらない。三宮氏は生前の港次郎から遺言の内容を聞かされていたらしく、2000万円の支払を迫ってきた。しかし、これだけの金額を渡してしまうと、自分たちの取り分がずいぶん減ってしまう。

▶1 遺留分の趣旨

民法が法定相続人や相続分について規定する一方で、被相続人は遺言によって遺産を処分することもできます。それでは、被相続人は遺産の全てを相続人以外の誰かに、あるいは、相続人のある者に与えることができるでしょうか。仮にそれを認めると、困窮する相続人も出てくるでしょう。

そこで、相続財産の価値の一部を「遺留分」として一定の相続人（遺留分権利者）に割り当てることにしました。遺留分が侵害された場合、遺留分権利者は侵害された部分の価額の支払を求めることができます（遺留分侵害額請求権）。

▶2 遺留分権利者

「兄弟姉妹以外の相続人」が遺留分権利者とされています（民法1042条1項）。したがって、配偶者、子（代襲相続人を含む）、および直系尊属が遺留分権利者です。

▶3 遺留分の割合

【1】 全体的遺留分率

民法1042条1項の1号と2号を見てみましょう。直系尊属のみが相続人である場合は被相続人の財産の3分の1、それ以外の場合は2分の1とされています。これは遺留分権利者全員の遺留分ですから「全体的遺留分率」（割合なのであえて「率」をつけています）といいます。

【2】 個別的遺留分率

遺留分権利者が複数いる場合、全体的遺留分率に法定相続分を乗じて各自の遺留分とします。これを「個別的遺留分率」といいます。例を挙げます。被相続人Zに配偶者Wと2人の子（AとB）がいるとします。各自の個別的遺留分

率は次の通りです。

- 全体的遺留分率は，1/2です。
- Wの個別的遺留分率は，全体的遺留分率の1/2なので，$1/2 \times 1/2 = 1/4$です。
- AとBの個別的遺留分率は，全体的遺留分率の1/2（子全体の遺留分）のさらに1/2（子2人で等分）なので，それぞれ，$1/2 \times 1/2 \times 1/2 = 1/8$です。

▶4 遺留分侵害の有無

　民法1046条1項は遺留分権利者及びその承継人が「受遺者…又は受贈者に対し，遺留分侵害額に相当する金銭の支払を請求することができる」と規定します。問題は，いかなる場合に遺留分の侵害があると評価されるか，です。遺留分額（金額なのであえて「額」をつけています）に比べて遺留分権利者の現実の取得額が少ない場合に，遺留分の侵害があると評価されます。以下では，遺留分額と遺留分侵害額のそれぞれの算定法を学びます。

【1】 遺留分額の算定

　遺留分額算定の手順は次の通りです。
　①相続開始時の財産（現存財産）の価額に，一定の贈与の価額を加算し，その価額から債務の全額を控除します（遺留分算定の基礎財産：民法1043条1項）。
　②①の額に個別的遺留分率を乗じます（民法1042条1項）。
　遺留分額の算定方法は特別受益の処理（民法903条1項）と似ていますね。両者を混同しないように注意しましょう。ここでは①において加算される贈与について補足します。第1に，ここで加算される贈与は共同相続人以外の者になされたものも含みます。第2に，共同相続人以外の者になされた贈与は，相続開始前の1年間になされたものに限り加算されます（民法1044条1項）。なぜなら，何十年も前の贈与を根拠に遺留分侵害額請求がなされるならば，受贈者が予想外の不利益を受けるからです。これに対して，共同相続人に対してなされた贈与は，相続開始前の10年間になされたものが遺留分算定の基礎財産に算入されます（民法1044条3項）。

【2】 遺留分侵害額の算定

　遺留分侵害があるのは，現実の取得額が遺留分額に達していない場合です。例を用いて侵害額を算定しましょう。被相続人Zには2人の子（A，B）がい

ます。Zが死亡し，Zの現存財産の価額は1000万円です。Zは死亡の半年前に甥（N）に2000万円を贈与していました。また，Zは遺言でAに1000万円を遺贈しました。遺留分侵害額は次の通りです（厳密には1046条2項に規定する手順に従うべきですが，ここでは簡略化しています）。

- 遺留分算定の基礎財産は，1000万円+2000万円=3000万円です。
- AとBの遺留分額は，それぞれ3000万円×1/2×1/2=750万円です。
- Aに対する遺贈は現存財産の中から引き渡されるため，Bには現存財産に対する取り分がありません。また，Bは贈与や遺贈も受け取っていません。
- したがって，Bは取得額が遺留分額に達しないため，遺留分が侵害されています。これに対して，Aは遺贈によって1000万円を受け取っており遺留分を満たしているため，Aの遺留分は侵害されていません。
- Bの遺留分侵害額は，750万円－0円=750万円です。

▶5　遺留分侵害額請求

　遺留分権利者は自身の遺留分が侵害されている場合，遺留分侵害額に相当する金銭の支払を請求することができます（民法1046条1項）。

　複数の受贈者や受遺者が存在する場合，遺留分侵害額の負担の順序は重要な問題です。民法1047条1項各号がその順序を定めています。まず，受贈者よりも先に受遺者が負担します（同項1号）。次に，受贈者が複数の場合，死亡時に近い贈与の受贈者が負担します（同項3号）。なぜなら，死亡時から離れているほど，引渡し時から時間も経過しており，受贈者の権利の安定を図る必要があるからです。最後に，受遺者が複数の場合または受贈者が複数でその贈与が同時にされた場合，目的物の価額に応じて割り付けがなされます（同項2号）。

　以上をふまえて前の例を考えてみましょう。Bは遺留分侵害額請求として，誰に対していくら請求することができるでしょうか。

- 最初に請求の相手方となるのは，受遺者Aです（民法1047条1項1号）。
- BはAに対して遺留分侵害額全額の750万円を請求することができるでしょうか。それはできません。仮に750万円の請求を認めると，Aの手元には250万円しか残らず，Aの遺留分が侵害されてしまうからです。BがAに対して請求できるのは，遺贈の1000万円からAの遺留分の750万円を控除した250万円までです（同項柱書）。
- Bは遺留分侵害額の残り500万円をNに対して請求することができます（同項1号）。

❹ 遺産分割

そろそろ遺産の問題にも決着を付けないといけない。そこで兄弟全員で集まる機会をもった。次美は「遺産分割協議書」と題された書面を差し出し、これに署名と押印をするように迫った。そこには、港次郎の遺産の内、土地と建物は太郎が取得し、預貯金は2等分して次美と三郎が取得すると記されていた。

▶1 遺産分割の対象

被相続人の遺産は、相続開始と同時に共同相続人間で共有状態になった後、遺産分割において帰属が確定します。原則として、相続の対象となる財産の全てが遺産分割の対象となりますが、例外として遺産分割の対象とならない財産も存在します。ここでは、その一例として可分債権を挙げましょう。

分割可能な給付を目的とする債権を可分債権といいます。典型例は金銭債権（損害賠償債権等）です。可分債権は、民法427条を根拠に、相続開始と同時に各相続人に相続分の割合に応じて帰属するものと考えられており、それゆえに、遺産分割の対象にもならないと考えられています。

しかし、重要な例外があります。預金債権は遺産分割の対象となります。預金債権は長らく遺産分割の対象ではないと考えられていましたが、最高裁判所の判例変更により、遺産分割の対象とされるに至りました（最大決平成28年12月19日民集70巻8号2121頁）。

▶2 遺産分割の手続

いよいよ遺産分割の準備が調いました。民法を参照して遺産分割の方法を調べると、協議分割（民法907条1項）と家庭裁判所における分割（同2項）があることがわかります。共同相続人は最初に協議分割を試み、それがうまくいかない場合は家庭裁判所における手続に進みます。遺産分割は審判事件ですので、調停または審判のいずれかになります（裁判分割はありません）。以下では、これらの手続について学びます。

【1】 協議分割

まず、協議分割の要件です。共同相続人全員の参加と全員の同意が必要です。書面の作成は協議分割の要件ではありませんが、後に不動産の登記手続等で利

用するため，遺産分割協議書が作成されることが多いのです。
　次に，協議分割の内容ですが，その内容は自由です。共同相続人全員の同意が得られるならば，相続分に関する規定に拘束される必要はありませんし，一部の相続人の取り分が「0」であっても構いません。

【2】 調停分割

> さすがにこの場で次美の提案に応じることはできず，各自が自宅で考え直して，再度兄弟で集まることになった。太郎が花子に次美の提案について話すと，「土地と建物を押しつけられるなんて冗談じゃない」と言った。

　共同相続人間で協議が調わない場合，または，そもそも協議をすることができない場合（民法907条2項），共同相続人は家庭裁判所に調停分割を申し立てることができます。調停前置主義は妥当しないため，調停を経ずに審判分割を求めることもできますが，多くの場合，調停が試みられます（家事事件手続法274条1項）。

【3】 審判分割

　遺産分割が調わない場合，最終的には家庭裁判所の審判に委ねられます。審判分割においては，原則として具体的相続分を基準として遺産の帰属が定められます。その際，「遺産に属する物又は権利の種類及び性質，各相続人の年齢，職業，心身の状態及び生活の状況その他一切の事情」が考慮されます（民法906条）。

　　※　なお，12章，13章に登場する人物や関係する年月日などは，すべて架空のものであることをお断りしておく。

【足立公志朗】

★トピック10　人の死亡によってはじまるのは……相続だけじゃない！

　人が死亡すると相続が開始することはすでに学びました。しかし，人の死亡によって問題となるのは「相続」だけではありません。多くの人にとってはあまり実感できないのかもしれませんが，ここでは二つの問題に絞って少し触れておきましょう。

1　姻族関係は，配偶者の死亡によっては解消しない

　配偶者が死亡すると，相続が開始するとともに，婚姻関係は，解消されます。ですから，夫は妻が死亡すれば，妻は夫が死亡すれば，再婚できるのです（もっとも，夫は，直ぐに，例えば，妻の死亡の翌日でも，再婚できるのに対して，妻は，そうではありません，民法733条1項）。しかし，婚姻による「姻族」の関係（民法725条3号）は——離婚による婚姻関係の解消の場合は，離婚によってそれが終了するのに対して——，配偶者死亡による婚姻関係の解消の場合には，当然には終了せず，「生存配偶者が姻族関係を終了させる意思表示」をすることにより解消するのです（民法728条）。このような姻族関係終了の意思表示は，最近「死後離婚」といわれています。配偶者が死亡すれば当然に婚姻関係は解消されますので，この「死後離婚」という表現はいささか誤解を招きかねませんが，言い得て妙ではあります。姻族関係が解消されると民法730条が規定する「同居の親族の扶け合い義務」はもはや問題となりません（なお，姻族にはよほどの事情がない限り，「扶養義務」は課されません，民法877条）。では，何故，このような「死後離婚」が近時大きく取り上げられているのでしょうか。これは次の「お墓」の問題とも関連します。

2　お墓の承継は「相続」ではない

　人が死亡すると，通常は葬儀が執り行われます。葬儀を主宰する人を喪主ということはご存知だと思います。葬儀の後は，火葬して「墓」あるいは「納骨堂」に納骨されます。民法は，このような一連の儀式にどのように関わるのでしょうか。民法は，「祭祀」のための系譜・祭具・墳墓の所有権については，被相続人が指定した場合はそれに従い，指定がない場合には慣習に従って祖先の祭祀を主宰すべき者が承継し，慣習が明らかではないときは，家庭裁判所が定める旨規定しています（民法897条）。この規定から明らかなのは，祭祀を承継すべき者は「相続人」に限定されていないことです。例えば，内縁の夫が死亡し，内縁の妻（夫を「相続」することはできません）と，法律婚が成立していて死別した前妻の子との間で，夫〔子どもからみれば「父」〕の祭祀をめぐって紛争がおきたときには，家庭裁判所が子ではなくて内縁の妻が祭祀を承継すると定めることもあるのです。また，家裁のふるい判断ではありますが，「長男が承継するという慣習はない」とするものもあります（「長男が承継する」という慣習を認めた家裁の審判例は，紹介されている限りでは存在しません）。祭祀については，この897条の規定があるのみです。ここから漏れる問題，例えば，死後いずれの墓に入るかどうかは民法は何も語っていません。これは法律の外にある「慣習」によって定まるとしかいえないでしょう。しかし，「死んでまで夫と一緒の墓に入るのは我慢できない」ということからそのような慣習を拒否することも「死後離婚」を選択する理由の一つのようです。

【田中 康博】

14章　条文・判例・体系
▶▶民法の学び方

法律の勉強で，判例を読むことは欠かせないというけれど，どのように読めばいいのだろう？

❶　判例を読む

　最後に本章ではこれまでの学修の総まとめとこれからの学修に向けての次のステップとして「判例」について考えていきます。「判例」とはいくつかの意味がありますが，ここでは，最上級審裁判所（最高裁判所，戦前であれば，大審院）の法律判断が示された裁判例の意味でもちいます。
　では，裁判所が行う法律判断とは何を意味するのでしょうか。これまでの学修から，法律は各々の条文の文言にそれぞれ特有の意味があるのだ，ということが少しづつ分かってきたのではないでしょうか。条文の文言の意味を明らかにすることを「法律の解釈」といいます。裁判所が行う法律判断とは，従って，裁判所が行う「法律の解釈」でもあるわけです。本章では，最高裁の一つの「判例」を採り上げ，「法律の解釈」について考えるとともに，これからの学修についてもすこしだけ述べておきます。

❷　最高裁判所平成11年(1999年)10月21日判決

▶1　判決

　この判決（最判平11年10月21日などと略記されます）は，最高裁判所民事判例集（「民集」と略します）53巻7号1190頁以下で公表されています（ぜひとも，図書館で「民集」を探して実際に読んでください）。この判決は，2017年改正前民法145条の「当事者」の意味に関して最高裁判所が新たな判断を示したものです。判決当時の民法145条は次のようなものでした。

> 「時効ハ当事者カ之ヲ援用スルニ非サレハ裁判所之ニ依リテ裁判ヲ為スコトヲ得ス」

186

なお，この判決後，民法は「現代語化」(2004年) され，2017年改正前の条文は，「時効は，当事者が援用しなければ，裁判所がこれによって裁判をすることができない」でした。

すでに05章で学修したように「消滅時効」という制度がありました。民法145条を消滅時効に即して説明すると，時効期間が経過し，時効が完成したとしても，「当事者」が権利が時効により消滅したと主張しないと（時効を援用しないと），裁判所は他の証拠により時効期間が経過していることが明確であっても「時効により消滅した」として判決をすることができないということになります。言い換えれば，「当事者」が時効を「援用する」という要件が充たされてはじめて，裁判所は時効について判断できるということになるのです。

G銀行から融資を受けた債務者Sが民法145条にいう消滅時効援用の当事者であることは明らかです。「当事者」はこのような債務者だけに限定されるのでしょうか。それ以外の者も含まれるのか，含まれるとしたら具体的にはどのような者が含まれるのでしょうか。換言すれば，どのような立場にある者が時効を援用できる「当事者」(「援用権者」) という要件を充たすのか，という問題に対する一つの回答がこの判決なのです。

▶2 判決を読んでみよう

判決を理解するにはまず「事実」を確認する必要があります。この判決の事実を，判決の理解に必要な限度で簡略化すると次のようなものでした。

【事実の概要】
　Y信用組合は，M会社に対する貸付金債権を担保するためにD所有の本件不動産に根抵当権の設定をうけ登記が経由された。その後，本件不動産には，Xのために根抵当権が設定され，登記が経由された。M会社がY信用組合からの貸付金を返済しないまま消滅時効期間を経過した。そこでXはYに対して，YのMに対する貸付金債権が時効により消滅したとして，Yのための抵当権設定登記の抹消登記手続を請求した。

このXの請求を一審〔地裁〕控訴審〔二審＝高裁〕とも認めませんでした。そこで，Xが上告しました。上告審〔三審＝最高裁〕は次の理由から上告を「棄却」し，その結果，Xの請求が認められないこと＝原告敗訴＝が「確定」しました。

少し長くなりますが，「判決理由」を引用します（原文は縦書きです。漢数字は算用数字に改めています。説明の便宜上，適宜改行の上1〜9の番号を振っています。

また⑤から⑧までは一文であることに注意してください。なお，⑤はいきなり「論旨は」から始まります。これは「Xの上告理由の論旨は」という意味です。Xの上告理由については後で説明します)。　もっとも「判決理由」は一度読んだだけで簡単に理解できるものではありまん。まず一度「下読み」をして「だいたいこのようなものか」という全体のイメージを掴みます。その上で，①から⑨の各部分で何が述べられているのか把握するように努めてください。

【判決理由】
①　民法145条所定の当事者として消滅時効を援用し得る者は，権利の消滅により直接利益を受ける者に限定されると解すべきである（最高裁昭和45年（オ）第719号同48年12月14日第2小法廷判決・民集27巻11号1586頁参照）。
②　後順位抵当権者は，目的不動産の価格から先順位抵当権によって担保される債権額を控除した価額についてのみ優先して弁済を受ける地位を有するものである。
③　もっとも，先順位抵当権の被担保債権が消滅すると，後順位抵当権者の抵当権の順位が上昇し，これによって被担保債権に対する配当額が増加することがあり得るが，この配当額の増加に対する期待は，抵当権の順位の上昇によってもたらされる反射的な利益にすぎないというべきである。
④　そうすると，後順位抵当権者は，先順位抵当権の被担保債権の消滅により直接利益を受ける者に該当するものではなく，先順位抵当権の被担保債権の消滅時効を援用することができないものと解するのが相当である。
⑤　論旨は，抵当権が設定された不動産の譲渡を受けた第三取得者が当該抵当権の被担保債権の消滅時効を援用することができる旨を判示した右判例を指摘し，第三取得者と後順位抵当権者とを同列に論ずべきものとするが，
⑥　第三取得者は，右被担保債権が消滅すれば抵当権が消滅し，これにより所有権を全うすることができる関係にあり，右消滅時効を援用することができないとすると，抵当権が実行されることによって不動産の所有権を失うという不利益を受けることがあり得るのに対し，
⑦　後順位抵当権者が先順位抵当権の被担保債権の消滅時効を援用することができるとした場合に受け得る利益は，右に説示したとおりのものにすぎず，また，右の消滅時効を援用することができないとしても，目的不動産の価格から抵当権の従前の順位に応じて弁済を受けるという後順位抵当権者の地位が害されることはないのであって，
⑧　後順位抵当権者と第三取得者とは，その置かれた地位が異なるものであるというべきである。
⑨　右と同旨の原審の判断は，正当として是認することができる。原判決に所論の違法はなく，論旨は採用することができない。」

▶3　最高裁判決の構造

　読んでみてどうでしたか？難しいと感じた人も少なくなったのではないかと思います。でも，心配はありません。難しくてよくわからなくてもこれから学修していけばいいのです。
　では，判決理由についてすこし詳しく見ていきましょう。
　「当事者」とはどのような者をいうのかについては，この判決の前に，既に最高裁判決がありました。①に挙がっている，最高裁1973（昭和48）年12月14日判決がそれです。この1973（昭和48）年判決は「民法145条の規定により消滅時効を援用しうる者は，権利の消滅により直接利益を受ける者に限定される」と説示していました。本判決は，このような最高裁の以前の判決の立場に従うことをまず明らかにしたのです。
　ところで，1973年判決を調べると，この判決は，先例として最高裁1967（昭和42）年10月27日判決民集21巻8号2110頁を引用しています。この1967（昭和42）年判決は「消滅時効についていえば，時効を援用しうる者を権利の時効消滅により直接利益を受ける者に限定したものと解され」ると定式化（定義）していたのです。1967年判決では，物上保証人（**10章**を参照してください）は「当事者」にあたるとされました。1973年判決では抵当目的物の第三取得者（抵当権設定登記が経由されている不動産を買った者をいいます）が「当事者」にあたるとされました。
　1973年判決は，抵当目的物の第三取得者も民法145条に言う「当事者」にあたるとしたものでした。ところが，この判決から遡ること63年前の1910（明治43）年1月25日，大審院（現在の最高裁判所にあたる裁判所）は民法「145条に所謂当事者とは時効に因り直接に利益を受くべき者，即，時効取得に因り権利を取得し又は，消滅時効に因りて権利の制限若くは義務を免るる者を指称す」（原文は縦書き，漢数字を算用数字に改めたほか表記自体も改めています）るとして，先に見た最高裁判決と同じ定義を与えながら，抵当目的物の第三取得者は「直接に利益を受ける者」にはあたらないと判断していたのです。そして，この最高裁1973年判決がこの大審院判決を「変更する」ものだったのです。
　このような「判例変更」が示しているように，「権利の消滅により直接に利益を受ける者」という定義だけでは具体的にどのような者がこれにあたるのかがつねに当然に明確になるわけではないのです。そこで，Xは，「後順位抵当権者」も，担保目的物の「第三取得者」と同様に扱うべきであり，この定義に

言う「直接利益をうける者」にあたると主張して上告したのです。5での「論旨」はこのような「上告理由」を指しています（この判決後民事訴訟法が改正され，それにより「上告」の手続が改められましたが，ここでは改正後の上告手続については省略します）。この上告理由に対する最高裁の結論が，4の部分になります。つまり，最高裁は，まず1で「当事者」の定義についてはこれまでの最高裁の判断に従うことを明らかにしたうえで，4で，後順位抵当権者は「権利の消滅により直接利益を受ける者にはあたらない」との結論を示しているのです。「後順位抵当権者」は民法145条にいう「当事者」にあたらないとの結論も重要ですが，より重要なのは，何故そのような結論に至ったかという根拠です。

　一定の法的な結論を示すには，その法的根拠が必要です。この判決では2 3が結論を導く理論上の根拠であり，5～8はXの主張に対応したものです。

　理論上の根拠を示すにあたり判決は，後順位抵当権と先順位抵当権との「優先弁済」時における関係を明らかにしています。2がそれで，この関係についてはすでに第10章で学びました。2で述べられたことは，次の3で示される結論の理論的前提といえます。

　3を理解するためには「順位上昇の原則」についての理解が不可欠です。すでに10章で学んだようにYのために抵当権が設定され登記が経由された後に，Xのためにも抵当権を設定し登記をすることができました。この事案ではYが先順位抵当権者，Xが後順位抵当権者です。日本の民法は，抵当権の被担保債権（この事件では，YのMに対する貸付金債権）がその原因が何であれ「消滅する」と，当該抵当権も消滅するというシステムを採っています。そして，先順位抵当権が消滅すると，後順位抵当権の順位が「上昇」します。これを「順位上昇の原則」といいます（明文の規定はありませんが，抵当権は債権を担保するための権利であるということから当然の前提にされています）。後順位抵当権の順位が上昇すると，後順位抵当権者は利益をうけます。**10章**121頁の《例d》【事実②】に即していえば，Gの抵当権の被担保債権が「消滅」すると，G₂のための抵当権の順位が上昇して，「第一順位」となり，抵当権が実行され抵当目的物が競売されるとその代金1億2000万円から優先して，5000万円が配当されます。Gのための抵当権が存続していると2000万円しか配当されないので，先順位抵当権が消滅することにより，後順位抵当権者は利益を受けることになるのです。

　最高裁は，このような順位上昇の原則により，後順位抵当権者が受ける利益は，「反射的利益」にすぎないとしました。ある人が，一定の事実により利益

をうける場合があります。このような「利益」は，法律上保護される場合もあります。すでに11章で学んだように「法律上保護される利益」が侵害された場合には，民法709条のその他の要件が充たされると損害賠償を請求できるというかたちで保護をうけることもできました。民法709条が「権利又は法律上保護される利益」と規定しいるのは，ある人が受ける「利益」には，「法律上保護される利益」と「そうではない利益＝法律上保護されない利益」があることを含意しています。「反射的利益」は，「法律上保護されない利益」に分類されるのです。つまり，順位上昇の原則により後順位抵当権者は確かに利益を受けるものの，この利益は法的な保護の枠外にあり，これは消滅時効の「当事者」を具体化する際にもあてはまり，「後順位抵当権者」が先順位抵当権の被担保債権の時効消滅によってうける利益は法的な保護をうける利益ではないことが，「後順位抵当権者」は「直接の利益を有する者」とはいえないという④の結論を導く「理論的な根拠」となっています。

　上に説明したように，Xは，後順位抵当権は担保目的物の第三取得者と同様に扱うべきだと主張していました（⑤）。これに対して，最高裁は⑥から⑧までで，第三取得者と後順位抵当権者との「利益」の違いに着目して，後順位抵当権者を，担保目的物の第三取得者と同様に扱う必要はないとしました。判決によれば，第三取得者は抵当権の被担保債権の消滅時効を援用できると自己の財産を被担保債権の弁済に充てる（これは09章で学修した「対抗要件主義」の帰結です）という不利益から解放され，自己の財産を全うできるのに対して（⑥），後順位抵当権は，先順位抵当権の被担保債権の消滅時効を援用できなくてもその地位が害されることはない（⑦）としています。10章で学んだように抵当権の設定をうけるときには，既に抵当権が設定されいることを，「登記」によって知ることができます。後順位抵当権者は先順位抵当権があることをわかった上で，自己の計算で抵当権の設定を受けているはずですから，先順位抵当権の被担保債権の消滅時効の援用が認められなくても後順位抵当権者の地位は何ら影響を受けません。この⑥⑦で述べられた第三取得者と後順位抵当権者との「利益」を「衡量（こうりょう）」した結果，最高裁は，⑧の「置かれた状況が違う」という判断にいたったのです。

　第三取得者による抵当権の被担保債権の消滅時効の援用を認めたときの第三取得者の利益と，後順位抵当権者による先順位抵当権の被担保債権の消滅時効の援用を認めたときの後順位抵当権者の「利益」が同じであれば，第三取得者

と後順位抵当権者とを同様に扱う必要も生じます。しかし，この両者の「利益」が違うのであれば，同じに扱う必然性はないのです。それゆえ，⑥から⑧までは，④の結論を支える実質的な根拠にもなっているのです。

最後に，⑨で「右と同旨の原審の判断は，正当として是認することができる」として上告を斥けました。⑨でいう「原審」は「控訴審」（二審＝高裁）を指しています。この事件では，Xの請求は認められないとする「結果」は同じですが，その理由は全く同じではありませんでした。「原判決」つまり，控訴審判決は，「後順位抵当権者にまで時効の援用を認めることは，後順位担保権者にその把握した以上の価値権を与えることになって不都合である」ことを理由にしています。控訴審判決も一種の「利益衡量」によっていますが，「衡量」の仕方が最高裁判決とは全く同じではありません。そういう意味では，厳密には原審と最高裁とでは，「結論」に至る「理由」に違いが認められます。しかし，「民事裁判」は具体的事件について，原告が求めた請求が認められるか／認められないかを判断する制度です。原審と最高裁とで，結論に至る理由に違いがあっても，「結論」＝本件では，Xの請求は認められない＝が同じであれば，原審の判断がそのまま維持され，上告は棄却されるのです。

❸ 判例を理解するためには

この1999（平成11）年判決自体は，民法145条に言う「当事者」に後順位抵当権者が含まれるかどうかという問題に関するものです。しかし，❷▶3最高裁判決の構造で見たように，この条文だけを眺めても最高裁判決の「理論」を理解することはできません。この判決に即して言えば，(1) 問題となっている条文の文言の意味を解釈する（意味を明らかにする）にあたり，既に「判例」があるかどうか，あるとしたらどのように「解釈」されてきたのか，を把握し，(2) 解釈にあたり問題となっている条文だけを考えればよいのか，前提として他の条文や制度について考える必要があるのか，を含めて「理解」する必要があります。

特に(2)については，民法全体の構造の理解にも関わる問題が生じます。この判決では「時効」という民法総則編にある規定の意味を理解するために，「第三取得者」「後順位抵当権者」など民法総則編には規定されていない制度の理解が不可欠の前提となるのです。このような「民法全体」の構造に関わる理解

は一朝一夕にはできません。民法の全ての講義で民法を一通り学修した上で，更に民法全体に亘り各規定の関係を踏まえつつ，判例を理解することが，民法の全体を体系的に理解すること，また民法とその特別法との関係を理解することにも繋がるのです。

❹ 判例と立法

2017年改正民法145条を見てください。条文は次のようになっています。

> 「時効は，当事者（消滅時効にあっては保証人，物上保証人，第三取得者その他権利の消滅について正当な利益を有する者を含む）が援用しなければ，裁判所がこれによって裁判をすることができない。」

　2017年改正法では，(・・・・・・)が付加されています。この付加された部分は，「権利の消滅」について「判例」によりこれまで「当事者」にあたるとされたきた者を「例示」し，「当事者」についての定義を示したものです。このような文言とすることについては，改正法案を作る際の審議での資料では，①「保証人」（保証人が，保証債務ではなくて，「主たる債務」の消滅時効を援用できるという意味で，すでに大審院判決が「当事者」にあたるとしていました）「物上保証人」（1967年判決）「第三取得者」（1973年判決）もここに言う「当事者」に含まれ，消滅時効を援用できるという判例法理を「当事者」という文言から読み込むことは困難であること，②判例による「消滅により直接に利益を受ける者」との表現に対しては，「直接」という基準が必ずしも適切ではないとの指摘がある（「第三取得者」がこれにあたるかどうかに関する大審院判決の最高裁判決による変更を思い起こしてください）ことから，これに代わるものとして「正当な利益を有する」者とする，③しかし，この書き換えは，時効の援用権者に関する判例法理を変更するものではない，と説明されています。つまり，2017年改正による(・・・・・・)の付加は，「判例の理論（「判例法理」や「判例準則」ともいいます）の明文化」ということができるのです。

　では，この法律改正によって，今まで説明してきた民法145条の「当事者」をめぐる判例の展開を理解する必要はないのでしょうか。答えは「否」です。ここで採り挙げた民法145条をめぐる問題に関して言えば，まず，この条文から，「後順位抵当権者」は先順位抵当権の被担保債権の消滅時効を援用する「正

14章——条文・判例・体系

当な利益」を有する者にはあたらないとの結論をすぐに導くことができますか？「できる」というのであれば，判例理論を殊更理解する必要はないともいえます。しかし，おそらく多くの人は，この条文からだけでは，このような帰結を導くのは困難でしょう。

仮に，条文だけからこの帰結を導くことができるとしてもなお問題があります。先にも少し述べたように「裁判」とは具体的事件についてなされるものです。今まで，民法145条の「当事者」の具体的意味をめぐっては，「保証人」「物上保証人」「第三取得者」「後順位抵当権者」などが裁判に登場しました。おそらくは，「当事者」にあたるかどうかが問題なる地位の者は出尽くしたとも思えますが，「事実は小説より奇なり」で，本当にこれ以外の者はないのか，断定はできないのです。もし，今までの裁判では判断されていない地位にある者が現れた場合には，条文の文言だけではなく，何故このように規定されたのか，「判例」の理論や展開がどのようなものであったのか，を踏まえて判断しなければならないのです。従って，「判例の理論」が明文化されてもなお，「判例の理解」は不可欠だといえるのです。

最後に，「判例の理解は不可欠だ」ということを理解してもらうために，本章で採り上げた事件と少しだけ「事実」が異なる事件を紹介しておきます。

次のような事実（実際の事件の事実を必要な限りで簡略化しています）でした。

> Aが所有する「本件土地」について，AはBとの間で「本件売買予約」（民法556条）をし，請求権保全のための仮登記（不動産登記法105条2号）（「本件仮登記」）を経由した（ここでの予約は本来の「売買予約」であり，担保目的ではない）。その後，AはG銀行から融資を受けるに際しGのために本件土地に抵当権を設定し，抵当権設定登記を経由した。本件売買予約締結後，これに基づく予約完結権が行使されないまま民法166条が規定する時効期間が経過した。そこで，GはBに対して，本件売買予約に基づく予約完結権は時効によって消滅したとして，本件仮登記の抹消登記手続を請求した。

皆さんはこの事件のGは，民法145条にいう当事者とは「消滅時効については権利の消滅について正当な利益を有する者」という定義に照らして援用権者と認められると考えますか？それとも認められないと考えますか？この問題を考えるにはあたっては消滅時効以外の領域に関わる知識も必要となるので，理由を付してその結論を考えるのは非常に難しいと思います。しかし，この事件も，1999年判決の判決理由で述べられたことと同じ考え方によって判決されて

います。1999年判決の判決理由で述べられたことを総動員して考えてみてください。

❺ 民法の学び方

　これまでの学修から民法は私たちの日常生活に必要な身近な法であることは理解できたと思います。しかし，他方で，民法典は条文だけで1000以上もあり，全部を理解する（「覚える」ではありません）のはなかなか大変だと感じた人も多いと思います。以下，民法の学び方について述べておきます。今後の学修の参考にして下さい。なお，以下のことは，民法の学修だけではなくて，憲法はもちろん他の法律（刑法・行政法・民事訴訟法等々）の学修にもあてはまります。

▶1 「条文」に慣れる

　教科書や講義で配布される資料やレジュメ（résumé〔仏〕要約）を「読む」ときは，しっかりと条文を『六法』で確認するという習慣をつけることがことが大切です。まずは，条文を「正確」に読んでこれに慣れ，然る後にその意味を考えるようにしてください。

【ミニコラム10】「又は」「若しくは」

　「又は」「若しくは」はともに二つ以上の語句を選択的に連結する接続詞です。その用い方には一定のルールがあり，大きな意味の選択的連結には「又は」，小さな意味の選択的連結には「若しくは」が使われるとされています。例えば，民法101条は「意思表示の効力が意思の不存在，詐欺，強迫又はある事情を知っていたこと若しくは知らなかったことにつき過失があったことによって影響を受けるべき場合には，その事実の有無は，代理人について決するものとする」と規定しています。これは「又は」の前段は，「問題のある意思表示」に関し，後段は，「主観的態様」に関するもので，「大きな意味の選択的連結」となります。「主観的態様」として「悪意」・「善意有過失」を問題としているので，「若しくは」で連結しているのです。

14章──条文・判例・体系

▶2　一回の勉強ですべてを理解することはできない
　　　――繰り返し勉強する／不断に勉強する

　日本の民法典は1000条を越える大法典です。ここで学んだのはその概要にすぎません。これから、この大法典をその編成に従い、いくつかに分けて、さらに本書ではほとんど触れられていない「特別法」なども含めて、学修をすすめていくことになります。繰り返し勉強する・不断に勉強することが必要です。

▶3　体系を考える

　この章では、判例を採り上げて「判決理由」について詳しく説明しました。前提となるいろいろな制度や規定の理解があって初めて、判決の持つ意味を理解することができました。法律規定も同じことです。これまで学んだように個々の条文は、それだけで独立して規定されているのではなくて、他の条文と関連して存在しているのです。

　一つだけ例を挙げます。01章で、民法は「意思を尊重する法」であり、「意思の実現支援のしくみとしての法」であることを学びました。そして、03章で「契約の成立」「問題ある意思表示の規律」についても学びました。現実の「意思の実現」は「契約」という場面でもっとも問題とはなりますが、その他にも12章で学んだ「婚姻」も「意思」が実現される場面ですし、13章で学んだ「遺言」も「意思」が実現される場面です。このような具体的「場面」があって初めて、「問題ある意思表示の規律」である心裡留保・虚偽表示・錯誤・詐欺または強迫による意思表示の効力が問題となるのです。

　01章で学んだ「民法の権利構成」、言い換えれば「民法の体系」の故に、現実の社会で起こる紛争解決の手掛かりは民法のあちらこちらに散らばっています。このような「民法の権利構成」を踏まえて、考えることができるように「繰り返し」勉強することが必要です。

▶4　「文言」をおろそかにしない

　▶1で条文をしっかり読んでこれによく慣れることが必要だといいました。これには条文の「文言」をおろそかにしないということも含んでいます。

　「文言」をおろそかにしないとは、次のことを意味します。

　ひとつは、違う文言の意味内容を正確に把握するということです。既に03章で、「問題ある意思表示の規律」について学びました。民法93条・94条は「無

【ミニコラム11】「及び」「並びに」など

　「及び」「並びに」はともに二つ以上の語句を併合的に連結する接続詞です。これにもその用い方には一定のルールがあり，大きな意味の併合には「並びに」，小さな意味の併合には「及び」が使われるとされています。例えば，民法398条の3第1項は，「根抵当権者は，確定した元本並びに利息その他の定期金及び債務の不履行によって生じた損害の賠償の全部について，極度額を限度として，その根抵当権を行使することができる」と規定しています。「並びに」の前段は，「確定した元本」で後段は「確定した元本」以外の債権を指しています。元本以外の債権には「利息その他の定期金」と「債務の不履行によって生じた損害の賠償の全部」があるので「及び」で連結しているのです。

効とする」と規定しているのに対し，民法95条・96条は「取り消すことができる」と規定していました。「問題ある意思表示」という点では，「心裡留保」（民法93条）「虚偽表示」（民法94条）と「錯誤」（民法95条）「詐欺又は強迫」（民法96条）も同じです。しかし，「無効」と「取消し」ではその効果に違いがありました。ここでは違う「効果」を与えるために「無効とする」「取り消すことができる」と文言が使い分けられているのです。「文言」をおろそかにしないとは，このように「文言」の違いに注意するということでもあります。

　「文言」をおろそかにしないには，もう一つ別の意味もあります。03章で詐欺・強迫による意思表示の効力について学びました。問題となるのは民法96条でした。この条文を読むと2項と3項に「第三者」という文言が条文に現れます。2項で言う「第三者」と3項で言う「第三者」は，「表意者」（詐欺による意思表示をした者）Aと「その相手方」Bとの関係ではどのような立場にある者でしょうか。民法96条3項にいう「第三者」Cは，Aが詐欺による意思表示だったとしてBとの契約を取り消す前に，Bとの間で契約をしていた者をいいます。これに対して，2項にいう「第三者」Cは，Aを欺罔してBと契約をさせた者を指します。確かに，表意者とその相手方，すなわち意思表示の「当事者」以外の者という意味では，どちらの場合のCも「第三者」です。しかし，表意者Aとその相手方Bとの具体的な事実を前提にしてとらえるとCの立場は大きく異なります。3項は，Aの取消権行使による効果，つまり，「取消の遡及効」（民法121条）を制限して「第三者Cを保護するための規定」であるのです。これに

対して，2項は，相手方Bが「その事実を知っていたか，又は知ることができた」という要件が充たされないと表意者Aの取消主張が認められないとするわけですから，2項は「相手方Bを保護するための規定」なのです。このように「第三者」という同じ文言であっても具体的内容は違ってくることもあります。このように，「文言」だけを見て，「同じだ」と早合点するのではなくて，同じ文言だけども具体的には違う場面が問題となっているということを「理解」する必要があります。

【ミニコラム12】 乃至(ないし)

2004年現代語化前の民法では「○○から○○までの」を表わす場合には，「○○乃至○○」と表記されていました。このような表記は分かりにくいということで現代語化に際して「○○から○○まで」と書き改められています。しかしまだこのような表記が残っている法律もあります（例えば，裁判所法，戸籍法）。
現代語化前民法266条1項　地上権者カ土地ノ所有者ニ定期ノ地代ヲ払フヘキトキハ第274条乃至第276条ノ規定ヲ準用ス
現在の民法266条1項　第274条から第276条までの規定は，地上権者が土地の所有者に定期の地代を支払わなければならない場合について準用する。

最後に，文言の意味内容に関しては「日常語」との違いも気をつけるということが必要です。これはよく出される例です。これまで学んだなかでしばしば「善意」という文言が出てきました。先の民法96条3項にも「善意でかつ過失がない第三者」として現れます。すでに03章（特に本書21頁のミニコラム02）でも説明されたように「善意」とは一定の事実があったことを「知らないこと」を意味していました。これに対して「悪意」とは一定の事実があったことを「知っていること」を意味していました（このような意味からいえば，「悪意がある」は，奇妙な表現ともいえます）。「悪意者」は「悪い人」で「善意者」は「いい人」という意味ではないのです。このように民法に限らず，条文に「日常語」が現れてきたときは要注意です。これまで見たことがないことばが現れると却(かえ)って身構えて，注意します。しかし，「日常語」だとそうはならず，何気に「読み飛ばし」がちです。「日常語」にも法律の世界に特有の意味が付与されることもあるのです。それ故，条文に「日常語」が現れてきたときは一層の注意が必要なのです。

上に述べたことは違った方向を向いているように思われるかもしれません。しかし，ともに「文言」の意味内容を考えた上で，これをおろそかにしないという意味で共通しているのです。

ARS LONGA, VITA BREVIS.

【田中康博】

▶事項索引

▶あ

悪意　021, 198
　——者　198
遺言（いごん）　176
　——事項　177
　——執行者　179
　——書（いごんしょ）の検認　179
　——の執行　179
　——の方式　177
遺産分割　183
意思欠缺（けんけつ）　023
意思自治　007
意思主義　102
意思能力　061, 062
意思表示　020
　——による物権変動　037
慰謝料（いしゃりょう）　142
遺贈　178
逸失利益（いっしつりえき）　132, 143
一審　187
一身専属義務　175
一身専属権　175
一般社団法人及び一般財団法人に関する法律　071
一般条項　027
一般法　005
一般法人法　071
移転的承継　104
委任　011
違法性　139
違約手付（いやくてつけ）　034
入会権（いりあいけん）　093
遺留分（いりゅうぶん）　180
　——権利者　180
　——侵害額請求　182
　——の割合　180
因果関係　143
姻族（いんぞく）　168, 185
　——関係の終了　168

請負（うけおい）　011

▶か

永小作権（えいこさくけん）　093
営利法人　071

送りつけ商法　028
親子関係不存在確認の訴え　156
及び　197

▶か

解除　033, 044, 051
解約手付　034
過失　136
　——責任主義　134
　——責任の原則　050
仮登記担保　124
簡易の引渡し　038
間接強制　047, 048
監督義務者責任　146

危険性関連説　145
危険負担　035
擬制（ぎせい）　059
基礎事情の誤認　023
寄託　011
危難失踪（きなんしっそう）　061
義務射程説　145
求償権（きゅうしょうけん）　129
協議分割　183
協議離縁　159
協議離婚　163
強行規定　014, 026
強制競売（きょうせいけいばい）　116
強制認知　157
供託（きょうたく）　099
共同親権　161
共同不法行為責任　146
強迫（きょうはく）　022
極度額（きょくどがく）　128
寄与分　175
近親婚　152, 167

クーリングオフ　043
具体的過失　137

201

組合　012

形式主義　103
刑事責任　131, 147
形成権　051
契約社会　004, 007
契約自由の原則　013
契約書　032
契約の解釈　026
契約の拘束力　032
契約の成立　018
　　──時期　018
契約の内容に適合しない物の引渡し　040
契約の有効要件　025
契約の履行　029
血族　167
　　──相続人　170
権限外の行為の表見代理　083
検索の抗弁権　127
原始取得　104
現実の引渡し　038, 107
原状回復義務　022
限定承認　172
顕名（けんめい）　077
　　──のない代理　078
権利　004
　　──の客体　004
　　──の主体　004
権利侵害　138
権利能力　058
　　──の始期　058
　　──の終期　060
　　──平等の原則　058

合意解除　051
行為債務　047
行為能力　062
公益法人　071
効果意思　020
交換　011
後見開始の審判　065
後見登記等ファイル　065
公示の原則　105
公示方法　106
後順位抵当権者　189
公序良俗　026
公信の原則　113
公信力　113
公正証書遺言　177

後続損害　145
控訴審（こうそしん）　187
合同行為　010
公法　005
個人根保証契約　128
戸籍　99
個別的慰留分率　180
雇用　011
婚姻意思　152
婚姻適齢　152
婚姻届　149
婚約　149

▶さ

債権　005, 014
　　──の消滅　041
　　──の担保　116
債権者平等の原則　115
詐欺　022
最高裁判所　186
催告権　069, 080
催告によらない解除　053
催告による解除　053
催告の抗弁権　127
再婚禁止期間　152, 155
財産的損害　142
財産分与　165
祭祀の承継　185
財団法人　071
裁判外での支払催告　055
裁判離縁　159
裁判離婚　164
債務　014
　　──の本旨に従った履行　050
　　──不履行　044
債務名義　046
差額説　140
先取特権（さきどりとっけん）　125
作為債務　047
錯誤（さくご）　022
指図による占有移転　038
詐術（さじゅつ）　068

死因贈与　178
時効の援用　187
時効の完成猶予　054
時効の更新　054
自己のためにする意思　094
事実的因果関係　143

使者　074
自然人（しぜんじん）　057
質権　118
失踪宣告（しっそうせんこく）　060
私的自治　007, 075
　　──の拡充（拡張）　075
自筆証書遺言　177
私法　005
社団法人　071
重婚　152
終身定期金　012
重大な過失　024
修補　039
出生（しゅっしょう）　058
受働代理　076
順位上昇の原則　190
準正（じゅんせい）　157
消極的損害　143
承継取得　103
上告審（じょうこくしん）　187
使用者責任　146
使用貸借　011
承諾　018
譲渡担保（じょうとたんぽ）　122
消費者契約法　017, 025
消費貸借　011
消滅時効　054
書面　019, 032, 127
所有権　091
所有権の移転　037, 102
所有権留保（しょゆうけんりゅうほ）　124
自力救済禁止（じりききゅうさいきんし）の原則　044
信義誠実の原則　016
親権　161, 165
親族　148, 167, 168
親族・親等図　167
親等　167, 168
審判分割　184
審判離縁　159
審判離婚　164
心裡留保（しんりりゅうほ）　020

推定されない嫡出子　156
推定する　060
推定相続人　170
　　──の廃除　171
推定の及ばない子　156

制限行為能力者　064
制限物権　092
成年年齢　073
成年被後見人　065
責任能力　138
積極的損害　143
設定的承継　104
善意　021, 198
　　──者　198
全体的遺留分率　180
占有　120
　　──改定　038
　　──の訴え　098
占有権　094

相続　169
　　──欠格　171
　　──放棄　172
「相続させる」遺言　178
相続分の指定　174
相当因果関係　144
双務契約（そうむけいやく）　012, 031, 034
贈与　011
即時取得　114
損害事実説　141
損害の発生　140
損害賠償　044, 048
　　──の範囲　051, 144
尊属（そんぞく）　168

▶た
大学湯事件　139
対価的牽連関係（たいかてきけんれんかんけい）　034
貸金等根保証契約　128
代金の減額　040
代金の支払　041
対抗要件　038
第三者　021, 024
第三取得者　189
胎児　058
代襲（だいしゅう）相続人　170
大審院（たいしんいん）　186
代替執行　048
代替的作為債務　047
代表　075
代理　074
代理権　076
　　──授与表示の表見代理　082

——消滅後の表見代理　083
——の濫用　080
代理行為　078
諾成契約（だくせいけいやく）　012, 031
他人の権利の売買　040
他人物売買　040
単純承認　172
単独行為　010
単独親権　165
担保物権（たんぽぶっけん）　093

地役権（ちえきけん）　093
遅延賠償　049
地上権　092
嫡出推定（ちゃくしゅつすいてい）　155
嫡出でない子　157
嫡出否認の訴え　155
注意義務違反　136
中間法人　071
抽象的過失　137
調停分割　184
調停離縁　159
調停離婚　164
懲罰的損害賠償　142
直接強制　047, 048
直接支配性（物支配の直接性）　085
直系　167
賃貸借　011

追完　039
追認権　079
通信販売　043
通謀虚偽表示（つうぼうきょぎひょうじ）　021

定型取引　015
定型約款（ていけいやっかん）　015
抵当権　119
手付（てつけ）　033
典型契約（てんけいけいやく）　011
典型担保（てんけいたんぽ）　117
填補賠償（てんぽばいしょう）　049

動機　020
——の錯誤　023
登記　099, 106
登記事項証明書　107
——見本　108, 109
登記所　106

同居協力扶助義務　152
動産　089
同時履行の抗弁権　034
同性カップル　153
到達主義　019
桃中軒雲右衛門（とうちゅうけんくもえもん）事件　139
動物占有者の責任　146
とき　036
時　036
特殊の不法行為　146
特定遺贈　178
特定財産承継遺言　178
特定商取引法　028, 043
特別失踪　061
特別受益　174
特別法　005
特別養子　159
土地工作物責任　146
土地の定着物　089
取消し　022
取消権　080

▶な
内縁　153
乃至（ないし）　198
内容の確定性　026
内容の社会的妥当性　026
内容の適法性　026
並びに　197
日常家事債務の連帯責任　153
任意規定　014, 026, 034
任意代理　076
任意認知　157
認知　157

根抵当権（ねていとうけん）　121
根保証（ねほしょう）　128

能働代理　076

▶は
配偶者　167
配偶者居住権　170
売買　011, 030
売買契約の成立　031
判決代用　048
判決理由　187

反対給付　036
判例　186

引渡し　038, 107
引渡債務　047
非財産的損害　142
卑属（ひぞく）　168
非典型契約（ひてんけいけいやく）　012
非典型担保（ひてんけいたんぽ）　118
被保佐人　066
被補助人　067
表見代理　081

ファイナンス・リース　130
富喜丸（ふうきまる）事件判決　145
夫婦財産制　153
夫婦同氏　152
夫婦別産制　153
不完全履行　049
復氏（ふくし）　165
不作為債務　047
不代替的作為債務　047
普通失踪　061
普通養子　158
物権　005, 085
　──の絶対性　086
　──の排他性　087
物権的請求権　096
物権的返還請求権　096
物権的妨害排除請求権　097
物権的妨害予防請求権　097
物権変動　100
　──における意思主義　102
　──における形式主義　103
　──に関する公示の原則　105
　法律行為によらない──　102
　法律行為による──　101
物権法定主義　014, 090
物上保証人（ぶつじょうほしょうにん）　119
不動産　089
不法行為　131
扶養　160

弁済（べんさい）　041, 115
弁済による代位　129
片務契約（へんむけいやく）　013

法益侵害　138

包括遺贈　178
包括承継　175
傍系　167
法人　069, 070
法人格　057
法定解除権　051
法定財産制　153
法定相続　170
　──人　170
　──分　172
法定代理　076
　──人　064
法定担保（ほうていたんぽ）　125
法務局　099
暴利行為　26
法律行為　010
法律効果　010
法律の解釈　186
法律要件　010
保佐開始の審判　066
保証　127
補助開始の審判　067
本権　095
　──の訴え　098

▶ま

又は　195

未成年　064
みなす　060
民事責任　131, 147

無権代理　079
無権代理人の責任　084
無効　022
無償契約　013

面会交流　165

申込み　018
　──の撤回　019
　──の誘因　018
若しくは　195
物　088
　──の所持　094

▶や

約定解除権（やくじょうかいじょけん）　051
約定担保（やくじょうたんぽ）　118

事項索引　205

有権代理　079
有償契約　013, 031
優先弁済権能　121
有体物　088

用益物権　092
養子　158
　──縁組　158
要式契約　020
要物契約（ようぶつけいやく）　012

▶ら

利益相反行為　162

離縁　159
履行遅滞　049
履行の強制　044, 046
履行の追完　040
履行不能　049
離婚　163
離婚届の不受理申出　163
留置権（りゅうちけん）　125

連帯保証　127

▶わ

和解　012

ナビゲート民法
契約社会を賢く生きるための14章

An Introduction to Civil Law
14-step Guide to Living wisely in Contractual Society

2019年4月20日　初版第1刷発行
2023年3月20日　初版第3刷発行

| 編　者 | 増　成　　　牧 |
| | 笹　川　明　道 |

発行所　　（株）北大路書房

〒603-8303　京都市北区紫野十二坊町12-8
電　話　（075）431-0361（代）
ＦＡＸ　（075）431-9393
振　替　01050-4-2083

企画・編集制作　秋山　泰（出版工房ひうち：燧）
装　丁　　　　　上瀬奈緒子（綴水社）
印刷・製本　　　亜細亜印刷（株）

ISBN 978-4-7628-3064-8　C1032　Printed in Japan ©2019
検印省略　落丁・乱丁本はお取替えいたします。

・ JCOPY 〈(社)出版者著作権管理機構 委託出版物〉
本書の無断複写は著作権法上での例外を除き禁じられています。
複写される場合は，そのつど事前に，(社)出版者著作権管理機構
（電話 03-5244-5088, FAX 03-5244-5089, e-mail: info@jcopy.or.jp）
の許諾を得てください。